KNAUR
BALANCE

Natalie Lue

Du musst nicht allen gefallen

Im richtigen Moment Nein sagen
und gesunde Grenzen setzen

Aus dem Englischen
von Sabine Thiele

KNAUR
BALANCE

Die amerikanische Originalausgabe erschien 2023 unter dem Titel
»The Joy of Saying No: A Simple Plan to Stop People Pleasing, Reclaim Boundaries, and Say Yes to the Life You Want« bei Harper Horizon, USA.

Die in diesem Buch vorgestellten Übungen wurden von der Autorin und dem Verlag sorgfältig geprüft und haben sich in der Praxis bewährt. Da jeder Mensch für sich besonders ist, können wir allerdings Ergebnisse nicht garantieren. Der Verlag und die Autorin schließen jegliche Haftung für Gesundheits- und Personenschäden aus.

Besuchen Sie uns im Internet:
www.knaur-balance.de

MIX
Papier | Fördert gute Waldnutzung
FSC® C083411

Deutsche Erstausgabe Juli 2023

Published by Arrangement with Natalie Simbo
Dieses Werk wurde vermittelt durch die
Literarische Agentur Thomas Schlück GmbH, 30161 Hannover.

Redaktion: Karin Weber
Covergestaltung: Verlagsgruppe Droemer Knaur
Abbildung im Innenteil: Zaksheuskaya/Shutterstock.com
(Aquarellverlauf im Titel)
Satz und Layout: Adobe InDesign im Verlag
Druck und Bindung: CPI books GmbH, Leck
ISBN 978-3-426-67621-9

2 4 6 5 3

Für Emmon, Saria und Nia.
Jeden Tag erinnert ihr mich an die Freude und
das Geschenk, Nein zu sagen.

INHALT

TEIL III

In sechs Schritten zu einem freudigen Nein

EINLEITUNG

Finden Sie Ihre Freude, finden Sie Ihr Nein

Mein Name ist Natalie Lue, und ich bin eine trockene People Pleaserin. Meine Bedürfnisse, Sehnsüchte, Erwartungen, Gefühle und Meinungen zu unterdrücken und zu verdrängen, um die Gefühle und das Verhalten anderer Menschen zu beeinflussen, war für mich lange so natürlich wie das Atmen. Ich dachte, es wäre normal, anderen das zu sagen, was sie hören wollten (sprich: zu lügen). Ich hielt mich für einen richtig guten Menschen, weil ich nett, großzügig, fleißig, gewissenhaft, liebevoll, hilfsbereit, attraktiv und intelligent war und das tat, was andere brauchten und wollten. Allerdings kam mir komisch vor, dass ich mich die meiste Zeit furchtbar schlecht fühlte. Es ergab keinen Sinn für mich, dass ich so viel Zeit, Energie, Mühe und Emotionen aufwandte, um das Richtige zu tun – ein braves, gutes Mädchen zu sein –, selbstlos dafür zu sorgen, dass andere zufrieden waren, und es mir trotzdem nicht gut ging.

Ein Nein hob ich mir für absolute Notfallsituationen auf, wenn ich mit dem Rücken zur Wand stand, und dann klang es wie eine Entschuldigung, oder der ganze angestaute Ärger und Frust brachen verspätet aus mir heraus. Ich dachte immer, nur andere Menschen lehnten etwas einfach aus dem Grund ab, weil sie es nicht tun wollten – aus Notwendigkeit, einem Wunsch oder einer Verpflichtung heraus. Solche, die es wert waren und sich das Recht dazu verdient hatten. Weshalb mein Nein normalerweise mit Schmerz, Angst, Schuld, Ärger und Scham verbunden war.

Eines Morgens Anfang August 2005 entdeckte ich, dass ich einfach *Nein sagen konnte, weil ich es wollte.* An diesem Tag saß ich in einer Lungenklinik im Norden von London im Sprechzimmer eines Arztes und wappnete mich gegen die schlechten Nachrichten, die ich gleich bekommen würde. Achtzehn Monate lang war ich oft sogar wöchentlich zu verschiedenen Untersuchungen und Terminen gegangen. Röntgenaufnahmen des Brustkorbs wurden angefertigt, Blutanalysen, Computertomografien und alle möglichen anderen Prozeduren durchgeführt, nachdem man eine mysteriöse Immunkrankheit (Sarkoidose) diagnostiziert hatte, wegen der ich auf einem Auge fast blind war und höllische Gelenkschmerzen litt, die ich meisterhaft verbarg. Ein paar Wochen zuvor, als ich in Ägypten das Ende von einem Jahr aggressiver Steroidtherapie gefeiert hatte, hatte ich einen Knoten im Nacken gefunden. Die Krankheit war wieder ausgebrochen. Jetzt wusste ich, wie sich Jamie Lee Curtis' Figur in den *Halloween*-Filmen gefühlt hatte, als sie dachte, Michael Myers sei endgültig tot, und dann kam er zurück und zerstörte wieder alles.

»... die Steroidbehandlung hat nicht angeschlagen ... Wir wissen nicht, was der Grund für diese Krankheit ist, und es gibt kein Heilmittel, Sie müssen also für den Rest Ihres Lebens Steroide nehmen, und Sie müssen sofort damit anfangen ... Cor pulmonale mit vierzig vermeiden ... keine anderen Möglichkeiten ... Mobilität bewahren ...«

Ich war gerade achtundzwanzig geworden, und während die Stimme meines Arztes immer monotoner wurde, wurde mir eines klar: Ich war seit mindestens zwei Jahren nicht mehr gesund. Mir war bewusst, dass ich eine schwere Krankheit hatte, und ich hatte alles getan, was meine Ärzte mir gesagt hatten. Ich hatte mich nur darauf konzentriert, die Wünsche aller anderen zu erfüllen, oft auch gegen meinen eigenen Willen.

Momente des Gehorsams und der Vernachlässigung meiner Selbst schossen mir durch den Kopf. Ich hatte ursprünglich beschlossen, meine Familie nicht mit »zu vielen Informationen« über meine Krankheit »zu belasten«, weil ich wusste, dass sie damit nicht zurechtkommen würde (außerdem war ihr unter anderem wichtiger, wie viel ich durch die Steroide zugenommen hatte, was mir wirklich wehtat). In meinem Arbeitsumfeld wusste auch niemand, wie ernst die Krankheit wirklich war, weil ich so tat, als sei ich nicht krank, und alle »Umstände« – Arzttermine, jede Stunde musste ich mir Steroide in die Augen tropfen – durch noch mehr Leistung ausglich. Morgens schrie ich vor Schmerzen, doch wenn ich aus der U-Bahn stieg und das Büro betrat, war ich die Ruhe selbst.

Deshalb drehte ich mich, als ich einen Moment später ein entschiedenes Nein hörte, erst einmal um. Am verwirrten und irritierten Gesichtsausdruck meines Arztes erkannte ich, dass ich die Sprecherin gewesen war.

Normalerweise tat ich alles, was eine »Autoritätsperson« sagte, wollte nicht »schwierig« sein, doch in diesem Moment spürte ich dieses Bedürfnis nicht. Die Angst, mit vierzig zu sterben, überwog bei Weitem das Unbehagen, das ich oft bei anderen wahrnahm, wenn ich auch nur überlegte, ihnen mit Nein zu antworten, geschweige denn, es tatsächlich auszusprechen oder mich danach zu verhalten. Doch mir wurde klar, dass mich niemand retten würde. Es lag an mir, Entscheidungen zu treffen und für mich zu sorgen.

Deshalb erklärte ich, dass ich mich nach anderen Behandlungsmöglichkeiten umsehen würde, nachdem niemand wusste, woher die Krankheit kam, und die Steroide ja offensichtlich nicht wirkten. Woraufhin der Arzt alles noch einmal aufzählte, was er bereits gesagt hatte, alternative Behandlungsmethoden verächtlich abtat und verkündete, ich hätte keine anderen Möglichkeiten.

Es wäre einfach gewesen, einzuknicken und mich die nächsten Monate oder Jahre darüber zu ärgern, geschwiegen zu haben. Stattdessen erwiderte ich: »Ich nehme zur Kenntnis, was Sie sagen, aber ich werde trotzdem nach alternativen Behandlungsmöglichkeiten suchen.« Ich versprach, meine Kontrolltermine wahrzunehmen, und wenn sich innerhalb von drei Monaten keine Verbesserung einstellte, würde ich die Steroidbehandlung beginnen. Doch dazu kam es nie.

Acht Monate später war meine unheilbare Krankheit in Remission, ich hatte jeden Bereich meines Lebens radikal umgeworfen und war in einer Beziehung mit meinem jetzigen Ehemann. Ja, ich probierte ein paar alternative Behandlungsmethoden aus (Kinesiologie und Akupunktur), doch dass ich kurz nach dem Arzttermin den Ausdruck »Grenzen setzen« hörte, änderte – und rettete – mein Leben. In den siebzehn Jahren seit jenem schicksalhaften Tag war die Lösung für nahezu jeden Kampf und jedes Problem immer wieder dieselbe wie damals: Nein zu sagen.

Bis zu dem Zeitpunkt, als ich in dem Sprechzimmer die Steroidbehandlung zurückgewiesen hatte, war ich in nicht *einer* gesunden Liebesbeziehung gewesen. Selbst meine Dates wurden zu toxischen Begegnungen, weil ich unangemessenes Verhalten entschuldigte oder Schuldgefühle wegen meines mangelnden Interesses hatte und so weiterhin schlechte Erfahrungen und/oder denjenigen sogar zu meinem »Freund« machte. Die Beziehung zu meinen Eltern war von Verlassenwerden, Kritik und Chaos geprägt, weshalb ich mich in einem ständigen Kreislauf aus Familiendramen befand und in der Arbeit und auch in einigen Freundschaften völlig ausgebrannt war. Ich hasste mich und mein Leben, weil ich das Gefühl hatte, dass es einfach nie genug war, was ich tat. Trotzdem dachte ich, dass auf ein Nein Schmerz, Zurückweisung, Scheitern, Enttäuschung und Einsamkeit folgten.

Damit bin ich nicht allein. Wir leben in einer Welt, die uns von frühester Kindheit an zu People Pleasern und zu dem Glauben sozialisiert, dass eigene Grenzen falsch und selbstsüchtig sind. Ja, gewisse Gefahren bringt man uns bei und dass ein Nein auch ein Nein ist, aber dann erzählt man uns verwirrende und widersprüchliche Dinge über Gehorsam und unter welchen Umständen man geliebt wird und sich geborgen fühlt, sodass viele von uns die Fähigkeit verlieren, selbstbewusst Nein zu sagen. Wir lernen, dass Nein nur so lange Nein heißt, wie man dabei niemanden verletzt oder verärgert oder kein »schlechter« Mensch ist.

Wir lernen schon früh, dass man es seinen Eltern und anderen Bezugspersonen in jeder Hinsicht recht machen soll, weil sie »es nun mal am besten wissen«, weil wir sie zum Überleben brauchen und auf ihre Liebe angewiesen sind. Sei fleißig in der Schule. Sei der oder die Beste. Oder sei wenigstens brav. Lebe unsere Träume, mach uns stolz, blamier uns nicht vor den Nachbarn. Kinder soll man sehen und nicht hören, behalt deine Gefühle für dich. Sei nicht so empfindlich. Lern fleißig, dann bekommst du auch gute Noten. Sei brav, dann wirst du gelobt, kannst Freundschaften und Beziehungen eingehen, und alles wird gut. Tu, was man von dir erwartet. Lass dich von anstrengenden Verwandten umarmen, auch wenn es dir offensichtlich unangenehm ist, um sie nicht zu beleidigen. Sei »nett«, damit du nicht aggressiv auf andere Menschen wirkst. Sei »brav«, damit andere dich nicht für nuttig halten und du unseren Ruf beschädigst. Siehst du, was wir an anderen Menschen nicht mögen? Werde nicht so. Wenn du gute Noten hast, gehst du danach auf die Universität oder suchst dir eine ordentliche Arbeit. Danach kommen Geld, Haus, Beziehung, Kinder. Sei einfach brav und anständig, dann wirst du Erfolg haben.

Irgendwann erkennen wir, dass die Welt so nicht funktioniert. Vielleicht machen wir zum Beispiel in der Arbeit alles richtig. Und trotzdem wird jemand befördert, der sich in den Vordergrund drängt und alles tut, was doch eigentlich für Missfallen sorgen müsste. Wir versuchen, die perfekte Partnerin zu sein, trotzdem werden wir für jemanden verlassen, der allem zuwiderhandelt, was man uns beigebracht hat. Oder wir spielen den netten Typen und hoffen, dass wir dadurch als Partner in Betracht kommen, und bleiben doch immer nur der gute Freund. Wir machen alles, was uns unsere Eltern sagen, und vernachlässigen sogar unsere Träume und Ziele, nur damit sie dann doch unsere Geschwister vorziehen, uns immer noch Schuldgefühle einreden oder nie würdigen, was wir tun.

Und nach diesen ganzen Mühen wird uns vielleicht irgendwann klar, dass wir gar nicht wissen, wer wir sind oder was wir überhaupt wollen.

Als People Pleaser gibt es keinen Punkt, an dem sich endlich unsere ganzen Qualen und Anstrengungen auszahlen. Wir opfern so viel, nehmen uns überall zurück, führen unbefriedigende Beziehungen und fragen uns, was nur an uns falsch ist. Oder wir sind gelangweilt, gemobbt, unterbezahlt oder ausgebrannt in Jobs, die uns doch angeblich Glück und Erfolg bringen würden. Wir haben keine richtige Ahnung, wie wir uns um uns selbst kümmern und unsere Bedürfnisse erfüllen sollen.

Ich sage Ihnen was: »Brav und anständig« zu sein, »anderen zu helfen« war reines People Pleasing. Ich wollte es allen recht machen und dadurch die Gefühle und das Verhalten anderer Menschen beeinflussen und Aufmerksamkeit, Zuneigung, Bestätigung, Liebe und Anerkennung erlangen. Oder ich wollte Konflikten aus dem Weg gehen, Kritik, Stress, Enttäuschung, Verlust, Zurückweisung und Verlassenwerden vermeiden.

Manche Strategien des People Pleasings sind offensichtlich, denn wir wissen, dass wir etwas tun, um gemocht zu werden.

Wir wissen, dass wir nicht Nein sagen können, nach Lob gieren oder uns benehmen wie eine überdrehte Zirkusrobbe. Viele andere People-Pleaser-Gewohnheiten sind hingegen weniger klar erkennbar:

- Man spricht Kolleginnen und Kollegen nicht darauf an, wenn es ein Problem mit deren Arbeit gibt, sondern bleibt dafür lieber länger oder vernachlässigt die eigenen Aufgaben, weil man deren Gefühle nicht verletzen möchte, weil man fürchtet, dass andere schlecht über einen reden könnten oder dass man inkompetent wirken könnte.
- Trotz einer Gluten- und Laktoseunverträglichkeit isst man den Schokoladenkuchen seiner Mutter, weil man lieber mit Bauchschmerzen ans Bad gefesselt ist, als das Risiko einzugehen, sie zu enttäuschen oder zu verletzen.
- Man sagt von sich selbst, »zu empfindlich, bedürftig, selbstsüchtig und schwierig zu sein«, weil man zunehmend unglücklich ist mit der Freundin oder dem Freund, die oder der einen ständig mit den eigenen Problemen belastet, aber nie fragt, was einen selbst gerade beschäftigt.
- Man hört einem Date zu, wie es über frühere Beziehungen und Probleme spricht, und beschließt dann, bestimmte Dinge nicht einzufordern oder zu erwarten, damit das Gegenüber sich nicht unter Druck gesetzt oder an schmerzhafte Erfahrungen erinnert fühlt. Oder man denkt, man könne die Lösung für die Probleme des Gegenübers sein.

Ob offen oder indirekt, es fällt Ihnen oft schwer, mit Worten oder durch Ihr Verhalten ein Nein zu vermitteln. Sie tun »Gutes«, aber aus den falschen Gründen.

Denken Sie einmal an die Momente, in denen Sie nicht Nein gesagt haben, direkt oder indirekt.

Waren Sie nett zu jemandem,
oder hatten Sie Angst?

Waren Sie nett zu jemandem,
oder waren Sie wütend?

Waren Sie nett zu jemandem,
oder waren Sie enttäuscht?

Waren Sie großzügig, liebevoll und behilflich,
oder wollten oder erwarteten Sie etwas?

Wollten Sie die betreffende Sache wirklich
machen, oder haben Sie sich dazu gezwungen?

Du musst nicht allen gefallen erklärt, wie man sich davon befreit, es immer allen recht machen zu wollen, und wie man die eigenen Beziehungen und Erfahrungen immens verbessert, indem man die heilende und transformative Kraft eines Neins entdeckt.

Zu lernen, Grenzen zu setzen und Nein zu sagen, hat mich nicht nur von meiner lebensbedrohlichen Krankheit kuriert.

- Nach meiner Diagnose habe ich in der Arbeit meine Bedürfnisse kommuniziert, und sowohl die Personalabteilung als auch mein Chef haben mich voll und ganz unterstützt, unter anderem durch reduzierte Wochenstunden während meiner Genesung. Als sie mir später Probleme wegen falsch ausgezahlten Mutterschaftsgelds und einer verpfuschten Beförderung sowie meiner Rückkehr zur Arbeit bereiteten, konnte ich höflich, aber nachdrücklich eine Grenze ziehen. Das eröffnete mir die Möglichkeit, in Vollzeit zu schreiben und mein Unternehmen zu gründen. Auf meiner Website BaggageReclaim.com konnte ich so meine Erkenntnisse aus meinem persönlichen Weg mit vielen Tausend

Menschen auf der ganzen Welt teilen und Heilung und Freude verbreiten.

- Schritt für Schritt veränderte ich die co-abhängige, schmerzbehaftete Beziehung zu meiner Familie, indem ich mich zurückzog und mein Verständnis von Verantwortung und Verpflichtung überdachte. Schuldgefühle und Angst, die jeden Kontakt so schwer gemacht haben, wurden weniger, sind jedoch nicht ganz verschwunden. Sie erinnern mich regelmäßig daran, weiter meinen Weg zu gehen und unsere Unterschiede anzuerkennen. Mit achtundzwanzig habe ich mir endlich erlaubt, erwachsen zu werden, und mache das bis heute immer wieder. Und wissen Sie was? Die Welt ist nicht untergegangen.
- Ich brach den Kontakt zu Ex-Freunden ab und verabschiedete mich viel früher aus unguten und nicht funktionierenden Beziehungen, ohne mich zu hinterfragen. Dadurch war ich offen für meinen jetzigen Ehemann und konnte in die Beziehung hineinwachsen, weil ich ich selbst sein wollte.
- Nein sagen zu können hat mir geholfen, eine bessere Mutter für mich selbst und für meine Kinder zu sein. Auch wenn ein Großteil meiner Freundinnen und Freunde dieselben sind wie vor meiner Genesung, sind diese Beziehungen ausgeglichener und authentischer.
- Öfter Nein zu sagen hat mir geholfen, Traumata zu heilen, darunter meine Angst vor dem Verlassenwerden und den Schmerz und die Wut durch einen früheren Missbrauch. Die Stressreaktionen meines Körpers beruhigten sich, plötzlich war das ganze Drama fast völlig aus meinem Leben verschwunden, und ich lernte, mich Herausforderungen erst zu stellen, wenn sie aktuell wurden.
- Als mein Vater im Juni 2016 die Diagnose Darmkrebs bekam, nachdem wir vier Jahre keinen Kontakt mehr gehabt hatten, konnten wir durch alles, was ich gelernt hatte, noch zehn schöne und versöhnliche Monate miteinander verbringen. Auch

danach, als ich mit der Trauer und meinem vierzigsten Geburtstag zu kämpfen hatte und mich verloren fühlte, rettete mich die Fähigkeit, Nein zu sagen. Durch sie konnte ich so viel unerwartete Freude empfinden und so sehr ich selbst sein wie noch nie.

Das sind nur ein paar Beispiele. In diesem Buch werde ich noch mehr von meinem persönlichen Weg erzählen sowie von anderen, denen ich geholfen habe. Früher dachte ich immer, ich sei komisch und außer mir hätte niemand diese Probleme, doch im August 2005, als ich in meinem Blog von meinen Problemen und Kämpfen erzählte, wurde ich mit Nachrichten von Menschen überschüttet, die mir schrieben: »Du bist genauso wie ich.«

Sie sind nicht allein.

Wenn Ihr Ja nicht ehrlich und authentisch gemeint ist, schwingen immer Ablehnung, Angst oder eine Vermeidungshaltung mit, und das führt zu viel mehr Problemen, als wenn Sie einfach von Anfang an Nein gesagt hätten. Es ist an der Zeit, mit der Lüge namens People Pleasing aufzuhören.

TEIL I

SEIEN SIE GEGRÜSST, PEOPLE PLEASER

1

SIND SIE EIN PEOPLE PLEASER?

KOMMEN IHNEN DIESE AUSSAGEN BEKANNT VOR?

- Auch wenn ich es vielleicht verberge, unterdrücke und verdränge, fühle ich mich oft gekränkt, verpflichtet, überfordert, schuldig, ängstlich, überlastet, leer, erschöpft, schlecht, hilflos, machtlos oder als Opfer.
- Ich stelle die Bedürfnisse und Wünsche anderer Menschen über meine eigenen und habe das Gefühl, immer an letzter Stelle zu kommen.
- Ich fürchte, nicht gemocht zu werden, Ärger zu bekommen, Gefühle zu verletzen, wie ein »schlechter« oder »selbstsüchtiger« Mensch zu wirken oder zurückgewiesen, verlassen oder ausgeschlossen zu werden, wenn ich Nein sage, Bedürfnisse kommuniziere, Grenzen setze oder ehrlich bin.
- Ich sage zu etwas Ja, ohne die Bedeutung und die Konsequenzen zu beachten, und fühle mich dann gefangen, überfordert, ängstlich oder gekränkt oder verärgere Menschen, weil ich abspringe oder nicht die nötigen Ressourcen oder Fähigkeiten besitze.
- Ich tue mich schwer damit, um Hilfe zu bitten, und habe Angst,

eine Belastung für andere zu sein, weshalb ich regelmäßig meine eigenen Bedürfnisse, Erwartungen, Wünsche, Gefühle und Meinungen ignoriere und mich als überempfindlich/bedürftig/schwierig/selbstsüchtig/fordernd hinstelle.

- Ich sage zu etwas Ja, weil ich mich schuldig oder ängstlich fühle, verpflichtet oder verunsichert.
- Ich hatte schon stressbedingte Erkrankungen oder einen Burnout oder habe mich so unter Druck gesetzt, dass ich explodiert bin und mich danach dafür geschämt habe.
- Ich habe wenig oder gar keine Zeit für mich, meine Prioritäten, mein Vergnügen oder für Selbstfürsorge, aber ich weiß, wie ich mich um alle anderen kümmern kann, und nehme mir auch die Zeit dafür.
- Ich bin der Mensch, zu dem alle mit ihren Problemen kommen, seien es Kolleginnen oder Kollegen, Familienangehörige, (Ex-)Freundinnen oder Freunde, die plötzlich wieder in meinem Leben auftauchen, wenn sie nicht mehr weiterwissen.
- Ich habe Angst, dass ich nicht gut genug bin, und erkläre mir damit die Gefühle und das Verhalten anderer Menschen oder, dass mein Leben nicht so verläuft, wie ich es mir vorstelle.
- Bei meinen zwischenmenschlichen Beziehungen versuche ich immer, andere zu retten, zu heilen oder zu ändern, oder ich bin deren soziales Projekt.
- Ich habe schon Sachen verpasst, die ich eigentlich wirklich gern gemacht hätte, weil ich mich bereits zähneknirschend für etwas anderes verpflichtet hatte.
- Ich war mit Menschen zusammen, die entweder emotional abwesend waren oder mich in irgendeiner Form misshandelt haben, und ich bin mit ihnen zusammengeblieben oder kam wieder mit ihnen zusammen, obwohl die Beziehung nicht erfüllend oder ungesund war.

- Ich habe Angst, dass mein Erfolg, mein Glück oder meine persönliche Weiterentwicklung andere überstrahlen könnte oder sie sich traurig, ausgestoßen oder alleingelassen fühlen könnten.
- Wenn Menschen meine Bemühungen nicht anerkennen, wertschätzen und belohnen, dann fühle ich mich verletzt, gekränkt, vernachlässigt, alleingelassen, depressiv, benutzt oder missbraucht.
- Ich bin selbstkritisch, habe Angst zu versagen und Fehler zu machen, ich bringe die doppelte Leistung und überkompensiere, oder ich verstecke mich und tue gar nichts.
- Ich habe Mühe, bei der Arbeit Nein zu sagen, weil ich nicht faul oder inkompetent wirken möchte, ich das Team unterstützen und das Unternehmen gut repräsentieren will, oder weil ich nicht riskieren möchte, Brücken abzubrechen oder Gegenreaktionen herauszufordern.
- Ich versuche durch Andeutungen zu erreichen, dass andere meine Bedürfnisse und Wünsche erfüllen oder meine Gefühle verstehen, anstatt diese direkt zu kommunizieren.
- Manchmal schäume ich innerlich oder gerate in Panik, wenn Menschen mich um etwas bitten oder erwarten, dass ich etwas tue, und trotzdem willige ich ein.
- Ich gebe zu viel.
- Ich sage Ja, mache mit oder schweige, selbst wenn es zum Nachteil meines eigenen Wohlbefindens ist, weil ich es nicht wage oder nicht weiß, wie man Nein sagt.

Wenn Sie auch nur eine dieser Aussagen mit Ja beantwortet haben, sind Sie ein People Pleaser.

Es sind Hinweise Ihres Körpers, Ihres Geistes und aus Ihrem Leben, dass Sie zwar »gute Dinge« tun, aber aus den *falschen Gründen* – und Sie *deshalb* People Pleasing betreiben.

> People Pleasing ist das bewusste und unbewusste Unterdrücken der eigenen Bedürfnisse, Wünsche, Erwartungen, Gefühle und Meinungen, um andere Menschen an erste Stelle zu setzen und so Aufmerksamkeit, Zuneigung, Bestätigung, Liebe oder Anerkennung zu bekommen oder Konflikten, Kritik, Enttäuschungen, Verlust, Zurückweisung oder dem Verlassenwerden aus dem Weg zu gehen.

Andere Menschen helfen auch anderen, arbeiten hart, wollen Gutes tun und niemandem Mühe machen oder jemanden enttäuschen, doch ohne Angst, Schuld, Verpflichtungen oder aus dem Gefühl heraus, nichts wert zu sein. Sie sind sich ihrer Motivation bewusst und denken an sich, wenn ihr Handeln und ihre Entscheidungen oder die Erwartungen und Forderungen anderer Menschen das eigene Wohlbefinden gefährden oder sogar verletzend, unangemessen oder unnötig sind. Sie lehnen ab, wenn sie es müssen, wollen oder sollten. Sie reagieren selbstbewusst, also sich ihrer selbst bewusst.

Diesen Menschen ist es natürlich auch nicht egal, was andere von ihnen denken, sie haben dieselben Wünsche oder Ängste wie Sie, aber sie wollen es nicht allen recht machen und unbedingt gefallen. Sie haben ein besseres Verständnis davon, wer sie sind, was sie brauchen, wollen, erwarten, empfinden und denken. Daher lassen sie sich eher von ihren Werten und persönlichen Grenzen leiten und weniger davon, was sie ihrer Meinung nach tun sollten oder wie sie die Gefühle und das Verhalten anderer Menschen wahrnehmen. Wenn sie rückblickend erkennen, dass sie eine falsche Entscheidung getroffen haben und etwas problematisch oder verletzend war, weil sie schließlich auch nur Menschen sind, lernen sie daraus.

People Pleasing ist eine Reihe von passiv-aggressiven Strategien, die in der Kindheit wurzeln, um sich vor Schmerz zu schützen und sich wertvoll, akzeptiert und geborgen zu fühlen. Stattdessen werden dadurch aber nur ein schwaches Selbstwertgefühl, Ängste, Verbitterung und das genaue Gegenteil des Gewünschten gefördert. Wenn man anderen Menschen immer nur gefallen möchte, verleugnet man sein wahres Selbst und steht erfüllenden Beziehungen im Weg, da man gar nicht weiß, wie sich ein echtes Ja, Nein und Vielleicht anfühlen.

Die Aussagen, die ich am Kapitelanfang aufgelistet habe, stehen für Situationen, in denen man nicht aus Überzeugung Ja sagt oder weil man etwas gern tun möchte oder muss, sondern weil man Angst hat oder sich grundlos und übermäßig schuldig fühlt. Oder weil man versucht, die Kontrolle über etwas zu haben, oder hofft, dass man danach irgendwie belohnt wird. Man tut Dinge auch nicht, weil man sie wirklich tun möchte, sondern weil man glaubt, sie werden von einem erwartet. Andernfalls würde man ablehnen, wenn man das Bedürfnis danach hat, oder zumindest sehr viel öfter als jetzt und in der Vergangenheit Nein sagen.

Je mehr dieser Aussagen auf Sie zutreffen, desto mehr bestimmt das People Pleasing Ihr Leben. Doch selbst wenn Sie sich »nur« mit einer oder ein paar Aussagen identifizieren können, kommt es darauf an, in welchem Ausmaß das Ihr Leben beeinflusst und wie authentisch und achtsam Sie sind.

> **Wenn Sie mehr darüber erfahren möchten, was jede dieser Aussagen bedeutet, können Sie unter thejoyofsayingno.com/resources meinen praktischen, auf englisch verfassten PDF-Guide herunterladen.**

Man kann unmöglich ein Problem damit haben, Nein zu sagen oder sich vor den Reaktionen auf eigene Grenzen zu fürchten, ohne ein People Pleaser sein. In der einen oder anderen Form wird man immer wieder denselben Frust, dieselben Verletzungen und Probleme erleben und diese fälschlicherweise darauf zurückführen, es anderen nicht ausreichend recht gemacht zu haben.

Der *einzige* Grund, warum wir nicht Nein sagen – oder aus den falschen Gründen Ja sagen –, ist unser emotionaler Ballast, bestehend aus den nicht aufgearbeiteten Verletzungen, Verlusten, Verurteilungen und alten Missverständnissen, die wir mit uns herumschleppen. Wir behaupten, »nett« zu sein oder »ein guter Mensch« oder dass wir »niemanden verletzen« wollen oder was auch immer, aber in Wahrheit sagen wir: »In der Vergangenheit hat mich etwas verletzt. Deshalb habe ich mir etwas zurechtgelegt, wie ich in ähnlichen Situationen oder bei ähnlichen Menschen reagiere und wer ich glaube, sein zu müssen. Und diese Muster habe ich beibehalten.«

Alle Menschen haben emotionalen Ballast, weshalb keiner von uns komisch, falsch oder anders ist. Doch *wie viel* wir mit uns herumschleppen und *wie dieser Ballast uns beeinflusst,* hat Auswirkungen darauf, wie wir seelische Verletzungen und Probleme überwinden. People Pleasing verhindert diese Verarbeitungsprozesse, denn zwischen kindlichem Denken und Verhalten, Verpflichtung, Schuldgefühlen und Bitterkeit sowie verschiedenen Rollen in unseren Beziehungen, wie dem Streber oder dem Versager, dem Friedensbewahrer oder dem unentbehrlichen Helfer, der keine eigenen Bedürfnisse hat, entwickeln wir eine Maske, die uns von uns selbst und anderen trennt. Ironischerweise verstärkt das Bedürfnis, es allen recht zu machen, genau den seelischen Schmerz, den wir zu vermeiden oder zu beseitigen versuchen.

Wir können unser ganzes Leben lang daran arbeiten, dass uns Menschen *sehen, hören,* uns *Anerkennung* entgegenbringen und unsere unbefriedigten Bedürfnisse erfüllen, ohne zu merken, dass unser People Pleasing echte Vertrautheit blockiert und unser wahres Ich verbirgt. Es verhindert echte Gefühle, weshalb wir auch Probleme damit haben, unsere Grenzen zu erkennen und was wir brauchen, ersehnen, erwarten, fühlen und denken.

Wir wollen gut sein – anständig, untadelig, immer korrekt – und zeigen, was für ein guter Mensch wir doch sind, wir widmen uns

Dingen mit aller Kraft, wollen Menschen vor sich selbst retten, setzen alles daran, uns selbst oder anderen kein Unbehagen zu bereiten, und ja, manchmal ist auch unser Leiden der Beweis für unsere guten Absichten. All das tun wir, um Aufmerksamkeit, Zuneigung, Bestätigung, Liebe und Wertschätzung zu bekommen. Außerdem brauchen und wollen wir echte Vertrautheit und das Gefühl der Verbundenheit mit anderen Menschen, *sehnen* uns oft sogar danach, erkennen aber dabei nicht, dass wir eine Lüge leben und uns verstecken, wenn wir es immer allen recht machen wollen.

Wenn wir Masken oder Verkleidungen tragen, können Menschen unser wahres Ich nicht sehen (oder verletzen). *Deshalb* verhalten wir uns so. Wir haben uns im Leben so sehr verändert und an andere Menschen angepasst, dass wir unser wahres Ich bei einer polizeilichen Gegenüberstellung selbst nicht erkennen würden!

Durch das People Pleasing haben wir nicht gelernt, dass ohne ein ehrliches Ja oder Nein und das Risiko von Konflikten oder Kritik auch keine echte Vertrautheit aufgebaut werden kann. Stattdessen ist es für uns normal, auf Zehenspitzen um unsere eigenen Befindlichkeiten und guten Absichten und die anderer Menschen herumzuschleichen und zu glauben, dass das schon das Optimum ist.

Man fällt nicht einfach vom Himmel und *beschließt*, ein People Pleaser zu werden. Selbst wenn es einem erst im Erwachsenenalter bewusst wird, begleitet es einen seit der Kindheit. Durch eine Mischung aus Sozialisation, Konditionierung und selbst angelernten Reaktionen und Lektionen haben wir uns die Strategie beigebracht, andere wichtiger als uns selbst zu nehmen, um so die eigenen Bedürfnisse zu erfüllen und Risiken und Verletzungen aus dem Weg zu gehen.

Ich will damit nicht sagen, dass ich ein erleuchtetes Wesen bin und über emotionalem Ballast stehe. Auch ich mache es Menschen manchmal noch recht, weil ich mich den Großteil meines Lebens so verhalten habe, ohne zu merken, dass das People Pleasing war. Ich dachte einfach, so ist das Leben nun mal und Natalie muss eben so sein.

Wenn ich merke, dass aus einer Situation ein Konflikt entstehen könnte oder tatsächlich entsteht, erstarre ich innerlich immer noch und will mich unauffällig verdrücken oder sofort mit der Umgebung verschmelzen. Ich quäle mich immer noch damit, wie Menschen reagieren könnten. Manchmal wünschte ich, dass meine Eltern, sogar mein toter Vater, ganz anders wären. Manchmal brauche ich viel zu lange, um eine kurze SMS oder eine Mail zu schreiben, und ich kann mir den Spaß an nahezu allem verderben, wenn ich meiner (trockenen) inneren Perfektionistin freien Lauf lasse.

People Pleasing steht für »Ich habe (oder hatte) Angst vor etwas«. Es ist eine Strategie zur Angstbewältigung, die einen ironischerweise wegen der damit verbundenen hohen Wachsamkeit in genau diesem Kreislauf aus Angst und Anspannung gefangen hält. Wenn man ständig extrem wachsam ist und seine Umgebung auf Missbilligung oder Gefahr überprüft, kann man nicht gleichzeitig achtsam sein und sich selbst wichtig nehmen. Weil ich diesen Mechanismus durchschauen und erkennen wollte, wie sich mein emotionaler Ballast in diesen Momenten bemerkbar machte, konnte ich bewusstere und bessere Entscheidungen mit mehr *Freude* treffen.

Ich bin eine trockene People Pleaserin, denn genau wie Sie arbeite ich als Erwachsene daran, die unproduktiven und schädlichen Botschaften und Lektionen abzuschütteln, die ich im Lauf des Lebens verinnerlicht habe, damit ich zu meinem authentischen Ich finde, es nicht länger verstecke und dadurch heile, wachse und lerne.

Statt täglich das Murmeltier zu grüßen, es Leuten immer wieder recht zu machen und trotzdem andere Reaktionen zu erwarten, habe ich akzeptiert, dass mein Denken, meine Emotionen, mein Verhalten und meine Entscheidungen manchmal alten Schmerz, alte Ängste und Schuldgefühle widerspiegeln. Und nicht, wer ich bin. Ich gestehe mir zu, mich von allem, was ich durchgemacht habe, zu erholen und mich weiterzuentwickeln. Nein zu sagen ist eine Möglichkeit, mich von emotionalem Ballast zu befreien. Sie können das auch. Übrigens ist das viel besser als People Pleasing als Versuch, »an sich selbst zu arbeiten« und »allen Ballast abzuwerfen« und damit endlich der Mensch zu sein und das tun zu dürfen, was Sie brauchen, sich ersehnen und verdienen.

Ich kann es gar nicht genug betonen: People Pleasing ist der falsche Einsatz Ihrer guten Eigenschaften und Kapazitäten (Zeit, Energie, Mühe, Emotionen), nicht, wer Sie wirklich sind. Es hat spürbare Auswirkungen auf Ihr Leben, Ihre Gefühle, die Innigkeit Ihrer Beziehungen, Ihre Arbeitsbelastung, auf verborgene Verletzungen und heimlichen Groll sowie auf Ihr generelles Gefühl von Erfüllung und Verbundenheit. Ihr Körper könnte sich, je nachdem, wie sehr Sie sich nach anderen Menschen richten, in einer ständigen Fight-Flight-Freeze-Reaktion – Kampf, Flucht oder Erstarrung – befinden, und die übermäßige Wachsamkeit verstärkt nur alle Erfahrungen, die Sie zum People Pleaser gemacht haben.

Sie müssen nicht warten, bis Sie »genug« sind oder »perfekt«. Sie sind genau richtig auf die Welt gekommen und werden sie auch so verlassen. Sie haben nur sehr viel Mist verinnerlicht, der Sie vom Gegenteil überzeugt hat. Und Sie müssen auch nicht perfekt sein – also übermenschlich und ohne emotionalen Ballast –, Sie müssen entrümpeln, auspacken und aufräumen, was Ihnen bei einem selbstbewussten Nein im Weg steht, *damit auch Sie* lernen, genauso ehrlich Ja zu sagen. Sie müssen sich abgewöhnen, unsicher zu sein und niemanden enttäuschen zu wollen, damit Sie eine viel größere Bandbreite an Emotionen erleben und sich auf gesunde Art um sich selbst *und* Ihre Beziehungen kümmern können.

Wir versuchen oft, uns größeres Selbstwertgefühl und Selbstvertrauen sowie erfüllendere zwischenmenschliche Beziehungen durch unser People Pleasing zu *verdienen,* damit wir nicht riskieren müssen, verletzlich zu sein – und das wird nicht funktionieren, wenn wir unser Leben vertrauter, erfüllter, fried- und *freud*voller gestalten wollen. Sich zu entscheiden, von welchen Verhaltensweisen man sich verabschieden möchte, heißt auch, sich den Gründen für dieses erlernte Verhalten zu stellen und herauszufinden, was die eigenen wahren Absichten und der eigene Wert sind. Und dabei möchte ich Ihnen helfen.

- Man muss seine eigenen Grenzen kennen, die sichtbaren und unsichtbaren Linien zwischen sich selbst und anderen, das Bewusstsein, wo man selbst endet und andere beginnen, um zu wissen, wie und wann man Nein sagt.
- Ihre persönlichen Grenzen kommunizieren, was Sie über sich selbst wissen und wer Sie sein möchten. Sie stehen für Ihre Verantwortung sich selbst gegenüber sowie Ihr Bewusstsein darüber, wer andere Menschen sind und wie deren Verantwortung aussieht.
- Alle Probleme, die sich uns stellen, entstehen im Grunde wegen persönlicher Grenzen. Je mehr wir also zwischen unseren Gefühlen, Gedanken, Körpern und so weiter differenzieren lernen – und denen anderer Menschen –, desto besser können wir diese Probleme lösen. Und vor allem auch nicht wiederholen.
- Die meisten Menschen machen den Fehler, Grenzen mit dem Neinsagen gleichzusetzen, doch wozu Sie Ja sagen, ist ein *ebenso großer* Teil davon. Wenn Nein für Sie also bisher ein böses Wort war und Ja ein gutes, dann haben Sie indirekt dagegen gearbeitet, mehr Sie selbst zu sein, und im ewigen Kreislauf des People Pleasings festgesteckt.

- Stellen Sie sich Ja und Nein als Herz und Lungen vor, die eng zusammenarbeiten, um das sauerstoffreiche Blut durch den Körper zu pumpen. Es geht nicht darum, das eine oder das andere zu benutzen. Wenn ein Organ geschädigt ist, hat das nicht nur Auswirkungen auf das andere, sondern auf den gesamten Körper.
- Wenn Ihnen ein Nein schwerfällt, dann ist Ihnen auch das Nein anderer Menschen unangenehm. Es ist höchste Zeit herauszufinden, was Sie tun und was Sie vermeiden, um dem Nein Ihres Gegenübers aus dem Weg zu gehen.
- Alles, was Sie tun, soll Ihre Bedürfnisse erfüllen: wie Sie sein, was Sie tun müssen, was Sie brauchen, um nicht nur zu überleben, sondern sich wohlzufühlen. Je gesünder die eigenen Grenzen sind, desto mehr werden Sie Ihre Bedürfnisse erfüllen, weil Sie authentisch und Sie selbst sind. Indem Sie sich zugestehen, Nein zu sagen, erlauben Sie sich auch, die Leere aus unbefriedigten Bedürfnissen zu füllen, die Sie (vergeblich) durch People Pleasing befriedigen wollten.
- Ihre Grenzen *sind* Ihre Bedürfnisse, Wünsche, Erwartungen, Gefühle und Ansichten, denn diese repräsentieren, wer Sie sind und wie Sie sein möchten, Ihre *Werte,* Vorlieben, Prinzipien und Prioritäten für ein glückliches und authentisches Leben. Sie sind Ihr Ja, Nein und Vielleicht, und je authentischer und ehrlicher Sie auftreten und damit Ihr wahres Ich zeigen, desto gesünder sind Ihre Grenzen. Wenn Sie nicht ehrlich Ja oder Nein sagen, wenn Sie es müssen, wollen oder sollten, dann handeln Sie Ihren Werten zuwider, weil Sie Ihrem Charakter nicht treu sind oder Ihre Vorlieben und Prioritäten achten.
- Wenn Sie es allen recht machen wollen, unterdrücken Sie Ihre Grenzen, weil Sie sich *selbst* unterdrücken. Sie sind Ihre Grenzen.
- Die Bereitschaft, Ihre Grenzen zu achten, ist Ausdruck Ihres Selbstwertgefühls, die Summe aller Gedanken, die Sie zulassen,

und wie Sie zu sich selbst sind. Wenn Sie sich selbst als wertvollen Menschen sehen und behandeln, dann haben Sie das Selbstvertrauen, mehr Sie selbst zu sein. Und auch, wenn Ihr Selbstbild im Moment noch nicht so gut ist, helfen gesündere Grenzen, besser zu sich selbst zu sein und sich dadurch wohler mit sich selbst zu fühlen.

2

AM ANFANG

Wenn ich Menschen – von Mitte zwanzig bis Mitte achtzig – nach ihren Gründen frage, warum sie in der Arbeit oder ihrer Familie gegenüber nicht Nein sagen können oder warum sie immer wieder Dingen zustimmen, die sie gar nicht machen wollen, lautet die Antwort oft, man habe Angst, »Ärger zu bekommen«, und »man müsse eben tun, was einem gesagt wird«. Im Grunde wollen sie »gut und brav« sein. Was ist der Mechanismus dahinter, und wie haben wir gelernt, People Pleaser zu werden?

Ich gehe mal davon aus, dass Sie jetzt erwachsen sind. Dann wurden Sie im Zeitalter des Gehorsams erzogen. Strenge, Disziplin und Kontrolle – darum ging es bei dieser Art der Kindererziehung. Man brachte Kindern bei, »brav« zu sein und Autoritätspersonen bedingungslos zu gehorchen, bläute ihnen ein Gefühl der Verpflichtung ein und sorgte dafür, dass sie gefügig und nur allzu bereit waren, anderen zuzustimmen. Das hat uns auf die Arbeit und das Leben als Erwachsene vorbereitet, die sich den Erwartungen der Gesellschaft fügen.

Moderne Eltern und Bezugspersonen können natürlich genauso wie früher schwierig, distanziert, gleichgültig oder verletzend sein, doch insgesamt zeichnet sich das moderne Elternsein durch gegen- und nicht einseitige Kommunikation und Respekt aus.

Das Bewusstsein, dass Kinder Rechte haben, das Respektieren ihrer Grenzen und die Förderung ihres seelischen, geistigen und körperlichen Wohlbefindens sind keine Absonderlichkeiten mehr, die früher als »lasche« oder »hippiemäßige« Erziehung verschrien waren. Es herrscht auch ein breiteres Verständnis darüber, dass Kinder eigene Persönlichkeiten sind, nicht das Eigentum ihrer Eltern, und damit auch über mehr Autonomie verfügen.

Menschen waren schon immer darauf angewiesen, »brav« zu sein und bis zu einem gewissen Grad Regeln zu befolgen und sich anzupassen, um ihre elementaren Bedürfnisse und das Überleben zu sichern. Tatsächlich kann man anhand der Etymologie des Wortes »brav« (engl. *good*) nachvollziehen, wie sich der ursprünglich mit der Religion in Verbindung stehende Begriff schrittweise dahin entwickelte, auch Erfolg, Wohlstand, Arbeitsethos und »wohlerzogenes, folgsames Verhalten« zu umfassen. Diese Entwicklung verlief parallel zu den Veränderungen, die die Welt durchmachte, darunter die industrielle Revolution, Kolonialismus und Imperialismus.[1]

Während des Zeitalters des Gehorsams hat immer irgendwer unsere Gefühle kontrolliert oder missachtet, hat unseren Gesichtsausdruck als »gut« oder »schlecht« bewertet, unsere Persönlichkeit, Introvertiertheit, Extrovertiertheit, unser Verhalten, unser Erscheinungsbild, unseren Intellekt, unsere Talente oder Ziele. Mit Schuld- und Pflichtgefühlen, Angst und Scham hat man uns faktisch nach ihrem Willen geformt. Es war sozial akzeptabel, ein Kind in der Öffentlichkeit oder zu Hause körperlich zu »disziplinieren« und zu bestrafen oder ihm ohne Rücksicht auf psychische Folgen alles an den Kopf zu werfen. Eine Verbundenheit auf seelischer, geistiger und körperlicher Ebene war weder Priorität noch die Norm, weshalb das Verlangen nach Aufmerksamkeit, Zuneigung und Umsorgtwerden als übertrieben galt.

Es war auch nicht unüblich, dass ältere Kinder ihre jüngeren Geschwister aufzogen oder sich sogar um die Eltern kümmerten, arbeiteten, statt in die Schule zu gehen, oder an jemanden verheiratet wurden, von dem die Familie profitierte. Eltern und andere Bezugspersonen konnten tun, was sie wollten, ohne sich um die Auswirkungen zu kümmern. Wenn wir als Kinder gemobbt wurden, unter geringem Selbstvertrauen litten, unter Depressionen, schulischen Herausforderungen, Rassismus und Vorurteilen, unter Ausbeutung, Misshandlung oder Vernachlässigung – oder nicht neurotypisch oder genderkonform waren –, dann gab es keine Unterstützung. Die Lösung für alles war, irgendwie »brav« zu sein. Weshalb unsere Probleme und Kämpfe oft auf uns selbst übertragen wurden: »Was hattest du an?« oder »Was hast du getan, um ihn oder sie wütend zu machen?« Das eigentliche Problem wurde nicht benannt, weshalb das Verbergen unseres Schmerzes, unseres Ringens und unserer Bedürfnisse eine Form des Gehorsams und des Selbstschutzes war.

Wir alle haben beschämende Botschaften in der Kindheit zu hören bekommen, die unser wahres Selbst verstummen ließen, doch was »Bravsein« genau war, hatte je nach Geschlecht grundlegend verschiedene Auswirkungen auf das jeweilige Selbstbewusstsein. Mädchen und Frauen werden eher zu Gefügigkeit erzogen, die sie kleinhält und ihre Persönlichkeit unterdrückt, wohingegen Jungen und Männer Befehlstreue als Mittel erleben, mehr Macht zu erlangen. Der gar nicht so feine Unterschied besteht zwischen »Sei bescheiden und freundlich, benimm dich wie eine Dame und fall nicht auf« und »Tu, was man dir sagt, aber steh auch für dich ein und sei ein Mann, kein Mädchen, damit du ein Mann bleibst und Erfolg hast.«

People Pleaser kann jeder sein, doch Frauen neigen eher dazu, weil Männer dank des Patriarchats seltener dafür bestraft werden, sich durchzusetzen, wohingegen es viele Teile der Gesellschaft immer noch missbilligen, wenn Frauen sich genauso verhalten.

Indem die Gesellschaft so großen Wert auf Gefügigkeit und Gehorsam gelegt hat, hat sie Angst und Schuldgefühle in uns verankert, uns diese jedoch als Respekt verkauft. Daher haben wir nicht nur potenzielle oder tatsächliche Folgen des Ungehorsams gefürchtet, sondern auch Autoritäten an sich. Autoritätspersonen wurden behandelt, als hätten sie automatisch immer recht, weshalb wir uns immer für respektlos hielten, wenn wir das anzweifelten.

Das Zeitalter des Gehorsams hat uns keine Nuancen beigebracht, sondern bedingungslose Gefügigkeit. Vor allem hat es uns die Wichtigkeit des Gehorsams gegenüber Autoritätspersonen beigebracht, was in der Kindheit jeder Mensch ist, der Macht über einen hat. Man hat uns zwar vor »bösen Fremden« gewarnt, die uns mit einer Tüte Süßigkeiten kidnappen oder uns sonstigen Schaden zufügen wollen, doch niemand hat uns erklärt, dass wegen unseres antrainierten Gehorsams Fremde genauso wie Familienangehörige Angst, Schuld und Gefügigkeit heraufbeschwören konnten. Oft waren gerade die Menschen, denen wir wegen ihres Status oder Berufs automatisch vertrauten, diejenigen, vor denen wir uns in Acht hätten nehmen müssen, wie zum Beispiel Personen im Priesteramt, Lehrkräfte, Polizeibeamte, Familienfreundinnen und -freunde und entferntere Verwandte.

Wir haben gelernt, dass Ungehorsam gegenüber Autoritätspersonen nicht nur Probleme für uns, sondern auch für unsere Umgebung bedeuten konnte. Deshalb setzen Täter gegenüber ihren Opfern so oft die Drohung ein, dass geliebten Menschen etwas zustoßen könnte, oder reden ihnen ein, dass es diesen geliebten Menschen nicht gefallen würde, wenn sie von dem Missbrauch erführen. Und natürlich haben wir uns gefügt, denn wir waren von unseren Eltern und Bezugspersonen abhängig, um zu überleben.

Emotionale Erpressung aktiviert unser Gewissen, weshalb wir uns aus Schuld (oder Scham) heraus eher fügen. Regeln (ob willkürlich oder nicht), zusammen mit Verpflichtungen (ob gerechtfertigt oder nicht) und Erwartungen und Forderungen (ob realistisch und fair oder nicht) sind mit Schuldgefühlen verknüpft. Nach einer Weile werden sie zu einer Stimme in unserem Kopf, und wir werden Meister darin, uns selbst emotional zu erpressen und allem zuzustimmen. Natürlich setzen uns andere Menschen unter Druck, doch genauso oft tun wir etwas wegen unserer eigenen Ängste und Schuldgefühle. Schuldgefühle sind so stark mit unseren direkten zwischenmenschlichen Beziehungen verflochten, dass wir sie oft mit Liebe und Fürsorge verwechseln.

Wir fühlen uns schuldig, wenn wir etwas falsch gemacht haben (oder es glauben). In einer Welt, die einem beibringt, den eigenen Gefühlen zu misstrauen und die eigenen Bedürfnisse, Wünsche und Erwartungen für selbstsüchtig und beschämend zu halten, hat man ständig das Gefühl, etwas falsch gemacht zu haben. Die Schlussfolgerung lautet: »Ich werde mein ganzes Leben lang meine Schlechtigkeit kompensieren oder ihr vorbeugen, indem ich es allen recht mache.«

Das Zeitalter des Gehorsams hat uns gelehrt, gegen uns selbst zu handeln, wenn wir eine Regel, eine Verpflichtung, eine Bedrohung oder eine potenzielle Belohnung erkennen. Deshalb kann das Arbeitsumfeld auch so triggern. Die Mischung aus Autorität und Angst davor, ungehorsam zu sein, wirft uns direkt zurück in die Gedanken, Gefühle und das Verhalten aus der Kindheit.

Meine Klientinnen und Klienten sind oft zutiefst überrascht davon, dass die Zusammenarbeit mit jemandem uncharakteristisches Verhalten oder tiefe Angstgefühle bei ihnen hervorgerufen hat. *In jedem einzelnen Fall* hat das betreffende Gegenüber Ähnlichkeit mit einem Elternteil oder einer Bezugsperson meiner Klienten, mit einem Geschwisterkind oder einem anderen wichtigen Menschen aus der Kindheit.

Indem man uns als Kindern Gehorsam einimpft, werden wir unbeabsichtigt (und ja, manchmal auch absichtlich) zu Erwachsenen sozialisiert und konditioniert, die ihren Gefühlen misstrauen und sich nicht im Einklang mit ihrem Körper befinden. Wir haben gelernt, dass ein Nein andere Menschen verletzt, es hat Konfrontation, Bestrafung und Verlassenwerden zur Folge, weshalb wir uns jetzt ungehorsam und respektlos vorkommen, wenn wir auf uns hören. Wenn der Mensch, der für uns sorgen und für uns da sein soll, unsere Grenzen auch verletzt hat, haben wir gelernt, auf die Gefahr zuzugehen, statt vor ihr davonzulaufen, weshalb wir uns von Menschen angezogen fühlen könnten, die nicht gut für uns sind.

Der bedingungslose Gehorsam sogenannten Autoritäten gegenüber sowie deren Erwartungshaltung, sie zufriedenzustellen, hätte theoretisch funktionieren können: Wenn *alle* Autoritäten liebevoll, fürsorglich, vertrauenswürdig und respektvoll wären und sie ihre Macht nicht missbrauchen würden. Was ganz offensichtlich nicht der Fall ist.

Das Zeitalter des Gehorsams hat auch die falsche Auffassung und Illusion bestärkt, dass man nur mit Gehorsam ein guter Mensch wird und dass Gehorchen an sich immer etwas Gutes ist. Man hat uns beigebracht, dass die Welt eine Leistungsgesellschaft ist, die wie auch immer geartete Anpassung und Gefügigkeit belohnt, und wir haben die Erfahrung gemacht, dass das nicht stimmt.

Wir befolgen die Regeln und machen das, was man uns sagt, und trotzdem werden uns nicht alle mögen, und wir werden immer noch alles Unausweichliche im Leben erleben – Konflikt, Kritik, Stress, Enttäuschung, Verlust und Zurückweisung. Wir werden nicht immer einen bestimmten Job oder die ersehnte Beförderung bekommen, wir werden nicht immer einen Menschen von uns überzeugen können, in den wir verliebt sind, und selbst wenn wir alle Punkte erfüllen, laut derer wir angeblich gute, glückliche, erfolgreiche Menschen sind, fühlen wir uns vielleicht deprimiert, ängstlich, desillusioniert oder leer. Übermäßig gefügig zu sein ist eine Gefahr für unser Wohlbefinden.

WAS ES KOSTET, EIN PEOPLE PLEASER ZU SEIN

Mein verstorbener Akupunkteur und Mentor Silvio Andrade hat mir geholfen zu verstehen, was in meinem Körper vorging, als ich mich fragte, warum mir plötzlich alles zu viel wurde, obwohl es mir doch eigentlich gut zu gehen schien.

Stellen Sie sich vor, dass wir theoretisch alle mit der gleichen Toleranzschwelle für Stress geboren werden. In unserem Grundzustand sind wir nicht gestresst und können eine gewisse Menge Stress tolerieren, weil wir ihn zum Überleben brauchen: Er mobilisiert uns in Gefahrensituationen, durch ihn passen wir uns daran an, wie wir unseren Körper benutzen, er warnt uns, wenn wir es übertreiben oder wenn unser Körper etwas benötigt. Wir müssen wissen, wenn wir irgendwie unter Druck stehen. Es gibt guten Stress, wenn wir unsere Kraft dafür einsetzen, unsere Bedürfnisse zu erfüllen und das Leben zu genießen, und dann gibt es den weniger guten Stress, der von Stressoren herrührt, die ein Gefühl der echten oder eingebildeten Bedrohung hervorrufen.

Es gibt also den Grundzustand und das, was wir von Natur aus und relativ bequem tolerieren können sollten, und dann gibt es einen Schwellenwert, der anzeigt, wenn wir unter hohem Stress stehen. Bis zu dieser Schwelle geht es uns gut, doch danach befindet sich unser Körper auf einem überdurchschnittlichen oder sogar gefährlichen Stressniveau.

Stress produziert das Hormon Cortisol, und bei chronischem Stress wird zu viel davon produziert, was die Abläufe im Körper stört, unsere Gesundheit gefährdet und Krankheiten verursacht.[2]

Manchmal durchleben wir eine Phase von chronischem Stress, was bedeutet, dass wir nahe an oder über dieser Schwelle funktionieren.

Hält das an, stellt sich der Körper auf eine »neue Normalität« ein, sodass wir uns »okay« fühlen, obwohl es uns nicht gut geht und wir unter der Fight-Flight-Freeze-Reaktion leiden. Wenn wir nach dieser Phase über längere Zeit nicht chronisch gestresst sind und lernen, uns wieder sicher und geborgen zu fühlen, sinkt der Schwellenwert.

Wenn der chronische Stress jedoch anhält, sei es, weil wir uns immer noch in der auslösenden Situation befinden oder weil wir stressige Gewohnheiten beibehalten, werden wir uns weiter antreiben, viel mehr aushalten, als wir sollten, und unseren Körper mit Cortisol überschwemmen. Es ist, als würden wir im Stress ständig auf der Stelle treten, während wir unser Nervensystem überlasten und unserem Unterbewusstsein signalisieren, dass wir angegriffen werden.

People Pleasing ist unsere Antwort auf reale und eingebildete Ängste, und es ist unsere Reaktion auf Spannungen und aufgestaute Wut, die von unseren unverarbeiteten Verletzungen und Verlusten herrührt. Wir denken, dass diese Gefühle verschwunden sind oder wir sie abgeschüttelt haben, doch sie sind immer noch da. Manche Gefühle sind so tief vergraben, dass wir vergessen haben, dass wir sie überhaupt vergraben haben, und darauf hat sich dann noch viel mehr angehäuft! People Pleasing ist allerdings wie *Whac-A-Mole* – das alte Arcade-Spiel, bei dem man Maulwürfe mit Hämmern wieder in ihre Löcher verbannen musste –, denn es verschafft nur vorübergehend Erleichterung.

Unsere Gefühle nicht zu spüren stört nicht nur unsere emotionale Intelligenz, sondern erzeugt *auch* Stress. Wir gehen unseren Gefühlen aus dem Weg, um uns mit manchem Stress nicht auseinanderzusetzen, ohne zu merken, dass genau diese Vermeidungshaltung Stress verursacht. Wenn wir uns selbst unterdrücken und verdrängen, um anderen zu gefallen, ignorieren wir unseren wunderbaren Körper und misstrauen ihm, anstatt auf ihn zu hören. Wir machen mit, um »den Frieden zu bewahren«, ohne zu merken, dass in uns kein Frieden ist. Und weil wir uns so daran gewöhnt haben, denken wir, es »ginge uns gut«. Dabei erkennen wir nicht, dass wir unser Gefühl für »gut« und unsere Grenzen schon vor langer Zeit verloren haben.

Sosehr wir auch versuchen mögen, uns anders zu verhalten, wir sind fest mit unserem Körper und unserem Geist verbunden. Wenn wir uns selbst belügen, geraten wir in Konflikt mit unserem Körper. Wenn wir unser Leben mit einem gespaltenen Selbst führen, in dem wir der Welt eine Seite zeigen und die andere unterdrücken und verdrängen, können wir unserem Verstand und unserem Körper nicht die Wahrheit sagen. Die fehlende Verbindung zeigt sich in Form von emotionaler, mentaler, körperlicher und spiritueller Krankheit.

Viele People Pleaser machen sich Vorwürfe, weil sie prokrastinieren, und sehen darin einen weiteren Makel an sich selbst. Prokrastination ist jedoch wie ein Ventil, das vorübergehend Erleichterung von anstrengenden Gewohnheiten verschafft. Egal ob wir uns dessen bewusst sind oder nicht und ob uns bewusst ist, wie und wann sie sich in unserem Leben konkret manifestiert, sie ist eine Form des Selbstschutzes. Ja, manchmal wollen wir etwas aufschieben, doch es ist vor allem eine unterbewusste Art, Abstand zu unserem ständigen Gehorsam aufzubauen.

Sie können nicht die ganze oder den größten Teil Ihrer Zeit damit verbringen, Dinge aus Angst zu tun, ohne die Auswirkungen auf Ihr Wohlbefinden zu spüren. Sie sind nicht dazu bestimmt, ständig Angst zu haben oder unter chronischem Stress zu stehen, nicht nur, weil Sie dann nicht erkennen können, wann Sie wirklich vor etwas Angst haben sollten, sondern auch, weil eine nahezu ständige Fight-Flight-Freeze-Reaktion schlecht für den Körper ist. Deshalb implodieren Sie entweder, indem Sie innerlich durchdrehen und krank werden, einen Zusammenbruch erleiden oder ausbrennen, oder explodieren nach außen und setzen alles frei, was Sie verdrängt haben, worauf wir im letzten Kapitel des Buches eingehen. Ihr Körper musste zu extremen Mitteln greifen, um Sie aufzuhalten oder Ihnen vor Augen zu führen, was Sie mit sich herumschleppen.

Obwohl ich keine Ärztin bin, finde ich es faszinierend, dass viele in meinem freundschaftlichen Umfeld und aus meiner Leserschaft, die einen ähnlichen Hintergrund oder ähnliche Erfahrungen haben oder die es Menschen auf ähnliche Weise recht machen, an Tinnitus, Angstzuständen, Reizdarmsyndrom, Panikattacken, Migräne und mysteriösen Krankheiten leiden. Es ist kein Zufall, dass ich unter Tinnitus litt, als ich mich längere Zeit zu Höchstleistungen antrieb, ohne zu merken, dass ich mir selbst schadete, weil ich es aus den falschen Gründen tat und auch meine Grenzen nicht kannte. Erst als ich nach einem Marathonlauf an Burn-out erkrankte, meinen Vater verlor, vierzig wurde und in die Wechseljahre kam, war ich nicht mehr frustriert wegen meines »versagenden« Körpers, sondern konnte den Tinnitus als Signal erkennen, wo ich auf mich selbst hören und Nein sagen muss.

Der Körper mag keine Konflikte und Lügen. Er will, dass man ihm die Wahrheit sagt, damit es einem gut geht und man gesund ist. Wenn man so tut, als würde einen das eigene Tun nicht belasten oder verletzen oder viel weniger als tatsächlich anstrengen, oder als hätte man keine Bedürfnisse, dann weiß niemand, dass man am Zusammenbrechen ist, während man sich gleichzeitig ungesehen und ungehört fühlt. Es fordert seinen Tribut, wenn man innerlich das genaue Gegenteil dessen fühlt, was man nach außen hin darstellt.

Noch nie zuvor in der Geschichte der Menschheit waren wir so vielem ausgesetzt – nicht nur einander, sondern vor allem vielfältigsten Einflüssen (akustisch, visuell, sensorisch, dem Urteil anderer Menschen). Wir führen ein Leben und wiederholen Muster, für die unser Körper nicht ausgelegt ist. Daher stellen wir fest, dass die Identitäten, auf die wir uns verlassen haben, zunehmend schwächer werden und wir uns fragen, was wir »falsch« machen und warum wir »unwürdig« sind. Dank der modernen Technologie haben wir mehr Einblick in das Leben anderer Menschen als je zuvor und verfügen über zahlreiche Möglichkeiten zu kommunizieren, uns auszutauschen und Kontakte aufzubauen. Trotzdem erleben wir ein noch nie da gewesenes Ausmaß an Einsamkeit, Depressionen, Selbstverletzungen, Selbstmordraten bei Jugendlichen, psychischen Krisen und Burn-out.

Manchmal bedeutet unsere Gefügigkeit gegenüber Autoritäten, dass wir ihnen blind vertrauen und gegen unseren Instinkt handeln, weshalb wir dann auf einen einzelnen medizinischen Rat hören, anstatt eine zweite Meinung einzuholen, vielleicht mit fatalen Folgen.

Heutzutage erscheinen Arbeitnehmerinnen und Arbeitnehmer auch dann bei der Arbeit, wenn sie krank sind oder andere Faktoren verhindern, dass sie so produktiv wie sonst sind. Nach außen hin zeigen wir uns gehorsam, während wir uns innerlich ganz anders fühlen – eine passiv-aggressive Form der Kommunikation, derer wir alle uns von Zeit zu Zeit bedienen. Wir fühlen uns nicht gut oder sind unkonzentriert, aber wir arbeiten abends länger, lassen Pausen ausfallen, sagen Ja, auch wenn wir eigentlich Nein sagen müssten, wollten oder sollten, oder brechen während der Arbeit zusammen, nur um »anwesend« zu sein.

Managerinnen und Manager, Vorgesetzte und Chefinnen und Chefs verstärken die Kultur des Präsentismus, indem sie uns im Nacken sitzen, uns emotional erpressen und uns wie große Babys behandeln, denen man nicht zutraut, mit dem Internet umzugehen oder sich ihre Zeit selbst einzuteilen. Deshalb behaupteten so viele Unternehmen, dass flexibles Arbeiten oder Homeoffice nicht möglich sei. Die Pandemie und die Lockdowns haben das binnen weniger Stunden als Lügen entlarvt.

Burn-out ist deutlich auf dem Vormarsch. Zum einen, weil wir jetzt ein Wort für etwas haben, das wir schon lange kennen, zum anderen aber auch, weil die zunehmenden Anforderungen der Arbeit und die Schwierigkeit, die Arbeit vom Privatleben zu trennen, enormen Stress und die Angst in uns auslösen, ungehorsam zu sein und in Schwierigkeiten zu geraten. Die ausbeuterische Arbeitskultur ist der Grund, warum 2021 das Jahr der großen Kündigungswelle war, als Beschäftigte in Rekordzahl ihren Job aufgaben.[3]

Die sozialen Medien und das Internet machen es uns so viel leichter, uns miteinander zu vergleichen, zu glauben, wir müssten mehr sein, mehr tun und mehr kaufen, und wir sind erschöpft von dem Versuch, den Erwartungen gerecht zu werden.

So viele von uns werden getriggert, und der unerträgliche Tribut des bedingungslosen Gehorsams an unser Nervensystem ist der Grund, warum wir uns mit Überarbeitung, Über- oder Unterernährung, Drogenmissbrauch, Shopping, Sex, Glücksspiel und anderen zwanghaften Verhaltensweisen selbst behandeln und betäuben. Wenn wir schließlich nach Ausbrüchen und Herausforderungen an unsere Grenzen stoßen, ist das ein schreckliches Gefühl, doch der Zusammenbruch unseres falschen Selbst ist notwendig, wenn wir uns von dem Schmerz befreien wollen, unter dem wir doch vorgeblich gar nicht leiden.

IHR BETRIEBSSYSTEM IST VERALTET

Wir sind zwar im Zeitalter des Gehorsams aufgewachsen, doch aufgrund der Funktionsweise unseres Körpers wären wir in jedem Fall auf Verhaltensweisen sozialisiert und konditioniert worden, die wir später im Erwachsenenalter erst einmal durchbrechen müssten. Ich erkläre es Ihnen.

Ihr Unterbewusstsein, der Teil Ihres Verstandes, dessen Sie sich nicht voll bewusst sind, beeinflusst in erheblichem Maß Ihre Gewohnheiten, Gefühle und Ihr Handeln, und es arbeitet mit Ihrem komplexen Nervensystem zusammen, das Signale durch Ihren Körper sendet und auf Ihre Umgebung reagiert.

Stellen Sie sich das Unterbewusstsein als ein mentales Ablagesystem vor, in dem jedes einzelne Ereignis in unserem Leben und unsere Reaktionen darauf gespeichert werden. Es entspricht den Asservatenkammern und Aktenordnern, die man in Krimiserien sieht, nur viel größer, da wir Milliarden von Akten haben.

Jede Akte enthält Details des Ereignisses, zum Beispiel, was passiert ist, wie wir und andere darauf reagiert haben, außerdem Sinnesinformationen zu den Umständen. Diese Details werden von dem mit ihnen verbundenen Gefühl umschlossen. Das passiert bei jedem Ereignis, und auch wenn wir uns an die meisten nicht erinnern – unser Nervensystem vergisst nichts.

Wenn Sie sich in einer Situation befinden, bei der Ihr Unterbewusstsein und Ihr Nervensystem Ähnlichkeiten zu einer Akte oder einer Reihe von Akten sehen, löst das eine Abfolge von Gedanken, Gefühlen und Verhaltensweisen aus, die natürlich weitere Akten aktivieren. Selbst wenn das aktuelle Ereignis nicht dasselbe ist, werden Sie, wenn Sie sich ähnlich fühlen, so reagieren wie damals (durch Handlungen, Gedanken, weitere Gefühle). Es sei denn, Sie sind achtsam und schauen auf sich selbst.

Wir sind darauf trainiert, aus den richtigen Gründen Angst vor bestimmten Dingen zu haben (wenn wir unsere Hand auf einen heißen Herd legen, verbrennen wir uns). Es bedeutet aber auch, dass wir aufgrund unserer Reaktionen, wenn wir zum Beispiel Nein sagen oder Grenzen setzen mussten, übermäßig viel Angst vor Versagen oder Schmerz haben, obwohl ein Nein oder Grenzen nicht »falsch« sind.

Aufgrund der schieren Menge haben Sie im Lauf eines Lebens unbewusst und bewusst ähnliche Ereignisse durch Assoziationen – die Verbindungen, die wir zwischen Dingen herstellen – zusammen abgelegt. Ich sage *Salz,* Sie sagen vielleicht *Pfeffer.* Vielleicht denken Sie an Essen oder singen wie ich »Push It«, den legendären Song von Salt-N-Pepa.

Ich sage »Nein, Grenzen, Prioritäten setzen«, und Ihnen fällt etwas oder jemand dazu ein. Ein Spruch, ein Wort, ein Gefühl, eine Kritik, eine Regel, ein Bild von jemandem, eine Erinnerung, ein Lied, ein Geruch, ein körperliches Gefühl – *irgendetwas.*

Der Mensch ist ein Gewohnheitstier. Müssten wir über jede einzelne Handlung nachdenken, auch über die Vorgänge im Inneren unseres Körpers, würden wir explodieren. Scherz! Aber wir wären sofort erschöpft. Also macht unser Körper sein Ding, und wir entwickeln viele Gewohnheiten, Verhaltensroutinen, Gedanken und Gefühle, die große Teile unserer Tage und unseres Lebens automatisieren, damit wir uns auf alles konzentrieren können, was bewusste Anstrengung erfordert.

Wenn wir jedoch immer wieder mit denselben Denkgewohnheiten, Gefühlen und Handlungen reagieren, unabhängig davon, ob sie wahr oder relevant sind, interpretieren unser Unterbewusstsein und unser Nervensystem diese als die »richtige« Reaktion, die in unserer Akte gespeichert wird. Wenn wir also jedes Mal sagen, dass wir »böse« sind, wenn wir ähnliche Gefühle erleben wie damals, als unsere Eltern uns zurechtgewiesen oder wir nicht das getan haben, was man uns gesagt hat, wird dies zu unserer pauschalen *Standard*reaktion auf alle damit verbundenen Situationen. Die Gefühle werden noch stärker, auch wenn sie nicht unserer gegenwärtigen Realität und unserem wahren Selbst entsprechen.

Doch jetzt kommt's: Ihrem Unterbewusstsein ist der Zeitpunkt egal.

Wir denken, dass es in der Gegenwart oder sogar in der jüngsten Vergangenheit lebt. Weit gefehlt! Die Wurzeln liegen in den ersten Jahren unseres Lebens, in meinem Fall also in den Achtzigern mit Jheri-Locken wie Michael Jackson damals und krausen Dauerwellen (und großartiger Musik). Bis wir dieses Wissen erlangen und uns durch das Neinsagen wachrütteln, tappen wir alle in die Falle, dass unser Körper im Hier und Jetzt lebt und dass wir doch das tun können sollten, was wir von uns erwarten. Wir gehen davon aus, dass unsere Gefühle Tatsachen sind und dass die Begleitgeschichten zu unseren Gefühlen und Erfahrungen *ebenfalls* Tatsachen sind, obwohl es sich in Wirklichkeit nur um Gewohnheiten und alte Missverständnisse handelt.

Nicht alle abgespeicherten Informationen sind »richtig«. Das ist entscheidend, um zu wissen, wann und wie man auf People-Pleaser-Gefühle reagiert, aber auch, um zu sich selbst zurückzufinden und auf sich selbst vertrauen zu können. Es ist zu viel erwartet, dass zum Beispiel ein Fünfjähriger alles »richtig« empfindet und wahrnimmt. Wenn Sie ein Kind bitten würden, Ihre Wohnung zu organisieren oder die Ablage für Ihr Unternehmen zu machen, dann würden Sie nicht erwarten, dass es alles perfekt erledigt. Warum sich also auf Akten verlassen, die schon eine ganze Weile nicht mehr überprüft und aktualisiert wurden?

IHRE IDENTITÄT STIMMT NICHT MIT IHRER WAHREN PERSÖNLICHKEIT ÜBEREIN

Mit einem Großteil unseres Handelns, vor allem wenn es unbewusst, schmerzhaft und sich wiederholend ist, wollen wir denen gefallen, von denen wir in der Kindheit abhängig waren. Wir versuchen, die Fehler der Vergangenheit wiedergutzumachen, um unerfüllte Bedürfnisse zu befriedigen und uns selbst vor der Ablehnung und dem Verlassenwerden zu schützen, vor denen wir als Kind Angst hatten oder die wir tatsächlich erlebt haben. Muster treten auf, wenn wir nicht bewusst leben, und beim People Pleasing sind wir auf Autopilot. Wir arbeiten mit Programmierungen statt mit bewussten Entscheidungen.

Die Amygdala, der Teil des Gehirns, der die Angst steuert, liebt Muster so sehr, dass sie das vertraute Unbehagen der »Gefahr« des Unbekannten vorzieht und stets bereit ist, uns zu schützen. Deshalb verlassen wir uns auf Regeln, so sehr wir auch über sie stöhnen mögen, weil sie uns ein falsches Gefühl von Kontrolle vermitteln. Unabhängig davon, dass wir uns am Ende noch schuldiger und ängstlicher fühlen, wenn wir ihnen bedingungslos gehorchen.

Der Teil unseres Gehirns, der Gewohnheiten speichert – die Basalganglien –, unterscheidet nicht zwischen schädlichen und nützlichen Gewohnheiten. Er klammert sich an alle, so wie mein Mann jedes Kabel behalten will, auch wenn wir das dazugehörige Gerät gar nicht mehr haben.

Die Denk- und Verhaltensweisen, die wir uns angewöhnt haben, wurden zu *Rollen,* Funktionen, die wir in unseren zwischenmenschlichen Beziehungen spielen und die zu unseren alltäglichen Masken und Verkleidungen werden. Diese »Rolle«, die wir glaubten, annehmen und spielen zu müssen, war eine Reaktion auf unser kindliches Umfeld. Wir machten es uns zur Aufgabe, uns auf eine bestimmte Weise zu verhalten, etwas Bestimmtes darzustellen, und wir machen unseren Wert von unserer Rolle (oder Rollen) abhängig. Mit ihnen passen wir uns an, um uns gebraucht, nützlich und sicher zu fühlen, auch wenn sie uns kleinhalten, weil sie auf kindlichen Denkweisen und Gewohnheiten basieren.

Ein Teil dieser Rolle wird uns verbal (»Du bist der Älteste, also musst du mit gutem Beispiel vorangehen!«) oder durch Handlungen (wir müssen als Therapeutin für unsere Eltern herhalten oder als Ersatzehepartner oder -geschwisterkind) auferlegt, und manches nehmen wir einfach an (»Meine Eltern geben mir an allem die Schuld, deshalb muss ich den Kopf hinhalten und das Problem sein, um sie zu decken«).

Anhand der positiven und negativen Assoziationen in unserer »Ablage« haben wir die »Regeln« herausgefunden und unsere Rollen in unseren Familien sowie gegenüber Gleichaltrigen und Autoritäten bestimmt. »Wenn ich X tue (meine Rolle erfülle und die Regeln befolge), werden die anderen Y tun (ihre Rolle spielen), und dann wird Z (meine gewünschte Reaktion) erfolgen.« Diese Programmierung haben wir dann im Lauf der Zeit wiederholt und verfeinert, und nach ihr führen wir unser Leben.

Ganz gleich, wie unangenehm, einschränkend oder im Widerspruch zu unserem wahren Ich sie sind, wir schlüpfen in Rollen, weil wir durch sie Dinge bewältigen und unser Überleben sichern. Diese Rollen richten sich nach den wichtigsten Menschen in unserem Umfeld. Das ist unsere Art, zum Wohl der Familie »mitzuhelfen« und »brav zu sein«. Tatsächlich entspricht das Verkörpern von Rollen aber einer Co-Abhängigkeit; wir sind emotional übermäßig von anderen abhängig und wissen nicht, wo wir aufhören und wo sie anfangen. Anstatt mehr wir selbst zu sein, tun wir, was unserer Meinung nach den Menschen um uns herum und unseren Zielen entspricht.

Und auch wenn wir jetzt erwachsen sind und uns vielleicht in einem völlig anderen Umfeld bewegen, spielen wir in jeder Situation, die unser People Pleasing aktiviert, immer noch unsere Rolle. Wir versuchen, alte unerfüllte Bedürfnisse zu befriedigen und das Unrecht der Vergangenheit wiedergutzumachen.

Unsere Assoziationen und Rollen erklären, warum wir vielleicht Schwierigkeiten haben, unsere Probleme zu verstehen oder uns mit unserem emotionalen Ballast auseinanderzusetzen. Die soziale Konditionierung hat uns gelehrt, was eine »gute Kindheit« ausmacht, sodass wir unsere Erfahrungen abtun und herunterspielen oder einen großen blinden Fleck anstelle des Weges haben, den wir bis zu diesem Punkt zurückgelegt haben. Wir könnten argumentieren: »Aber meine Eltern sind doch noch zusammen!«, oder: »Meine Eltern haben mich geliebt«, als wollten wir damit andeuten, dass nur Menschen aus »zerrütteten Familienverhältnissen« oder mit einer schrecklichen Kindheit ein geringes Selbstwertgefühl oder ständig ungesunde Beziehungen haben dürften. Doch die Antwort liegt in der Rolle (den Rollen), die wir gelernt haben zu spielen.

Das bedeutet nicht, dass People Pleasing gleichbedeutend ist mit »schlechter Kindheit«, aber ob »gut« oder »schlecht« – wir müssen immer noch emotionalen Ballast und vielleicht auch

Traumata verarbeiten. Die Forschung zeigt, dass negative, belastende Kindheitserfahrungen (Adverse Childhood Experiences, ACEs) unsere Gesundheit ein Leben lang erheblich beeinträchtigen.[4] Auch ohne ein Erlebnis von der ACE-Liste[5] gefährdet das Unterdrücken und Verdrängen unserer Emotionen – ja, genau das ist People Pleasing – unsere Gesundheit und unser Wohlbefinden.[6]

Unsere Bewältigungs- und Überlebensmechanismen, mit denen wir es Menschen durch das Spielen von Rollen recht machen, haben uns durch die Kindheit gebracht, aber sie werden uns nicht helfen, uns weiterzuentwickeln, weil sie eine Falschanpassung sind. Die alte Programmierung wird zunehmend ineffizient, weshalb unser People Pleasing nicht mehr die bisherigen Resultate oder Belohnungen hervorbringt und unser Wohlbefinden beeinträchtigt.

Deshalb kann es sich falsch anfühlen, Nein zu sagen, sich selbst an erste Stelle zu setzen, selbstbewusst auftreten zu wollen oder dringend benötigte Veränderungen im Erwachsenenalter vorzunehmen. Es liegt außerhalb Ihrer Komfortzone, und da die Rolle zu Ihrer Identität geworden ist, empfinden Sie das Durchbrechen des Musters als illoyal, schlecht und ungehorsam. Es ist eng mit den Menschen verbunden, mit denen Sie aufgewachsen sind, und mit dem, was Ihnen beigebracht wurde, damit Sie ein guter, glücklicher, erfolgreicher Mensch werden. Sie haben auch Angst, dass Sie nicht gebraucht werden und dass Sie jemand anderen mit seiner ungesunden Rolle konfrontieren und weitere Entfremdung und Verlassenwerden herausfordern. Die Frage ist: Wer bin ich ohne das People Pleasing? Die Antwort: Sie selbst.

Jeden Tag höre ich von Menschen, die mit sich und ihrem Leben unzufrieden sind. Sie machen sich Vorwürfe, weil sie denken, sie hätten es besser wissen oder belastbarer sein müssen, oder dass mit ihnen etwas nicht stimmt und sie nicht gut genug sind. Aber wenn ich mich recht erinnere, ist niemand von uns an seinem achtzehnten Geburtstag aufgewacht und hat einen Flaschengeist an seinem Bett gesehen, der uns mit einer leuchtenden Gebrauchsanweisung im Leben eines Erwachsenen willkommen geheißen hat. Wie sollen wir Freude daran finden, Nein zu sagen, wenn die Welt uns lehrt, dass es falsch ist?

Wenn wir uns also selbst für unseren emotionalen Ballast bestrafen, mit dem wir nie gelernt haben umzugehen, geschweige denn damit, unsere Gefühle wahrzunehmen, unsere Bedürfnisse zu befriedigen und unsere Werte und Grenzen zu kennen, dann ignorieren wir, dass wir zu unserem Denken, Fühlen und Handeln sozialisiert und konditioniert wurden. Deshalb müssen wir als Erwachsene alle unproduktiven und schädlichen Botschaften verlernen, die wir verinnerlicht haben, damit wir zu uns finden und unsere wahren Vorlieben, Prinzipien und Prioritäten – unsere Werte – leben können. Deshalb werden Sie auch immer wieder mit denselben Problemen und Gefühlen konfrontiert: Ihr Unterbewusstsein versucht ständig, die Programmierung zu verstehen. Aber wenn wir das Betriebssystem nicht aktualisieren, indem wir die Verantwortung für uns selbst übernehmen und das Nein dazu nutzen, uns selbst durch gesündere Grenzen zu heilen, wird unser Körper an den Standardeinstellungen festhalten.

- Hinter allem, was wir tun, steht ein »Warum« – unsere Beweggründe. Wenn wir wissen, warum wir etwas tun, können wir unser Leben selbstbestimmter führen. Wenn wir uns unserer Beweggründe bewusst sind, sind wir mit den Ergebnissen zufriedener. Wenn nicht, betrügen wir uns selbst und sind ständig enttäuscht und verletzt. Wenn wir mehr auf uns und das Warum für eine Entscheidung achten, brechen wir aus dem Murmeltier-Kreislauf aus. Wir bringen unser Unterbewusstsein und unser Nervensystem auf einen aktuelleren Stand, damit wir uns besser um uns kümmern und verstehen können, wenn wir uns in einer tatsächlich schädlichen Situation befinden.

- Wenn Sie bei einer Entscheidung nicht auf erwachsene und gesunde Weise Ihren Bedürfnissen nachgehen können, dann müssen Sie Nein sagen.
- Nachdem niemand automatisch auf den ersten Blick die Grenzen eines anderen Menschen abschätzen kann, muss man seine eigenen Grenzen kennen und durch Worte und Verhalten kommunizieren – oder durch das, was man eben nicht sagt und tut.
- Es ist nichts falsch daran, etwas für andere tun zu wollen, solange Ihnen der Beweggrund dafür bewusst ist. Wie Sie sich fühlen sowie Ihre Verhaltensmuster, Ergebnisse und Reaktionen verraten Ihnen, wie ehrlich Ihr Ja war. Sie müssen lernen, verantwortungsvoll mit Ihrem Ja umzugehen, damit es keine negativen Auswirkungen auf Ihr Wohlbefinden hat.
- Wenn Sie Dinge tun, um anderen Menschen zu gefallen, reagieren Sie auf die Vergangenheit, nicht die Gegenwart. Sie sind nicht dazu verpflichtet, Ja zu sagen, auch wenn Sie es nicht müssen, wollen oder sollten. Es ist nicht Ihre *Aufgabe.*
- Unser Körper braucht Input und bewusste Anweisungen von uns, um neue Nervenbahnen und neue Reaktionen auszubilden. Wir können nicht alten Ballast, alte Überzeugungen, Verhaltensweisen und Entscheidungen in neue Situationen mitbringen, andere Reaktionen erwarten und dann überrascht sein, wenn sich nichts geändert hat und es immer so weitergeht.

Es ist also an der Zeit herauszufinden, welche Rolle Sie angenommen haben, indem Sie verstehen, welcher People-Pleaser-Typ Sie sind. Sie können anfangen, alte Verhaltensweisen abzulegen, und sich selbst zurückerobern.

TEIL II

DIE FÜNF PEOPLE-PLEASER-TYPEN

Während der vielen Jahre, in denen ich menschliches Verhalten und die Dynamik zwischenmenschlicher Beziehungen beobachtet habe, sind mir immer wieder dieselben Muster aufgefallen, als gäbe es eine geheime Anleitung oder ein Hogwarts für das People Pleasing. Es ist unglaublich weit verbreitet und verbirgt sich oft hinter anderen Bezeichnungen, weshalb wir die Verbindung gar nicht herstellen.

In Beziehungen zum Beispiel, die von emotionaler Unerreichbarkeit geprägt sind, spielt die passivere Partnerin beziehungsweise der passivere Partner diverse Rollen, um das emotional unerreichbare Gegenüber dazu zu bringen, plötzlich doch emotional erreichbar zu sein, sich auf die Beziehung einzulassen oder einfach nur aufzuhören, den anderen schlecht zu behandeln. Ja, das ist People Pleasing.

Es gibt auch den Trend, dass Menschen sich als *empathisch* bezeichnen, sie also die emotionale oder geistige Verfassung anderer Menschen erkennen können, ohne zu merken, dass sie in Wahrheit People Pleaser sind, wenn sie dabei ihre eigenen Grenzen nicht beachten und es für sie eine gewichtige Verantwortung und Pflicht ist.

Menschen, die sich selbst als hart arbeitend und leistungsorientiert sehen, beschreiben sich oft entschuldigend als *perfektionistisch,* was aber falsche Bescheidenheit ist, denn für sie sind das lobenswerte und geschätzte Eigenschaften. Doch wenn es weniger um akribisches Arbeiten auf höchstem Niveau geht, sondern darum, Minderwertigkeitsgefühle zu überdecken und das Unkontrollierbare zu kontrollieren, dann ist auch das People Pleasing.

Egal, ob man sich selbst als Geberin oder Geber bezeichnet, als zu freigiebig, zu nachdenklich, als prokrastinierend, Fußabstreifer, als zu verantwortungsbewusst oder zu empathisch, als das brave Mädchen, den netten Typen – es läuft alles auf dasselbe hinaus. People Pleasing lässt sich in fünf Typen einteilen: der Gute, der Bemüher, der Vermeider, der Retter, der Leider.* Wir wollen brav und nett sein und so auch auf andere wirken, mit Bemühen etwas erreichen oder uns beweisen, wir vermeiden Dinge, retten Menschen durch Selbstaufopferung und leiden, um zu beweisen, wie gut und nett wir doch sind, oder um uns reinzuwaschen, akzeptiert zu werden und uns geborgen zu fühlen. Jeder Typ bedient sich der Strategie, die ihm am nächsten ist, um die Gefühle und das Verhalten anderer Menschen zu beeinflussen und zu kontrollieren, um durch sich wiederholende Muster dieselben Dinge zu erlangen oder zu vermeiden, um die Fehler der Vergangenheit zu korrigieren und alte Wunden zu schließen, doch vor verschiedenen Hintergründen und mit verschiedenen Herangehensweisen.

Ihr People-Pleaser-Typ liefert sofortige Erkenntnisse dazu, wie Sie folgende Dinge angehen:

- Sie versuchen, Ihre Bedürfnisse und Wünsche zu erfüllen, ohne darum zu bitten oder sich dementsprechend zu verhalten.
- Sie bemühen sich, die Bedürfnisse und Wünsche anderer Men-

* Anmerkung des Verlags: Zugunsten der Lesbarkeit wurde weitestgehend auf genderinklusive Schreibung verzichtet. Selbstverständlich sind – wo nicht anders gekennzeichnet – alle Geschlechter mitgemeint.

schen zu erfüllen und damit deren Gefühle und ihr Verhalten zu beeinflussen.
- Sie spielen erlernte Rollen, um sich gebraucht, nützlich oder wertvoll zu fühlen.
- Sie reagieren auf Erwartungen von innen (Ihre eigenen) und außen (die anderer Menschen) mit Pflicht- und Schuldgefühlen.
- Sie tragen immer noch Schmerz, Angst und Schuld aus alten Wunden und Verlusten mit sich herum und wollen es deshalb allen recht machen.

Mehrere Typen könnten auf Sie zutreffen, doch einer oder zwei werden dominieren. Ich nenne zwar Beispiele für Erfahrungen, nach denen man sich zu den einzelnen Typen entwickelt, sowie für Merkmale dieser Rollen, diese können aber auch auf die anderen Typen zutreffen. Lesen Sie daher gern alle Typen, weil sie alle People Pleaser sind. Sie werden auch geliebte (und nicht so geliebte) Menschen und deren Rollen wiedererkennen.

Sie sollen erkennen, was Sie am meisten motiviert und antreibt, denn das verrät Ihnen, was Ihnen wichtig ist und was Sie fürchten – und das wird sich in den Themen und Mustern Ihres Lebens widerspiegeln. Wenn Sie sich überlegen, was Angst, Sorge oder das Vermeiden von Dingen auslöst und welche typischen Rollen Sie in Ihren zwischenmenschlichen Beziehungen oft spielen, werden Sie das Muster hinter Ihrem jeweiligen People-Pleaser-Typ erkennen.

Dabei geht es nicht darum, Ihnen eine Definition überzustülpen und Sie in eine Schublade zu stecken, sondern zu verstehen, wo Sie sich anpassen und dazugehören wollen. Es geht darum zu verstehen, wie sich Ihre Erziehung und Ihr emotionaler Ballast in der Art manifestieren, wie Sie Ihre Bedürfnisse, Wünsche, Erwartungen, Gefühle und Meinungen unterdrücken und verdrängen, damit Sie sich aus diesem Muster befreien können.

Nehmen wir zum Beispiel an, dass Sie im Beruf nicht mehr ständig hilfsbereit sind, weil Sie sich damit nicht gut fühlen und damit eigentlich die Wahrnehmung durch Ihre Umgebung kontrollieren wollten. Wenn ein Kollege Ihnen sagt, dass er Ihr »altes«, hilfsbereites Verhalten vermisst, müssen Sie nicht rückfällig werden. Natürlich vermissen die anderen diese Version von Ihnen – vor allem, wenn sie von ihr profitiert haben –, aber sie werden es überleben. Und wahrscheinlich finden sie jemand anderen!

Ihrem People Pleasing liegen verborgene Beweggründe zugrunde, egal welcher Typ in welcher Intensität auf Sie zutrifft. Sie tun etwas nicht, weil es Ihren wahren Werten, Absichten und Gefühlen entspricht, sondern weil Sie etwas erreichen oder vermeiden wollen.

> Vergessen Sie nicht, dass das »Warum« und Ihre Gefühle für Ihr People-Pleaser-Verhalten verantwortlich sind, nicht wie Sie Ihrer Meinung nach dabei aussehen, nicht Ihre guten Absichten oder wie andere Sie wahrnehmen.

3

DER GUTE

Als Victoria, damals Mitte dreißig und leitende Angestellte in einem der größten Unternehmen der Welt, hörte, wie ihre Kolleginnen und Kollegen bei einer internen Konferenz über das Management herzogen, meldete sie sie an die Vorgesetzten, weil ihr Verhalten nicht den Unternehmensrichtlinien entsprach. Was danach passierte, verwirrte und verstörte sie zutiefst: Das Management rügte ihre Kolleginnen und Kollegen, und diese konnten sich zusammenreimen, dass Victoria sie verpetzt hatte, woraufhin sie sie schnitten und nur noch das absolut Nötigste mit ihr sprachen.

Eine Weile war jeder Tag eine einzige Folter, und das war in den Zweitausenderjahren, als man noch nicht ins Homeoffice ausweichen konnte. Außerdem hatte es sich herumgesprochen, dass sie die anderen verpfiffen hatte, weshalb ihre generelle Vertrauenswürdigkeit infrage gestellt wurde und sie überhaupt nicht wie eine Teamplayerin wirkte – was sie doch aber von sich gedacht hatte. Sie empfand das Verhalten dieser Menschen als zutiefst unfair, vor allem nachdem sie doch versucht hatte, »das Richtige« zu tun und eine »gute Angestellte« zu sein. Sie verstand nicht, wieso auf einmal sie die Böse war.

Victoria hatte allerdings nicht bedacht, dass sie ihre Kolleginnen und Kollegen auf ihrer Mission, gut zu sein und das auch dem Management zu zeigen, verraten hatte. Außerdem hatte sie sich auch nicht die Hände schmutzig machen und anonym bleiben wollen, damit sie sich weiterhin als guter Mensch empfinden und auch vor den anderen gut dastehen und gleichzeitig ein besseres Verhältnis zur Chefetage genießen konnte. Das war ihr nicht nur spektakulär um die Ohren geflogen, es verhinderte auch, dass sie ihren eigenen Mangel an Authentizität, ihre fragwürdige Motivation und das fehlende Mitgefühl für ihre Kollegen erkannte.

> Immer gut sein zu wollen entspricht dem Image- und Ruf-Management-Typ des People Pleasings, der die Gefühle und das Verhalten anderer Menschen zu beeinflussen und zu kontrollieren versucht. Man gibt sich als guter Mensch, der immer alles richtig macht, um Selbstwertgefühl aufzubauen und sich das Recht zu verdienen, sich Bedürfnisse und Wünsche zu erfüllen.

Aspekte anderer Typen können natürlich mit hineinspielen (und umgekehrt), doch die hauptsächliche Motivation für den Guten ist das Bedürfnis, zu gefallen und für gut und anständig *gehalten zu werden,* um sich dann sicher und wertvoll zu fühlen. Es geht also mehr um die Wahrnehmung als um das Handeln an sich.

Viele People Pleaser, die sich wahrscheinlich als »die Guten« bezeichnen würden, treten oft in folgenden Rollen auf:

Das brave Mädchen/der anständige Typ	Der pflichtbewusste Sohn/ die pflichtbewusste Tochter
Der Zweitbeste/Übersehene	Der Hübsche/Beliebte
Der Erfolgreiche/Wichtige	Der Gutgelaunte
Der Ausgleicher/Diplomat	Der Nachgiebige

URSACHEN

Ein Guter ist typischerweise in einer Umgebung aufgewachsen, in der die Erwachsenen das Gute vorgelebt, wenn auch nicht explizit betont haben, oder in der die Wahrung einer »guten, anständigen« Fassade höchste Priorität hatte oder wo das gute Verhalten Selbstschutz gegen die schlechte Behandlung durch andere war.

Manche fanden in ihre Rolle, weil sie positive Bestärkung dafür erfahren haben, dass sie ruhig, höflich, nett und freundlich waren, nicht selbstsüchtig, es allen recht machen wollten, sich besser als andere benahmen, in alles einwilligten, gute Noten bekamen, beliebt waren oder hoch angesehen. Daher wollten sie auf keinen Fall jemanden enttäuschen, der dieses Verhalten von ihnen erwartete.

Wenn zum Beispiel Eltern die Universitäten vorschlagen, an denen sich das Kind bewerben soll, welche Studiengänge es belegen soll oder welcher Beruf am besten geeignet ist, mit wem es eine Beziehung führen oder wen es heiraten soll, hat der Gute *nicht* das Gefühl, Einspruch erheben zu können. Oder wenn er erwägt, von seinem bisherigen Verhalten abzuweichen, quälen ihn Ängste, Selbstkritik und Unentschlossenheit und führen zu der Überzeugung, einen schrecklichen Fehler zu begehen. Deshalb bleibt er dabei, so brav und anständig wie möglich zu sein und alles richtig zu machen.

Bei manchen braven Mädchen und anständigen Typen sorgten ihr Aussehen, ihre Talente oder die Familie dafür, dass sie vor einigen Unannehmlichkeiten des Lebens bewahrt wurden. Die Menschen sahen automatisch das Beste in ihnen und übertrieben ihre Charaktereigenschaften oder Fähigkeiten oder schrieben sie ihnen sogar einfach zu. Gleichzeitig hielten sie sie aber vielleicht auch für weniger bedürftig oder widerstandsfähiger. Diese Guten glaubten dann, Schwierigkeiten oder andere Dinge, die dieses Bild ins Wanken brachten, nicht zugeben zu dürfen. Natürlich könnte man argumentieren, dass es doch großartig ist, wenn Leute automatisch Gutes von einem denken, doch wenn diese Wahrnehmung sich über das eigene Selbstwertgefühl legt und man von der Umgebung nicht richtig gesehen und gehört wird, unterdrückt man sein wahres Selbst und spielt eine Rolle. Man entspricht den Stereotypen, Projektionen und Annahmen anderer Menschen.

Andere werden zu Guten, weil sie in ihrer Kindheit nicht genug Unterstützung von ihren Eltern erfahren oder weil sie den Glauben verinnerlicht haben, dass sie in irgendeiner Weise schlecht sind, was sie durch ihr Verhalten kompensieren müssen. Wieder andere haben schreckliche Dinge von sich gedacht oder hatten sehr niedrige Erwartungen an sich basierend auf Stereotypen, Projektionen oder ungerechten Vergleichen – wie etwa dem Vorurteil, es wegen ihrer ethnischen Herkunft, ihres Gewichts, ihrer Fähigkeiten oder ihres Wohnortes zu nichts bringen zu können –, und ihr ganzes Leben lang versuchten sie unterbewusst, solche Vorurteile zu widerlegen. Weil Gute im Grunde ein Problem beheben wollen, das sie nicht haben (das Gefühl, nichts wert oder für die Emotionen und das Verhalten anderer Menschen verantwortlich zu sein), mit einer Lösung, die sie nicht brauchen (ihrem eigenen Verhalten, bei dem sie alles richtig machen wollen), verstärkt das nur den eigenen Glauben, niemals gut genug zu sein.

Auch wenn man ihnen nicht explizit gesagt hat, dass sie sich fügen sollen, empfinden die Guten – weil sie nie wirklich über die eigenen Bedürfnisse, Wünsche und Erwartungen nachgedacht haben – nicht nur überwältigende Angst, nicht das zu tun, was andere wollen, sondern sie wollen auch unbedingt mit den Erwartungen der Menschen mithalten können und damit scheinbar glücklich sein.

Dank des Zeitalters des Gehorsams wurden manche auch zu Guten, weil es ihnen vorgelebt oder eingebläut wurde, egal, wie die Erwachsenen sich selbst verhielten. Wenn jemand aus einem Zuhause kam, in dem alle ihr Gutsein nach außen getragen oder ständig über »die richtigen Werte« geredet haben, fühlte dieser sich verpflichtet, sich anzupassen, um den guten Ruf der Familie nicht zu beschädigen. Der Hintergrund konnte Religion sein (»Das hier ist ein guter X Haushalt, und wir machen Y nicht.«) oder ein gewisser Familienstolz (»Du bist eine Lue, und das bedeutet etwas. Vergiss das bloß nicht.«).

Wenn die Erwachsenen sich selbst nicht so verhielten, nach außen hin aber den Schein wahren wollten, wenn ihr Kind die eigenen »schlechten« Taten aus der Vergangenheit wiedergutmachen sollte oder wenn sie verhindern wollten, dass ihr Kind in ihre Fußstapfen trat, dann musste es gehorsam sein und sich an ihre Version des Guten, Richtigen halten. »Niemand weiß, was hinter verschlossenen Türen wirklich vor sich geht« – das ist nur allzu wahr, denn der Schein kann wirklich trügen. Und deshalb forderten Eltern und Bezugspersonen vielleicht auch Enthaltung von ihrem Kind, schränkten sein soziales Leben ein, stopften den Kalender mit leistungsorientierten Aktivitäten voll oder verboten ihm sogar Freundschaften.

Das Kind wird als eine Verlängerung des Erwachsenen behandelt, wenn es durch sein Verhalten den Ruf des Erwachsenen wahren oder stärken soll oder dieser etwas an sich selbst korrigieren will. Wenn das Kind die Erwartungen erfüllt, sind der Erwachsene und das Kind »gut«, wenn nicht oder wenn der Erwachsene nicht glücklich mit sich selbst ist oder es trotz aller Bemühungen, das Kind zu kontrollieren, anders kommt, ist plötzlich das Kind schuld, weil es das Ego des Erwachsenen verletzt hat.

Familien oder Gruppen, die stolz auf ihr gutes, richtiges Verhalten sind, rücken oft eng zusammen, wenn jemand davon abweicht oder Missbrauch oder andere Verfehlungen eines Familienmitglieds aufdeckt. Ein Verhaltenskodex, der auf Schweigen, auf Geheimnissen und Scham basiert, kann einen Menschen also zu einem Guten werden lassen (oder Angst davor wecken, es der Umgebung weniger recht zu machen).

Durch das Gutsein wollte man in der Kindheit negative Konsequenzen begrenzen oder eliminieren, wie Kritik, körperliche Bestrafung, Ausgrenzung, Scham oder Missbilligung. Es erwies sich als wirksame Methode, um diktatorische Eltern oder Bezugspersonen zufriedenzustellen, die das Kind mit ihren Erwartungen erdrückten oder ihm Schuldgefühle einredeten, es solle sich ja richtig verhalten und den Schein wahren, oder die vom Kind erwarteten, dass es sie glücklich machte. Oft konnte sich das Kind dadurch auch von einem Elternteil *distanzieren* und *abgrenzen.* Menschen, die einen unter Druck setzen, brav zu sein und alles richtig zu machen, sind nicht unbedingt selbst die anständigsten.

Er mag zwar seiner Ansicht nach eine »gute Kindheit« gehabt haben – und das ist sehr subjektiv, wie ich in Kapitel 2 erläutert habe –, doch irgendetwas hat dem Guten damals vermittelt, dass man brav, gehorsam und fügsam sein, Regeln befolgen und Pflichten erfüllen musste, um Aufmerksamkeit, Zuneigung, Anerkennung, Liebe und Bestätigung zu erhalten. Er lernte, dass er im Leben alles richtig machen musste, um wertvoll und erfolgreich zu sein und dies außerdem positiv auf die Familie zurückfallen würde. Letztendlich wurde diesen Menschen beigebracht, dass es mehr auf den äußeren Schein als auf den tatsächlichen Zustand ankam, und dass ihr Wert und ihre Sicherheit davon abhingen, ebenjenen Menschen zu gefallen, die darüber urteilten, ob man gut und wertvoll war. Gute haben diese Botschaft aus ihrer Kindheit verinnerlicht und verhalten sich dementsprechend.

Die Guten sehnen sich zwar tief im Innern nach Vertrautheit, emotionaler Verbundenheit, Ehrlichkeit und Loyalität, können aber nicht authentisch »gut« sein, weil sie ihr wahres Ich verbergen und ihr gutes Verhalten dem Kontext anpassen. Gute tun, was man ihnen sagt, befolgen die Regeln oder halten die Fassade aufrecht, um zu zeigen, wie gut sie sind, auch wenn sie etwas anderes fühlen oder es besser wissen. Manchmal verwenden sie auch mehr Kraft darauf, den Anschein zu erwecken, gut zu sein, und behaupten, gute Absichten zu haben, handeln aber nicht unbedingt danach.

Weil Gute die eigene Wut, den Wunsch nach Kontrolle und andere versteckte Absichten mit Nettigkeit überdecken, interpretieren sie unvermeidliche Dinge wie Konflikte, Kritik, Enttäuschung, Ablehnung und Verlust als Missbilligung ihrer selbst. Es geht für diese Menschen nicht einfach um eine Meinungsverschiedenheit oder darum, dass jemand Nein gesagt hat oder dass man nicht zusammenpasst. Es ist immer gleich eine Abwertung des gesamten Menschen und eine Aussage darüber, wie sehr dieser Wertschätzung verdient. Nach außen hin sind Gute immer nachgiebig, im Stillen aber oft wütend oder verletzt.

Sie nutzen People Pleasing, damit andere Menschen nicht das Gefühl haben, sie angreifen, enttäuschen oder stressen zu dürfen. Wenn ein Guter beschließt, seinen Ärger, seinen Frust oder sogar seine verspäteten Bedürfnisse, Wünsche und Erwartungen zum Ausdruck zu bringen, erwartet er, dass das bisherige gute Verhalten berücksichtigt wird und dass das Gegenüber sich entsprechend ändert. Das passiert aber nicht.

Gute ertragen es nicht, nicht gemocht zu werden oder auf Ablehnung zu stoßen, unabhängig davon, ob das tatsächlich der Fall ist oder sie es sich nur einbilden. Sie fühlen sich ungerecht behandelt, vor allem, wenn sie die Ablehnung für nicht gerechtfertigt halten (wie eigentlich immer), wenn sie glauben, dass sie alles richtig gemacht haben, und wenn es sich um jemanden handelt, den sie bewundern oder nach dessen Anerkennung sie sich sehnen.

Sie haben aber auch Probleme, wenn es um jemanden geht, den sie nicht mögen, selbst wenn sie es nicht zugeben wollen. In diesem Fall empfinden sie es als besonders beleidigend und falsch, nicht zuletzt, weil sie jemanden in der Regel gerade deshalb nicht mögen, weil dieser sich eben nicht »gut« verhält oder auf eine Weise belohnt wird, die den Guten unverdient erscheint. Da Gute so tun, als kämen sie mit ihnen unangenehmen Menschen aus, verlangen sie das auch von anderen. Da sie einen großen Teil ihrer Kraft darauf verwenden, Grenzen zu vermeiden und Dinge nicht zu benennen, erscheint es ihnen zwangsläufig empörend, wenn andere dies tun.

Wenn andere die Guten und ihr doch so richtiges Verhalten nicht zu verstehen scheinen oder sich nicht darum kümmern, wenn sie ihre Missbilligung zum Ausdruck bringen, oder die Guten auf Hindernisse stoßen, obwohl sie doch so »gut« waren, geraten sie ins Schleudern. Echte Verwirrung, Verletztheit, Empörung, Ärger und manchmal Wut sind die Folgen.

Deshalb nehmen sich Gute, wie alle anderen People Pleaser auch, die unvermeidlichen Dinge des Lebens zu Herzen, weil sie ihrem angelernten Verhalten in allem widersprechen. Diese Hürden, die sie eigentlich dazu drängen, gesündere Grenzen zu ziehen und die Wunden des eigenen Gutseins zu heilen, werden in ihren Augen zu Kritik und Angriffen auf den Glauben an das Märchen vom Gutsein. Ihr Selbstvertrauen und ihre Tatkraft hängen von der Überzeugung ab, ein guter Mensch zu sein, der nahezu über jeden Vorwurf erhaben ist, und dass dies eine Leistungsgesellschaft ist, die das Gute immer belohnt, einschließlich guter Absichten und des Anscheins, besser zu sein als die weniger guten Menschen. Natürlich funktioniert die Welt so nicht.

SIE WISSEN, DASS SIE EIN GUTER SIND, WENN …

- Ihr Handeln, Denken und Ihre Entscheidungen in erster Linie darauf ausgerichtet sind, anderen um jeden Preis zu gefallen.
- Sie nicht Nein sagen, weil Sie sich Sorgen machen, wie Sie sonst wirken könnten (undankbar, schwierig, schlecht, ungehorsam) oder weil Sie irgendein »guter XY« sind (ein guter

Christ, ein guter Mensch) oder weil Sie glauben, dass ein Nein und das Setzen von Grenzen andere Menschen verletzen, ihnen Umstände machen oder sie in Verlegenheit bringen.

- Sie nur schwer akzeptieren können, dass jemand Sie nicht mag oder dass Sie kein gutes Verhältnis zu jemandem haben, obwohl Sie doch so nett waren.
- Sie etwas tun, das Sie nicht sollten (oder nicht wollen), damit sich das Gegenüber gut fühlt oder um keine unangenehme Stimmung aufkommen zu lassen.
- Sie fragen sich, warum das einem guten Menschen wie Ihnen passiert, wenn das Leben nicht nach Ihren Wünschen läuft oder wenn andere Sie wütend machen, zurückweisen oder enttäuschen oder Sie keine Anerkennung und Wertschätzung bekommen. Sie hatten doch nur das Richtige tun wollen. Oder Sie haben das Gefühl, nichts getan zu haben, was solche unerwünschten Gefühle, Reaktionen und Entscheidungen hervorrufen könnte.
- Sie Menschen sagen, was diese Ihrer Meinung nach hören wollen (oder manchmal, was *Sie* wollen, dass sie hören), um anziehend zu sein, ihnen ähnlich zu erscheinen oder beiden Parteien ein gutes Gefühl zu vermitteln. Deshalb müssen Sie manchmal einen Rückzieher oder mit etwas weitermachen.
- Sie ein starkes Pflichtgefühl haben und Regeln folgen, sich an Standards anpassen und gehorchen, auch wenn es sich nicht richtig anfühlt, es unnötig ist, Sie nicht die Kraft haben oder es Ihren Werten widerspricht.
- Sie in gewisser Weise denken, dass Sie das, was Sie brauchen, wollen und erwarten, auch bekommen sollten oder werden, wenn Sie ein guter Mensch waren oder sind (oder Sie sich für netter und anständiger als andere halten).

Als Gute oder Guter ist Ihnen – im Gegensatz zu den anderen People-Pleaser-Typen – wahrscheinlich bereits bewusst, dass Sie ein People Pleaser sind, weil Sie sich viele Gedanken darüber machen, Menschen zu gefallen oder was richtig und falsch ist. Auch wenn Sie es nicht zugeben oder es Ihnen nur schwach bewusst ist, ist es Ihnen wirklich wichtig, was andere von Ihnen denken. Sie versuchen, das richtige Bild nach außen zu vermitteln, das eines guten Menschen, um so zu kontrollieren, wie andere Sie sehen, damit diese Sie belohnen und nicht verletzen oder kritisieren.

Gutsein ist eine Kombination aus der Suche nach einem Selbstverständnis durch die Meinung anderer und der Stärkung und Absicherung des eigenen Selbst, indem man sein eigenes Gutsein (und das anderer Menschen) misst und bewertet und sich stark auf Regeln und was man tun sollte stützt, um Denken, Verhalten und Entscheidungen zu lenken. Nach außen hin gut zu wirken oder tatsächlich auch zu sein, ist wichtiger als alles andere, auch wenn man sich dabei selbst verleugnet und unglücklich ist.

Wenn es Ihnen schwerfällt, Nein zu sagen, oder Sie es einfach nicht tun, haben Sie Angst, andere (oder sich selbst) schlecht aussehen zu lassen, oder dass etwas Schreckliches passiert, wenn Sie plötzlich aus Ihrem eigenen Selbstbild ausbrechen. Wie im Horrorfilm *Candyman's Fluch*, in dem man fünfmal »Candyman« vor dem Spiegel aufsagt und dann erwartet, ausgeweidet zu werden.

Anstatt das Gutsein als Teil der eigenen Werte und der wahren Persönlichkeit zu leben, verkörpern Sie eine Rolle. Als Guter halten Sie sich ziemlich starr immer an dieselbe Version des Gutseins, fast wie beim Malen nach Zahlen oder Dienst nach Vorschrift oder wie ein Chamäleon, das die Farbe je nach Situation oder Gegenüber wechselt.

Vielleicht haben Sie bereits eine langjährige Erfolgsbilanz vorzuweisen und wurden für Ihr Gutsein belohnt, weshalb Sie dieses Verhalten beibehalten oder sogar übertreffen wollen. Oder vielleicht haben Sie fast Ihr ganzes Leben lang versucht, gut zu sein, aber das gewünschte Maß an Anerkennung, Bestätigung, Status und Macht ist Ihnen bisher verwehrt geblieben. Wie auch immer, Sie glauben, dass Ihr Verhalten und wie tugendhaft oder positiv Sie sich selbst einschätzen Ihnen die Bestätigung und Belohnung bringt, die Sie erwarten und sich wünschen.

Das Bedürfnis, Ihr Gutsein zu zeigen und sich gleichzeitig hinter Ihrer Rolle zu verstecken, ist der Kern Ihrer Probleme. Sie sind oft mehr damit beschäftigt, den *Eindruck* zu erwecken, dass alles in Ordnung ist, als damit, dass *tatsächlich* alles in Ordnung ist. Gutsein kann originär gute Absichten und Taten aufgrund der zugrunde liegenden Motive und des Bedürfnisses, es allen recht zu machen, nicht nur in People Pleasing verwandeln, sondern führt manchmal auch dazu, dass Sie ungewollt unaufrichtig sind, sich selbst ausnutzen oder schaden oder die Grenzen anderer Menschen überschreiten.

Genau das haben wir bei Victoria gesehen, denn die Geschäftsführung wusste nur wegen ihr von dem Gespräch unter den Mitarbeitern. Sie hätte es nicht melden müssen, doch die Situation sprach ihr Verständnis von Gutsein an und schien ihr unter den Nägeln zu brennen. Die Geschäftsführung musste sehen, wie gut und rechtschaffen sie war – und nicht wie die anderen. Und sie rechtfertigte ihr Handeln vor sich selbst, weil es zu den Rollen des braven Mädchens und der guten Angestellten passte. Sie hatte allerdings nicht bedacht, wie es zu ihrer eigenen Integrität passen und wie die unerwarteten Konsequenzen sich anfühlen würden.

Was auch immer »Gutsein« für Sie bedeutet, Ihr Denken, Ihr Verhalten und Ihre Entscheidungen werden von der unterschwelligen Angst vor Fehlern angetrieben und davor, nicht mehr als gut wahrgenommen zu werden; von dem Wunsch, ein für alle Mal zu beweisen, dass Sie gut genug sind, oder der Angst, dass man Sie zu den Bösen zählen könnte. Deshalb wollen Sie der brave Mensch sein, als den man Sie erzogen hat oder von dem Sie glauben, dass er Anerkennung verdient. Sie halten sich an Ansichten, Verhaltensweisen, Menschen, Berufe, Interessen und Lebensstile, die »Ich bin ein guter Mensch, der alles richtig macht« verkörpern und keine Kritik oder andere negative Konsequenzen nach sich ziehen werden. Dabei verhalten Sie sich unter Umständen unaufrichtig, chamäleonartig oder hassen sich selbst.

Viele Gute verstehen nicht, warum ihre Beziehungen scheitern, obwohl sie doch »gut« waren und getan haben, was das Gegenüber ihrer Meinung nach brauchte oder wollte, und nichts »falsch« gemacht haben. Gut zu sein bedeutet ihrer Ansicht nach, entgegenkommend zu sein und sich selbst zurückzunehmen, indem man sich immer den Bedürfnissen und Wünschen anderer unterordnet. Diese automatische Zurückstufung und das Ignorieren der eigenen Person führen jedoch dazu, dass sie sich vernachlässigt, überfordert, erschöpft und ärgerlich fühlen. Sie merken nicht, dass sie nicht sie selbst sind und dass das ein Problem für eine Partnerin oder einen Partner ist, die oder der eine enge Beziehung haben und nicht mit einem Jasager zusammen sein möchte. Andere halten sich zurück, um nicht als die wütende Schwarze Frau oder der zu schwule Schwule zu gelten, oder sie stellen ihr Licht unter den Scheffel, um einen geliebten Menschen nicht zu überstrahlen und zu verstimmen.

Auch wenn sich das Gutsein richtig anfühlen kann, umgibt man sich mit einer isolierenden Blase, unter der man bestimmte Dinge nicht fühlt. Vorübergehend mag man gern dem Bild eines Menschen entsprechen, der alles richtig macht, doch einem selbst geht es dabei nicht gut, weil man fürchtet, der Rolle des guten Menschen nicht gerecht zu werden, sobald man auf seine Grenzen achtet. Man kann auch unmöglich seine ganze Kraft darauf verwenden, sich um keinen Preis schlecht zu verhalten oder sogenannte Schlechtigkeit wiedergutmachen zu wollen, und dabei keine Scham empfinden.

Natürlich können Sie sich selbst loben und stolz darauf sein, wie gut und rechtschaffen Sie sind oder wie sehr Sie glauben, andere zufriedengestellt zu haben, aber wie bei jedem anderen People-Pleaser-Typ betäubt Sie Ihr Verhalten nur, sodass Sie sich Ihrer eigenen wahren Bedürfnisse, Wünsche, Erwartungen, Gefühle und Meinungen oder der wahren Auswirkungen des Gutseins nicht allzu bewusst werden müssen.

HÄUFIGE VERHALTENSWEISEN

- Sie denken, dass Lügen gerechtfertigt sind, damit andere sich nicht schlecht fühlen, oder weil es zu Ihrem Bild von sich selbst als »gutem Menschen« passt.
- Sie tun manchmal Dinge nur aus dem Grund, um sich zu bestätigen, dass Sie anständig sind und Erfolg haben, oder um Schuldgefühle loszuwerden.
- Sie halten Menschen in bestimmten Berufen oder die behaupten, in die Kirche zu gehen oder gläubig zu sein, oder die edle Interessen haben, automatisch für »gut« und glauben, dass diese die gleichen Werte und Absichten teilen wie Sie selbst; unbewusst sind Sie oberflächlich und fühlen sich von Status, Beliebtheit und Außenwirkung angezogen.
- Sie wählen Ihr Studienfach, die berufliche Karriere, den Wohnort oder die Ehepartnerin beziehungsweise den Ehepartner danach aus, dass Sie Ihre Familie zufriedenstellen oder erfüllen, was als sozial akzeptabel oder hoch angesehen gilt.
- Sie vergleichen sich selbst mit anderen und haben Angst, gegen Regeln oder Standards zu verstoßen, auch wenn diese unrealistisch oder unnötig sind.
- Sie werden für unnahbar oder überheblich gehalten, weil Sie stolz darauf sind, sich nicht in Klatsch oder Büropolitik oder unpassende Gespräche verwickeln zu lassen.
- Es fällt Ihnen manchmal schwer, sich um Ihre eigenen Angele-

genheiten zu kümmern, vor allem, wenn Ihr Moralempfinden angesprochen wird.

- Sie haben fixe Vorstellungen und Regeln, wie Sie selbst und andere sich in einer Beziehung verhalten sollten, um als »gut« zu gelten, und sind frustriert und fühlen sich missachtet, wenn Menschen dem Bild in Ihrem Kopf nicht entsprechen.
- Sie haben eine rebellische Vergangenheit und wollen diese jetzt durch ein »gutes« Leben kompensieren oder führen weiter ein Doppelleben.
- Sie machen kleine und große Entscheidungen davon abhängig, was auf andere gut wirkt und wie diese wohl beurteilt werden, weshalb Sie nur schwer etwas tun können, das völlig von dem abweicht, was andere mittlerweile von Ihnen erwarten.

STÄRKEN *UND* PROBLEME

- Sie können Regeln folgen und eigene und Erwartungen von außen erfüllen, ohne sie zu hinterfragen, vor allem, wenn es darum geht, gut zu sein oder dem eigenen Selbstverständnis zu entsprechen. Sie sind extrem verlässlich und aufopferungsvoll – bis hin zur Erschöpfung.
- Sie legen großen Wert darauf, freundlich, großzügig, aufmerksam, gewissenhaft, freigiebig und so weiter zu sein, weshalb Sie sehr sympathisch und verlässlich sein können. Auf sich selbst zu achten kann sich dabei bedrohlich und beängstigend anfühlen.
- Sie sind sehr aufmerksam und stellen sich auf die Bedürfnisse anderer Menschen ein, sind möglicherweise hochsensibel und emphatisch, doch Sie können dabei auch ein Chamäleon sein, weil Sie sich an das anpassen, was Sie spüren oder wissen. Dabei können Sie sich selbst verlieren und unbeabsichtigt unecht sein.

VORSICHT

- Sie übertragen Ihre eigenen Standards auf Ihr Umfeld und wollen es zu einem bestimmten Verhalten drängen. Sie reagieren verärgert, wenn man Ihnen nicht auf den Rücken klopft, obwohl Sie doch so gut und anständig sind.
- Sie manövrieren sich in eine Ecke, wenn Sie Ihre Identität als Rechtfertigung nutzen, weshalb Sie nicht Nein sagen können oder keine Grenzen haben, und sich dann zermartern. Zum Beispiel: »Ich bin eine gute Christin, deshalb darf ich dem aufdringlichen und sich unangemessen verhaltenden Mitglied meiner Kirchengemeinde nicht sagen, dass ich nicht mit ihm ausgehen möchte und es aufhören soll, mich zu belästigen.«
- Sie sind so mit dem eigenen Gutsein beschäftigt und wie Sie Ihrer Meinung nach auf andere wirken, dass Sie keine Fragen stellen und nicht bemerken, was im Leben geliebter Menschen passiert, oder deren Leistungen nicht würdigen.
- Sie sprechen Verletzungen der eigenen Grenzen nicht an, weil Sie nicht wie ein schlechter Mensch dastehen oder weil Sie dem Gegenüber zeigen wollen, was für ein guter Mensch Sie doch sind, nur damit diese Person Ihre Grenzen erst recht verletzt oder ihr Verhalten Ihnen oder geliebten Menschen gegenüber obsessiv oder gewalttätig wird.

SOFORTHILFE

- Wenn Sie sich in einer schwierigen Situation befinden, haben Sie sich an Ihrer Identität als Gute oder Guter orientiert, nicht an Ihrer wahren Persönlichkeit. Verhalten Sie sich so, weil Sie wirklich so sind, oder weil Menschen Sie in einem bestimmten Licht sehen sollen?

- Fragen Sie sich selbst: Welche Konsequenzen muss ich in Kauf nehmen, nur um nicht Nein zu sagen und gut dazustehen? Essen Sie zum Beispiel Nahrungsmittel, auf die Sie allergisch sind oder die nicht zu Ihrer Ernährungsweise gehören, um Ihre Eltern nicht zu enttäuschen? Entsprechen die Konsequenzen der Art von Beziehung, die Sie mit ihnen haben möchten?
- Nehmen Sie zur Kenntnis, wenn Sie über jemanden nachgrübeln, der Ihr Gutsein nicht erkennt, und was das für Auswirkungen auf Ihr Handeln und Ihre Entscheidungen hat – ob Sie zum Beispiel noch mehr von sich geben.

4

DER BEMÜHER

Angeline wollte schon seit Jahren mit dem Daten aufhören und zur Ruhe kommen, doch mit Mitte vierzig ist sie in einem Kreislauf aus Enttäuschungen und Ängsten gefangen. Sie lernt jemanden auf einer Dating-App kennen und findet die Person sympathisch. Nach drei Dates sind ihr ein paar kleine Warnsignale aufgefallen, doch sie vermeidet es, genauer nachzuforschen. Sie denkt, zwischen ihnen entwickelt sich mehr, weil sie »sich so gut verstehen« oder die Person nicht geradeheraus gesagt hat, dass sie keine Gefühle für sie hat. Irgendwann vermutet sie es, oder das Date gibt auf ihre Nachfrage, warum es sich immer noch so unverbindlich verhalte, offen zu, keine Beziehung zu wollen.

Statt sich zurückzuziehen, wenn klar wird, dass sie nicht dasselbe suchen oder dass der Kontakt nur ihren Selbstwert untergräbt und ungesunde Verhaltensweisen fördert, versteift sie sich darauf und strengt sich noch mehr an, weil sie es noch nicht beenden will. Sie fragt sich, was sie getan hat, um die jeweilige Person abzuschrecken, nachdem diese eigentlich behauptet hatte, offen für eine Beziehung zu sein.

Wenn sie sich treffen, spielt sie Miss Perfect und stellt sich auf den Kopf, um zu zeigen, warum man sich für sie entscheiden sollte. Wenn sie allein ist, schläft und isst sie nicht mehr und stürzt sich in die Arbeit, während sie selbstzerstörerische Gedanken über ihre Defizite abzuwehren versucht. Sie denkt obsessiv darüber nach, warum die Person, wenn sie doch Zeit zum Essen und für Social Media hat, sich nicht meldet oder warum sie keine Zeit miteinander verbringen. Je mehr sie sich anstrengt, desto mehr fühlt sie sich berechtigt, die Situation zu hinterfragen, kommuniziert ihre Bedenken oder Bedürfnisse und zieht sich dann erst einmal zurück, wenn die Person nicht so reagiert, wie sie das möchte. Worauf sie sich noch intensiver bemüht und dann wieder zurückzieht. Angeline erkennt nicht, dass ihre Erwartungen auf ihren Bemühungen beruhen, nicht auf der Realität oder ihrer Selbstachtung.

> Bemühen ist People Pleasing, das durch Einsatz, Leistung und Perfektionismus Selbstwert generiert und dadurch Akzeptanz und Sicherheit erlangt.

Für eine Bemüherin oder einen Bemüher ist der wichtigste Antrieb das Bedürfnis, dass *die Leistung* gesehen wird und man selbst, ob bewusst oder unbewusst, *perfekt erscheint.* Bemüher schöpfen Selbstwert und Sicherheit aus ihren Anstrengungen und der Anerkennung ihrer Leistungen und Erfolge.

People Pleaser, deren Merkmale Perfektionismus, unrealistische Erwartungen und Selbstkritik sind, die erschöpft oder fast ständig unterwegs sind, werden sich wahrscheinlich in den folgenden Rollen wiedererkennen:

Der Überflieger/Die Erfolgreiche	Der Musterschüler
Der Ultraverantwortungsbewusste	Der Problemlöser
Der Starke/Bedürfnislose	Der gute Immigrant/Angehörige einer Minorität
Der Übersehene/Zweitbeste	Das Lieblingskind/Vorzeigekind

URSACHEN

Bemüherinnen und Bemüher waren oft das älteste oder das einzige Kind, wurden übersehen, nicht wertgeschätzt oder waren am verantwortungsvollsten. Manche Bemüher kommen aus Familien, in denen Leistung einen hohen Wert hatte. Von ihnen wurde erwartet, dass sie die Fahne der Familie hochhalten oder Familienangehörigen oder Gleichaltrigen nacheifern, die hart arbeiten und bereits große Leistungen erbracht haben. Bei anderen lag vielleicht das genaue Gegenteil vor, und ihre Umgebung war wenig ehrgeizig und hat sie sogar entmutigt, sich anzustrengen oder zu große Ambitionen zu haben.

Manche haben ihre Rolle angenommen, weil sie positive Bestärkung für ihre Anstrengungen, Leistungen und Erfolge bekommen und so gelernt haben, ihren Wert vom Erfüllen eines Standards abhängig zu machen. Daraus resultiert die Angst davor, andere zu enttäuschen und zu versagen. Sie haben gelernt, Regeln zu befolgen, zu gehorchen und Erwartungen zu erfüllen, jedoch nie die eigenen Grenzen zu definieren. Sie wissen nur, wie man Leistung erbringt.

Manche Bemüher hatten Talent für etwas oder bekamen immer gute Noten oder waren selten bis nie in Schwierigkeiten. Wenn die Eltern sichtlich stolz auf die Erfolge des Kindes waren, dann hat es gelernt, dass es nur deshalb liebenswert war und unbedingt daran festhalten musste, selbst wenn es das Interesse verlor oder kürzertreten wollte.

Oft erkannten Bemüher, dass die Anwesenheit allein nicht reichte, vor allem, wenn sich in einem Bereich schon jemand auszeichnete. Wenn also alle zum Beispiel die Schönheit eines Familienmitglieds oder dessen Extrabedürfnisse betonten, war das Bemühen der einzige Weg, sich von anderen abzuheben.

Andere wollten sich beweisen und sich selbst und ihre Umgebung kontrollieren. Sie hatten oft einen Elternteil, der emotional unreif, diktatorisch, überkritisch, unmöglich zufriedenzustellen oder narzisstisch war und ein überhöhtes Maß an Intelligenz, Talent oder die eigenen unverwirklichten Träume und Ziele auf das Kind projizierte oder einfach fand, es sei die Aufgabe des Kindes, die Erwartungen der Eltern zu erfüllen.

Manche Bemüherinnen und Bemüher durften nicht versagen oder nachlassen, unabhängig von der Angemessenheit der Erwartungen oder den vorhandenen Kräften und Fähigkeiten. Die Eltern wurden vielleicht schnell wütend, wenn man eine Frage falsch beantwortete, Fehler bei den Hausaufgaben machte oder ein nicht makelloses Zeugnis nach Hause brachte. Vielleicht drohten ständig strenge Missbilligung, körperliche Züchtigung, disziplinarische Maßnahmen, Bestrafung durch Schweigen, Ausgrenzung oder sogar Verlassenwerden. Ansprüche zu erfüllen war möglicherweise eine Überlebenstaktik und ein Weg aus diesem Umfeld heraus.

Vielleicht wurde auch nicht explizit gesagt, dass Versagen nicht akzeptabel war, und die Eltern – oder ein Elternteil – reagierten mit einer emotionalen Krise oder mit Liebesentzug, wenn das Kind gewisse Erwartungen nicht erfüllte, und davor wollte es sich schützen. Wegen dieser komplexen Beziehungsgeflechte konnten Bemüher keine eigene Identität entwickeln. Wenn sie die geforderte Leistung erbrachten, dann waren die Eltern – oder der Elternteil – glücklich und taten so, als sei der Erfolg das Ergebnis ihrer eigenen Anstrengungen. Blieb die Leistung aus, fassten die Eltern das als persönlichen Affront auf und reagierten dementsprechend.

Für manche war einfach nichts gut genug. Bei einem Test hatte das Kind nur neunzig Prozent richtig? Es wurde gefragt: »Warum hast du nicht hundert Prozent?«, oder: »Hast du geschummelt?« Oder die Reaktion war Schweigen oder Gleichgültigkeit. Lob war immer auch gleichzeitig Kritik (»Das ist toll, aber jetzt schauen wir mal, ob du das so halten kannst.«), oder man beanspruchte den

Erfolg für sich (»Siehst du, was du mit meiner harten Hand geschafft hast?«). Jede Befriedigung war nur vorübergehend, danach ging es wieder zurück ins Leistungshamsterrad.

Kritik konnte sich auch gegen ihre Attraktivität, ihre Persönlichkeit und ihren Charakter richten. Beschimpfungen, Vergleiche mit anderen, wenig positives Feedback aufgrund von Schweigen oder Gleichgültigkeit brachten ihnen bei, übers Stöckchen zu springen. Oder sie waren sich selbst überlassen oder den Stimmungen und Verrücktheiten eines Elternteils ausgeliefert oder mussten als Sündenbock herhalten. Durch ihre Anstrengungen hielten Bemüher Kritik in Schach, und nachdem sie dadurch gelernt hatten, sich selbst nicht zu mögen oder gar zu verurteilen, verlangen sie heute zu viel von sich selbst, da sie kein Gefühl für ihre wahren Grenzen haben.

Unbewusst sind sie wettbewerbsorientiert und können ihre Leistungen nur in Relation zu den Leistungen anderer anerkennen. Vielleicht wurden sie immer mit Geschwistern, Gleichaltrigen oder sogar ihren Eltern verglichen, hörten, wie andere gelobt wurden, oder es wurde ihnen gesagt, sie müssten die Besten sein oder immer ihr Bestes geben. Bemüher haben gelernt, sich an anderen zu messen und sich selbst unter Druck zu setzen, um mithalten oder andere übertreffen zu können.

Auch wenn Erwachsene nicht unbedingt sagen: »Du musst dich abrackern, um erfolgreich zu sein«, oder: »Faulheit ist verpönt«, oder gar: »Ich liebe oder schätze dich nur, wenn du immer meine Erwartungen erfüllst«, stellen sie mit ihrem Verhalten doch die Weichen für das Bemühen.

Tatsächlich kann das Bemühen Teil einer kulturellen Identität sein, die zeigt, wie Familien funktionieren und ihre Kinder erziehen. Es ist wie eine Form der guten Staatsbürgerschaft. Die Eltern vermitteln ihren Kindern das Pflichtgefühl, herausragende Leistungen zu erbringen, hoch angesehen zu sein oder ein gesellschaftlich akzeptables Leben zu führen.

Bemühen kann aber auch eine Reaktion auf die Erfahrung von Immigranten, Marginalisierten und Benachteiligten sein, oder eine Nebenwirkung davon. Mit Arbeitsmoral und Leistung konnte man einen gewissen Status erlangen, sich aber auch gegen Diskriminierung und Misstrauen abschirmen oder diese einschränken. Man konnte das Unbehagen anderer Menschen im Zaum halten und das angeblich Problematische aufwiegen, um sich seine Bedürfnisse erfüllen und sich wertvoll fühlen zu können. Man verinnerlichte auch die diskriminierenden Vorurteile und Phobien der Gesellschaft und richtete sie gegen sich selbst. Indem diese Gruppen versuchen, ihre Minderwertigkeit abzuschütteln und das Vorurteil ihrer Faulheit oder Lästigkeit zu widerlegen, sind sie prädestiniert für Ausbeutung und Burn-out. Deshalb versuchen sie eventuell, zum Beispiel ein musterhafter Vertreter einer Minderheit zu sein, der Schwule, der aber ja nicht zu schwul ist, oder die superfleißige Dicke, oder sie versuchen, ihre Neurodivergenz oder Behinderung zu verbergen.

Bemüher haben die Überzeugung verinnerlicht, dass der Wert eines Menschen von seiner Produktivität abhängt, weshalb sie sich kaum ausruhen können, und wenn sie es tun, fühlen sie sich oft schuldig, sind unruhig oder denken, sie müssten die freie Zeit durch noch härtere Arbeit kompensieren. Sie sind der festen Überzeugung, dass Anstrengung ein Zeichen von Gutsein ist und dass alles nach ihrem Willen laufen sollte, wenn sie sich nur genug oder doch so viel Mühe geben. Das befeuert einen Kreislauf von unrealistischen Erwartungen und Perfektionismus und macht diese Menschen extrem anfällig für Burn-out.

Wie alle People Pleaser haben auch Bemüher gelernt, dass ihre Anstrengungen negative Konsequenzen begrenzen, vor allem wenn sie gesehen haben, wie Geschwister oder Gleichaltrige für schlechte Leistungen bestraft wurden. Den Ehrgeizigen sahen Gleichaltrige und Autoritätspersonen Unfug oft wegen ihrer Leistungen nach, gleichzeitig wurde aber auch oft übersehen, wenn sie körperliche oder psychische Probleme hatten, weil sie dann immer noch hohe Leistungen erbringen konnten. Ein Bemüher fand vielleicht heraus, dass er mildere Strafen erhielt oder sich Menschen vom Hals oder sie generell auf Abstand halten konnte.

Obwohl sich Bemüherinnen und Bemüher nach Intimität, Verbundenheit, Ehrlichkeit und einem positiven Selbstwertgefühl sehnen, verstecken sie sich hinter der Rolle der Person, die sich immer am meisten anstrengt. Anstatt nach ihren eigenen Werten handeln sie aus Unsicherheit heraus und sind nicht im Einklang mit ihren Bedürfnissen.

Nachdem Bemüher alles über Leistung definieren, sind die unvermeidlichen Erfahrungen des Lebens für sie ein Zeichen, dass sie sich nicht genug bemüht haben oder dass Menschen ihre Anstrengungen nicht zu schätzen wissen und sie nicht belohnen. Ihrer Vorstellung nach sollen ihre Anstrengungen sie vor negativen Reaktionen oder Ereignissen schützen. Nachdem sie etwas getan haben, was sie als konkrete Leistung betrachten, die andere nutzen und von der sie profitieren, anstatt sich zum Beispiel darauf zu konzentrieren, einen guten Eindruck zu machen oder Unannehmlichkeiten zu vermeiden, erwarten sie Anerkennung und Belohnung. Natürlich überwacht niemand ihre Bemühungen so genau wie die Bemüher. Sobald sie zum Beispiel spüren, dass jemand sie nicht mag, dass ihr romantisches Interesse nicht erwidert wird, dass etwas nicht einfach werden oder eintreten wird oder dass sie einen Konkurrenten haben, geben sie sich noch mehr Mühe und glauben, man schulde ihnen etwas.

Sich anzustrengen ist ihre Standardeinstellung, denn sich nicht ein Bein auszureißen fühlt sich für diese Menschen komisch an. Daher ist es ihnen zuwider, sich in Kontexten nicht gemocht oder missbilligt zu fühlen, in denen sie von ihrer Leistung überzeugt sind, in denen sie eine Autorität an frühere Kritik erinnert oder in denen sie sich für besser als die Person halten, die ihre Missbilligung zum Ausdruck bringt, diese aber über nach Ansicht der Bemüher unverdienten Status und Macht verfügt, was wiederum Minderwertigkeitsgefühle auslöst.

Bemüher haben große Probleme mit Menschen, die sich ihrer Meinung nach weniger anstrengen, aber genauso viel oder mehr Erfolg haben, weil dies ihre Grundlage für die ganzen Anstrengungen infrage stellt.

Das Gefühl, abgelehnt oder kritisiert zu werden, weil jemandem die erbrachten Leistungen nicht gefallen, oder die Schlussfolgerung, dass man nicht gemocht wird, weil man nicht die gewünschte Anerkennung erhält, kann sich als ein großer blinder Fleck erweisen, der es dem Bemüher erschwert, Feedback anzunehmen oder den nötigen Abstand zu gewinnen, um sich weiterzuentwickeln oder umzuentscheiden, anstatt starr auf etwas zu beharren.

Wenn sie nicht die erwartete oder gewünschte Belohnung und Anerkennung erhalten, fühlen sie sich als Opfer ihrer Bemühungen, zu kurz gekommen, benutzt oder beraubt. In nicht erfüllenden Beziehungen überkompensieren sie das Defizit des Gegenübers in der Hoffnung, dieses zu einem ähnlichen Verhalten zu bringen und damit die Bedürfnisse des Bemühers zu erfüllen. Gelingt das nicht oder endet die Beziehung, geben sie sich selbst die Schuld. Bei der Arbeit versuchen sie eher, das Problem verschwinden zu lassen, als sich den wahren Gründen dafür zu stellen, oder sie lassen sich auf einen langwierigen Kampf ein, um zu beweisen, dass sie im Recht sind. Selbst wenn sie sich zurückziehen, fürchten sie, dass jemand anderes das bekommt, was ihnen verwehrt geblieben ist.

Scheitern ist das Schlimmste für Bemüherinnen und Bemüher, und sie hassen es, Fehler zu machen und nicht perfekt zu sein, weil sie ihre eigenen oder die (wahrscheinlich unrealistischen) Erwartungen anderer nicht erfüllen können. Deshalb wollen sie unter Umständen nur noch das tun, bei dem sie mit einem sicheren Erfolg rechnen können. Sie haben Angst, sich weniger anzustrengen, weil sie sich nicht geirrt haben wollen, obwohl es ihnen Erleichterung verschaffen würde. Für Bemüher ist das Eingestehen einer

Niederlage oder dass etwas nicht funktioniert gleichbedeutend mit »aufgeben«.

Ihrem Empfinden nach sind dann sie als Person ein »Misserfolg«, und sie sehen nicht, dass irgendetwas einfach nicht funktioniert hat. Weil Fehler und Misserfolge ihnen Angst einjagen, rechnen sie mit dem Schlimmsten und treffen dadurch problematische Entscheidungen. Enttäuschung und Ablehnung durchleben sie immer wieder, wie jemand, der für den Rest des Lebens Trauer tragen will.

Bemüher denken, dass sie sich deshalb so schlecht fühlen, weil die Herausforderungen des Lebens alle schrecklich sind. Herausforderungen sind natürlich kein Spaziergang, Bemüher drohen jedoch bei allem ihr Selbstwertgefühl zu verlieren und tun so, als ob jemand da draußen jede Anstrengung protokolliert und das Universum so ausrichten müsste, dass nur gute Dinge passieren. Die Herausforderungen, die sich ihnen stellen, sind natürlich kein Beweis für ihre Unwürdigkeit; sie sind Gelegenheiten, den destruktiven Kreislauf des Bemühens zu durchbrechen.

Erst wenn sie sich genug angestrengt haben und sich endlich gut genug fühlen dürfen, würden sie sich erlauben, ganz sie selbst zu sein. Ihr Selbstvertrauen und das, was sie tun oder nicht tun werden, ist an ihre Bemühungen und die Überzeugung gekoppelt, dass dies eine Leistungsgesellschaft ist, die immer die Menschen belohnt und bevorzugt, die sich anstrengen. Und natürlich funktioniert die Welt nicht so.

SIE WISSEN, DASS SIE EIN BEMÜHER SIND, WENN …

- Sie Ihre ganze Energie darauf verwenden, am besten zu sein oder dabei gesehen zu werden, wie Sie sich anstrengen oder sich selbst beweisen, Selbstwert entwickeln, es anderen recht machen und sich damit das Recht verdienen, dass Ihre Bedürfnisse, Wünsche und Erwartungen erfüllt werden.

- Sie nicht Nein sagen, weil Sie nicht so wirken wollen, als würden Sie nicht die volle Leistung bringen; weil Sie Angst haben, etwas zu verpassen, nicht am besten zu sein oder faul, inkompetent, dumm, selbstsüchtig zu wirken oder als wären Sie kein Teamplayer.
- Sie nur schwer akzeptieren können, dass manche Dinge nicht nach Ihren Vorstellungen laufen, egal, wie sehr Sie sich bemühen.
- Sie, sobald Konkurrenz in Sicht ist, an jemandem oder etwas festhalten, auch wenn es schmerzt.
- Sie, wenn das Leben nicht nach Ihren Vorstellungen verläuft, wenn Menschen Sie verärgern, zurückweisen oder enttäuschen oder Sie keine Wertschätzung und Anerkennung bekommen, nicht nur versuchen, durch noch mehr Einsatz etwas daran zu ändern, sondern sich auch vergleichen, an Ihre Bemühungen und Opfer denken und dass Sie doch alles richtig gemacht haben oder am besten waren. Sie halten sich für eine »Versagerin« oder einen »Versager«, denken, dass Ihre Leistung einfach nie ausreicht, oder fühlen sich betrogen oder ausgenutzt.
- Sie Menschen sagen, was diese Ihrer Meinung nach hören wollen (und manchmal auch das, von dem *Sie* wollen, dass sie es hören), weil Sie auf jeden Fall perfekt erscheinen wollen. Man soll sehen, wie sehr Sie sich bemühen, oder Sie versuchen, den Ausgang zu beeinflussen.
- Sie kein Empfinden haben für Ihre Grenzen und sich immer weiter antreiben, um die unrealistischen Erwartungen anderer Menschen und Ihre eigenen um jeden Preis zu erfüllen, auch wenn das zu Burn-out und Zusammenbrüchen führt.
- Sie in gewisser Weise glauben, dass die eigene Leistung darüber entscheidet, ob andere Menschen Ihre Bedürfnisse, Wünsche und Erwartungen erfüllen (sollten).

Hallo, Bemüher-Freund oder -Freundin! Ja, ich bin auch eine Bemüherin. Man kann sich leicht einreden, dass man einfach nur sein Bestes geben und der Beste sein möchte. Doch das ist People Pleasing, denn sonst hätte man kein Problem damit, sich weniger anzustrengen, und würde seine Grenzen besser kennen und respektieren. Unbeabsichtigt wollen Sie bei vielem, was Sie tun, mehr als eine Eins plus bekommen.

Bemühen ist eine Mischung aus sich selbst beweisen, hundert Prozent geben und hoffen, dass sich die ganzen Anstrengungen summieren und belohnt werden. Es stützt sich stark auf unrealistische und erfundene, oft selbst auferlegte Ansprüche, Regeln und Erwartungen, um Ihre Kraft und Ihre Ressourcen auszuschöpfen, normalerweise zum Vorteil anderer. Die eigenen Anstrengungen müssen um jeden Preis gesehen werden, weil Ihrer Auffassung nach ein guter, wertvoller und erfolgreicher Mensch nur jemand ist, der Leistung bringt.

Wenn Sie schlecht oder gar nicht Nein sagen können, dann befürchten Sie, dass man schlecht von Ihnen denkt, weil Sie sich nicht genug anstrengen. Sie fühlen sich unzulänglich und als Versagerin oder Versager und haben Angst, etwas zu verpassen, das Ihren Status auf das gewünschte Niveau heben könnte. Da Sie Ihren Wert und Ihren Sinn von Leistung abhängig machen, empfinden Sie eine tatsächliche oder potenzielle Missbilligung Ihrer Bemühungen als Ablehnung Ihrer gesamten Person.

Anstatt Ihre Gedanken, Ihr Handeln und Ihre Entscheidungen an Ihren Werten auszurichten, spiegelt Ihr Einsatz die Identität wider, die Sie vermitteln oder die Belohnung, die Sie erhalten wollen. Sie nehmen also die Rolle von jemandem an, der sich bemüht, etwas erreicht, etwas vollbringt oder etwas will, wie zum Beispiel der gute Angestellte auf der Überholspur zur Beförderung, die superzuverlässige Freundin, der perfekte Heiratskandidat oder die gute pflichtbewusste Tochter/der gute pflichtbewusste Sohn, die oder der hofft, dass die Eltern sich endlich ändern.

Sie wurden bereits für Ihre Leistungen und dafür, dass Sie ständig Ihr Bestes geben, belohnt, *oder* Sie haben fast Ihr ganzes Leben damit verbracht, zu beweisen, dass Sie gut genug oder nicht faul sind, aber das gewünschte Maß an Anerkennung, Bestätigung und so weiter haben Sie noch nicht bekommen. Sie wollen, dass man sieht, wie sehr Sie sich bemühen. Oder zumindest erwarten Sie, dass Ihre Bemühungen gewürdigt werden, wenn Leute über Sie urteilen, bewerten, ob Sie etwas verdient haben, oder entscheiden, wie sie sich verhalten werden.

Je mehr Sie sich anstrengen, desto weniger negative Reaktionen sollten Sie Ihrer Meinung nach erfahren und desto wahrscheinlicher wird oder soll etwas passieren. Und so erschaffen Sie den Stab, der Ihnen schließlich das Genick bricht, denn Ihre Lösung für alles, was Ihre People-Pleasing-Mechanismen fördert, ist, sich noch mehr *anzustrengen.* Sie tun so, als hätten Sie keine Bedürfnisse oder seien pflegeleicht, und fühlen sich dann bedürftig, wenn Sie nicht belohnt werden. Während Sie unbedingt die Bedürfnisse anderer Menschen befriedigen wollen, behandeln Sie Ihre eigenen oft als rudimentäre, lästige Aufgaben, die Sie im Streben nach Zielen und Leistung irgendwie erledigen müssen, und nicht als Mittel, sich um sich selbst und Ihre Beziehungen zu kümmern und sie zu respektieren. Wenn man beschlossen hat, dass etwas getan oder ertragen werden muss, kann man sich und anderen gegenüber sagen: »Es ist egal, wie es mir/dir geht.« Wenn Sie Ihr Bemühen nicht im Griff haben, wird es zu einem Versuch, das Leben mit Gewalt zu zwingen, sich Ihrem Willen zu beugen, und Sie wissen nicht, wann Sie sich zurückziehen müssen.

Angeline, die verrückt nach der investierten Anstrengung ist, nicht nach ihren Dates, tut Dinge nicht authentisch, sondern weil sie versucht, die Situation zu ihrem gewünschten Ergebnis zu lenken. Sie schaltet in dem Moment auf Autopilot, in dem sie interessiert ist, was in der Regel durch *Angst* und nicht durch echtes Interesse ausgelöst wird. Von da an stützt sie ihre Erwartungen nicht auf die tatsächliche Situation, sondern auf ihre Bemühungen, die auf der Vorstellung aufbauen, sie wäre bereits in einer festen Beziehung, obwohl die andere Person sich anders verhält. Sie bereitet alles für eine Beziehung vor, indem sie das brave Mädchen ist, das alles richtig gemacht hat, und dann das Gefühl hat, als schulde man ihr etwas. Deshalb fühlen ihre Partner sich manipuliert und unter Druck gesetzt, und deshalb wächst ihre Angst, weil sie immer wieder gegen sich selbst handelt.

Natürlich darf man sich für etwas anstrengen, aber verwechseln Sie es nicht mit Angst und Selbstverleugnung. Auch hier ist das »Warum« für Ihr People Pleasing verantwortlich. Es ist ein himmelweiter Unterschied, ob man sich bemüht, etwas zu schaffen, oder ob man geringes Selbstwertgefühl überdecken und eine bestimmte Reaktion erzielen oder sogar beschleunigen will. Ersteres lässt Ihnen Spielraum, Nein zu sagen, Letzteres führt dazu, dass Sie aus den falschen Gründen Ja sagen.

Sie gehen davon aus, dass Sie sich nur dort anstrengen, wo man sich anstrengen muss, oder dass der Wunsch oder das Bedürfnis nach etwas ein Zeichen dafür ist, dass Sie sich anstrengen müssen, doch in Wirklichkeit geben Sie zu viel und übertreiben es, unabhängig von der jeweiligen Situation. Dabei beuten Sie sich nicht nur selbst aus (und erlauben es auch anderen), sondern binden andere ohne deren Wissen an Verträge. Sie erwarten etwas von anderen, nicht ausgehend davon, was sie für Menschen sind, sondern was Sie selbst tun. Egal, was Sie im Gegenzug erwarten, Sie überschreiten dabei Grenzen und handeln sich nur eine schmerzhafte Erfahrung ein.

Sie denken, Sie geben hundert Prozent und beweisen sich, doch in Wirklichkeit haben Sie so viel Angst davor, nicht zu gefallen und das Ersehnte nicht zu bekommen, dass Sie überkompensieren und *mehr als* hundert Prozent geben wollen, damit Sie über jeden Vorwurf erhaben sind und weniger Gefahr laufen, verletzt zu werden. Selbst wenn Sie nicht aktiv versuchen, perfekt zu sein, und von sich glauben, einfach nur »gut genug« sein zu wollen, versuchen Sie, perfekt »gut genug« zu sein.

Das Bemühen, mit seinem ganzen Perfektionismus und der Selbstausbeutung, verhindert wie alle anderen Formen des People Pleasings auch, dass Sie zu viel denken und fühlen, weil Sie ohne das Handeln nicht wissen, wer Sie sind. Doch wenn Sie sich nicht zugestehen zu fühlen, verlieren Sie sich und merken nicht, wenn Sie Ihre Grenzen schon weit überschritten haben.

HÄUFIGE VERHALTENSWEISEN

- Sie sind stolz darauf, mit allen Ihren Ex-Freunden oder Ex-Freundinnen befreundet und mit niemandem zerstritten zu sein.
- Sie müssen sich Pausen und Selbstfürsorge erst verdienen, die Sie dann mit noch mehr Leistung ausgleichen wollen, weshalb Sie vielleicht Mahlzeiten auslassen, zu wenig schlafen und vergessen, aufs Klo zu gehen, und erst dann merken, wie hungrig und müde Sie sind und wie dringend Sie auf die Toilette müssen, wenn es gar nicht mehr anders geht.
- Sie sind unterbezahlt, weil Sie viel mehr Stunden arbeiten, als Sie bezahlt werden, was Ihr Gehalt im Endeffekt verringert.
- Sie übernehmen das Kommando, weil Sie entweder denken, dass jemand anders inkompetent ist, oder weil es Ihnen schwerfällt, nicht die Kontrolle zu haben. Vielleicht vertrauen Sie anderen auch nicht, dass sie ordentliche Arbeit machen.
- Sie haben übermäßig Angst, nicht um etwas gebeten zu werden (einen Gefallen, eine Aufgabe, ein Projekt) oder es sich mit jemandem zu verscherzen. Ihnen ist nicht klar, dass Sie manchmal Angst davor haben, dass Ihnen eine Gelegenheit entgeht, sich ausbeuten zu lassen. Sie sind beleidigt oder unsicher, wenn Sie nicht gefragt werden, auch wenn Sie die betreffende Sache gar nicht tun wollen oder die Ressourcen dafür haben.

- Sie lassen Erfolge schnell hinter sich und machen sich Ihre Leistung nicht bewusst. Vielleicht sind Ihnen Lob und Bestätigung unangenehm, oder Sie halten sich für eine Hochstaplerin oder einen Hochstapler und haben das Gefühl, nicht genug getan zu haben.
- Sie stecken übertrieben viel Arbeit in Projekte und Aufgaben, weil Sie nur daran denken, wie Ihre Bemühungen wirken, weil Sie Angst davor haben, zu versagen oder weil Sie auf eine bestimmte Weise wahrgenommen werden wollen. Dabei können Sie Anweisungen, Ziele und Kompetenzen falsch verstehen.
- Krankheiten – auch selbst durch Ihr ständiges Bemühen verursachte – sind für Sie eine Unannehmlichkeit oder Versagen. Sie fühlen sich schuldig, wenn Sie Menschen im Stich lassen oder wenn diese in Ihrer Abwesenheit Ihre Arbeit erledigen oder mehr Einsatz als sonst zeigen müssen.
- Sie haben eine lange Liste von Dingen, die Sie machen möchten, für die Sie aber Ihrer Meinung nach keine Zeit haben, oder die Sie tun sollten oder müssen, weil Sie dadurch zu einem besseren Menschen werden.
- Sie arbeiten bis zur Erschöpfung, bevor Sie Urlaub nehmen, weil Sie denken, dass ohne Sie alles zusammenbricht, oder Sie haben Angst, dass man während Ihrer Abwesenheit etwas über Sie herausfindet oder man beschließt, dass man Sie nicht mehr braucht.

STÄRKEN *UND* PROBLEME

- Sie legen großen Wert darauf, verlässlich zu sein, gewissenhaft, hart zu arbeiten, nicht faul zu sein und so weiter. Sie können sich mit Leib und Seele so ziemlich allem verschreiben, doch Sie bitten nicht um Hilfe oder zeigen, wenn Sie feststecken. Das erzeugt nicht nur ein falsches Bild von Ihrer wahren Leistung, weshalb andere diese bald als Standard von Ihnen erwarten, es kostet Sie außerdem Blut, Schweiß, Tränen und einen Burn-out.

- Sie folgen realen, willkürlichen und selbst auferlegten Regeln und erfüllen Erwartungen von außen, oft ohne diese zu hinterfragen, vor allem bei einem klaren Ziel oder einer vermeintlichen Belohnung, oder wenn Ihr Bedürfnis angesprochen wird, zu gewinnen oder etwas zu beweisen, weshalb Leute gern zu Ihnen kommen, wenn etwas erledigt werden soll. Ihr mangelndes Urteilsvermögen lässt Sie allerdings nicht Ihren Werten entsprechend handeln und kann von aggressiveren und manipulativeren Menschen ausgenutzt werden.
- Sie erwarten viel von sich und treiben sich an, um eigenen Erwartungen zu entsprechen. Dadurch können Sie sehr viel schaffen und von anderen dafür hoch angesehen werden, doch das bedeutet auch, dass Sie kein Gespür oder keinen Respekt für Ihre Grenzen haben. Sie haben unrealistische Erwartungen und durch Ihre ständige Furcht, zu versagen oder »nicht gut genug« zu sein, machen Sie jeden Spaß zunichte.

VORSICHT

- Sie sind so darauf konzentriert, etwas zu erreichen, zu gewinnen, das letzte Wort zu haben oder jemanden von der eigenen Meinung zu überzeugen, dass Sie sich von Ihrem Ego mitreißen lassen oder an nichts richtig Freude haben.
- Sie betrachten die Bemühungen eines geliebten Menschen als Spiegelbild Ihrer eigenen Person und glauben, Sie müssten ein Kind haben, das übermäßige Leistung erbringt, einen solchen Partner, Freundinnen oder Familienangehörige. Wenn diese Menschen dann Ihre Erwartungen nicht erfüllen, schämen Sie sich oder wollen ihnen alles vorschreiben. Sie drängen ihnen

Ihre eigenen Träume auf und tun aber so, als wären es doch die Träume des Kindes (des Partners etc.).

- Sie bleiben viel zu lange in nicht erfüllenden Beziehungen und Situationen, weil Sie denken, es würde negativ auf Sie zurückfallen, dass Sie das Scheitern nicht verhindern konnten.
- Sie bemühen sich, Dinge einfach aussehen zu lassen, auch wenn sie das nicht sind und Sie sie von vornherein gar nicht tun sollten. Dann fühlen Sie sich überfordert, vernachlässigt und wütend, weil Menschen nicht sehen, wie viel Mühe Sie sich geben, auch wenn Sie wie ein Schwan wirken – von außen ruhig und gelassen, doch unter der Wasseroberfläche strampeln Sie verzweifelt.

SOFORTHILFE

- Wie wäre es, wenn Sie eine bestimmte Sache nur mit siebzig Prozent Einsatz erledigen? Ich weiß, ich weiß. Mir war kurz schlecht, als ich das zum ersten Mal ausprobiert habe. Aber Ihre Vorstellung von hundertprozentigem Einsatz entspricht eher hundertfünfzig Prozent, weshalb Sie nicht nur Ihre Grenzen besser einschätzen lernen müssen, sondern auch, ob wirklich alles Ihre gesamte Kraft erfordert. Vieles in Ihrem Leben lässt sich auch mit einem Bruchteil erledigen.
- Fragen Sie sich: Erfordert die aktuelle Situation tatsächlich diesen Einsatz von mir, oder habe ich Angst und versuche etwas zu kontrollieren oder zu manipulieren?
- Gewöhnen Sie sich an, mit »Ich melde mich bei dir/Ihnen« zu reagieren. Sie sind ein People Pleaser, der sich zu sehr einbringt, sich zu viel auflädt und sich überfordert, weshalb Sie Ihren Kalender, Ihre Kraft, Ihre Wünsche und die Notwendigkeit für etwas genau überprüfen müssen.

5

DER VERMEIDER

Marcus wusste schon immer, dass er anders war als der Rest seiner Familie, doch angeblich war er nicht adoptiert. Nachdem sie alle weiß waren und er Schwarz, musste es eine Hintergrundgeschichte zu seiner Zeugung geben. Doch da niemand darüber sprach, schwieg er auch.

Er sagte, dass die Familie eng zusammenhielt und ihn nie anders behandelte, weshalb er überall Höchstleistungen erbrachte und darauf achtete, nie »zu emotional« zu werden, damit nicht etwas aus ihm herausbrach, das er nicht kontrollieren konnte.

Dass er bei dem offensichtlichen Geheimnis mitspielte, verblüffte später seine Partner, die oft merkten, was es ihm abverlangte, und ihm rieten, es anzusprechen, woraufhin er sich zurückzog oder die Beziehung beendete. Wenn sich Gefühle des Verlusts, der Verwirrung, der Entfremdung und des verborgenen Grolls bemerkbar machten, Gefühle, die er nicht erfassen oder einordnen konnte, die er aber unbedingt vermeiden musste, bekämpfte er sie mit noch mehr Arbeit, Humor, später Drogen und Alkohol. Jeder Partner, der bei ihm blieb, wusste, dass er daran nicht rühren durfte, da das Thema so heikel war.

Doch dann brach die Pandemie aus. Er musste von zu Hause aus arbeiten, Bars und Clubs waren geschlossen, und er konnte nicht stunden- oder gar tagelang verschwinden. Alles ging in die Brüche, auch seine Ehe, in der sein Partner nicht mehr gegen seine emotionale Unnahbarkeit und seinen Drogenmissbrauch ankam. Nach mehr als fünfzig Jahren, in denen er Mamas braver kleiner Junge gewesen war, fragte er endlich, wer sein Vater war. Theoretisch hätte er diese Frage schon die ganze Zeit stellen können, doch aus Angst hatte er sein ganzes Leben darauf ausgerichtet, ihr aus dem Weg zu gehen.

> Beim Vermeiden weicht man aus, versteckt sich und verschmilzt mit dem Hintergrund, um anderen zu gefallen und Bedürfnisse und Wünsche zu erfüllen.

Auch wenn Vermeider Eigenschaften der Guten und der Bemüher aufweisen, ist der Hauptantrieb für alles das *Vermeiden von Unannehmlichkeiten und Ängsten.* Übermäßige Arbeitsmoral oder das Bedürfnis, sich zu beweisen, machen ihr People Pleasing nicht primär aus. Auch wenn es Vermeidern nicht bewusst ist, wollen sie sich nicht mit *etwas anderem* auseinandersetzen. Sie sagen Ja, um die Apokalypse zu vermeiden, die ihrer Meinung nach eintreten würde, wenn sie ehrlich wären.

People Pleaser, die gern mit dem Hintergrund verschmelzen, oder die sich mit durchsetzungsfähigeren und emotional unerreichbaren Menschen arrangiert haben, erkennen sich vielleicht in einer der folgenden Rollen wieder, vor allem, wenn sie es immer wieder vermeiden, Gefühle auszudrücken, über Probleme zu sprechen, oder wenn sie Schwierigkeiten damit haben, Entscheidungen zu treffen und sich zu binden.

Der Träumer	Der Schüchterne/Ruhige
Der Verlorene/Übersehene	Der Versager
Der unglaublich Beschäftigte	Der Zuhörer
Der Entertainer/Spaßvogel/ Die Zielscheibe des Spotts	Die Randfigur

URSACHEN

Vermeiderinnen und Vermeider sind in der Regel in einem Umfeld aufgewachsen, in dem Vermeiden zum Alltag gehörte, in dem Anderssein verborgen werden musste, um weiter Teil der Familie sein zu können, oder in dem die Umstände es als wirksamen Selbstschutz nötig machten.

Sie wurden dafür gelobt (beziehungsweise erhielten auf jeden Fall positive, nicht negative oder neutrale Reaktionen), dass sie schwierigen Themen aus dem Weg gingen, ihre Gefühle nicht zeigten, keine Bedürfnisse hatten, nicht um Hilfe baten, keine Probleme verursachten und den Status quo aufrechterhielten. Deshalb hatten sie Angst vor Nähe und Intimität, weil sie es nicht kannten und das Risiko von Konflikten als bedrohlich empfunden wurde.

Manche fanden zu ihrer Rolle, weil es als höflich galt, sich nicht mit gewissen Dingen zu befassen, oder weil sie so ihren Platz in der Familie bewahren konnten. Es musste nicht einmal ein großes Familiengeheimnis oder einen Skandal gegeben haben; oft waren die heiklen Dinge eigentlich ziemlich unspannend oder schienen es zumindest zu sein. Wenn ein Kind jedoch nicht einmal über kleine Dinge sprechen kann oder sich auf diese beschränken muss, wird es sich wahrscheinlich nicht trauen, größere Dinge anzusprechen oder etwas von sich zu zeigen. Und selbst die harmlosesten Fragen werden gewichtig, wenn niemand Fragen stellt oder nur mal an der Oberfläche kratzt.

Ihre Eltern haben vielleicht nie ein böses Wort gewechselt oder Zuneigung gezeigt, und Gefühle waren eine Seltenheit. Obwohl alle miteinander auszukommen schienen, fühlten sich die Vermeider einsam, vernachlässigt, unsicher oder hatten Angst, zu viel von sich selbst zu zeigen.

Auch wenn bestimmte Themen nicht explizit tabu waren und es nicht verpönt war, um Hilfe zu bitten oder Gefühle auszudrücken, so vermittelten doch der oberflächliche Umgang mit Dingen, das Laufen auf Zehenspitzen und das *Fehlen* von Konflikten, Gefühlsäußerungen und Gesprächen, dass man nicht aus der Reihe tanzen durfte, um mit allen auszukommen und gemocht zu werden.

Ältere Geschwister oder Verwandte schimpften vielleicht ein jüngeres Kind für sein emotionales Verhalten und unterstellten ihm sogar, dass ein Elternteil durch das Verhalten des Kindes krank sei oder sehr böse. Oder das Kind wurde gemobbt oder kämpfte mit einer Essstörung oder etwas anderem und hatte nicht das Gefühl, dass es sich den Eltern anvertrauen konnte. Und wenn es sich doch öffnete, wollten sie es nicht wahrhaben oder warfen dem Kind vor, »sich aufzuspielen« und »Aufmerksamkeit zu wollen«.

Einige Vermeiderinnen und Vermeider schildern ihre Kindheit und Jugend als »glückliches Zuhause« oder »idyllisch« mit »liebevollen« und »aufmerksamen« Eltern, die »nie Hand gegen sie erhoben« hatten. Doch auf negative Gefühle oder Probleme mit schwierigen Ereignissen oder dem eigenen Selbstverständnis reagierten die Eltern immer mit der Botschaft, man solle sich auf das Positive konzentrieren und nicht zu viel darüber nachdenken. Oder die Eltern waren bekümmert, warum das Kind unglücklich war, obwohl sie ihm doch alles boten oder ihr Bestes taten, um gute Eltern zu sein. Vermeider lernten als Kinder, die schwierigen Aspekte ihres Lebens zu verbergen und keinen Ärger zu machen, um Dankbarkeit zu zeigen und es geliebten Menschen recht zu machen.

Viele Vermeider haben vielleicht auch das Gefühl, dass ihr Umfeld überall und ständig starke Emotionen zeigte. Vielleicht gab es viel Streit, oder eine oder wenige Stimmen dominierten in der Familie. Und deshalb machen sie sich jetzt klein, um den Frieden zu wahren und sich zu schützen.

Für die Erwachsenen mögen Schreien und Brüllen, Beschimpfungen, Drohungen, das Herumwerfen von Gegenständen, das

Sprechen mit zusammengebissenen Zähnen, um einen weiteren bevorstehenden Streit zu vertuschen, das Zuschlagen von Türen, Trennungen, um sich danach wieder zu versöhnen, oder körperliche Gewalt gegeneinander etwas ganz Normales gewesen sein, aber ich kann bestätigen, dass es für ein Kind extrem beängstigend ist, so etwas mitzuerleben, mitzuhören oder sogar mittendrin zu sein.

Ob sie im Auto saßen, während ein Streit eskalierte, sich unter einem Tisch versteckten oder versuchten (oder sich machtlos fühlten), ein Geschwisterkind, ein Elternteil oder sich selbst vor dem Aggressor zu schützen, Vermeiderinnen und Vermeider entwickelten sehr negative Assoziationen mit Konflikten und Kritik und wurden überwachsam. Damit konnten sie ihr übererregtes Nervensystem beruhigen, sie gewöhnten sich dadurch aber auch an, ihre Umgebung unbewusst auf Anzeichen eines potenziellen Konflikts abzutasten und Dinge zu vermeiden. Sie lernten, sich zu betäuben, um sich sicher zu fühlen und die Kontrolle über die Situation zu haben.

Vielleicht stand der Vermeider im Schatten und lernte, sich zurückzunehmen. Die Stimmungen und Probleme eines Menschen gaben vielleicht die Dynamik vor und hatten Vorrang vor allem. Dieser Mensch übernahm vielleicht das ganze Reden und Denken und reagierte bei Enttäuschung mit Feindseligkeit und emotionaler Erpressung. Oder die Vermeider machten es sich zur Aufgabe, nicht im Mittelpunkt zu stehen. Weil sie sich so zurückgenommen haben, fürchten sie auch jetzt noch als Erwachsene Entfremdung oder Verlassenwerden, wenn sie sich weiterentwickeln. Deshalb halten sie sich vielleicht in der Liebe oder im Beruf zurück und führen unausgewogene Beziehungen, in denen sie immer die Rolle des Zuhörers oder der Vermittlerin spielen.

Sie wollen sich nicht in die Angelegenheiten anderer Leute einmischen, wie es beispielsweise ein Retter oder ein Guter tun würde, aber wenn sie sich mittendrin befinden oder am Rand stehen, nimmt das den Druck heraus. Es ist ihnen zum Beispiel äußerst unangenehm, wenn ihnen jemand sein Herz ausschüttet oder sie in etwas verwickelt, doch sie schweigen und schützen sich so davor, zum Ziel des Konflikts zu werden.

Manche haben durch ein Trauma, einen Konflikt oder einen Verlust gelernt, Dingen auszuweichen, sich zu verschließen und im Schatten zu bleiben. Sie assoziierten die Ereignisse mit Konfrontation, mit zu viel Ehrlichkeit oder Verletzlichkeit und wurden zu Vermeidern, um schmerzhafte Gefühle zu betäuben und weitere Auswirkungen zu begrenzen, aber auch, um nie wieder in eine solche Situation zu geraten.

Vielleicht war zum Beispiel die Trennung oder Scheidung der Eltern und das Gefühl, zwischen den Stühlen zu stehen, der Auslöser, oder ein schmerzhafter Riss, der die Familie dauerhaft verändert hat. Ein schwerer Trauerfall, dessen Umstände man nicht verstand, das Gefühl, verlassen zu werden oder sich sogar selbst die Schuld zu geben, kann einem Menschen auch beibringen, bloß keinen Ärger heraufzubeschwören.

Ich habe von vielen Vermeiderinnen und Vermeidern gehört, in deren Umfeld nie thematisiert wurde, wenn ein Elternteil schon vor ihrer Geburt oder in den frühen Kindheitsjahren die Familie verlassen hatte oder gestorben war. Man wollte den überlebenden Elternteil nicht aufregen oder einen Streit verursachen, insbesondere wenn der Elternteil sich zurückzog, kein Interesse zeigte oder wütend und verbittert war. Einige versuchten es, wurden dann aber geschimpft oder bestraft, oder der Elternteil schob eine plötzliche Krankheit vor. Oder die Erwachsenen hielten es für das Beste, nicht weiter darauf einzugehen. Einige Vermeider kannten einen Teil der Vorgeschichte, schämten sich oder fühlten sich alleingelassen, oder die Mutter wusste nicht, wer der Vater war, oder sie wusste es, sagte es aber nicht. Und was Kinder in solchen Situationen nicht wissen, denken sie sich aus, und das ist immer schlimmer als die Wahrheit.

Manchmal wusste das Kind zum Beispiel von Affären, kriminellen Aktivitäten oder Drogenmissbrauch. Oder jemand war im Gefängnis, auf Entzug oder in einer Klinik, aber es wurde so getan, als sei die betreffende Person mal wieder lange im Urlaub.

Der Vermeider wurde vielleicht selbst missbraucht oder wusste vom Missbrauch einer anderen Person, doch es herrschte ein Schweigekodex und es gab sogar die Drohung, aus der Familie ausgeschlossen zu werden. Der Vermeider vermutet vielleicht, dass seine Eltern oder Bezugspersonen von dem Missbrauch wissen, sich aber damit nicht auseinandersetzen wollen, weshalb er selbst es auch nicht anspricht. Nach diesem Muster will er es allen recht machen.

Ein Vermeider kann den Anschein erwecken, alles im Griff zu haben und zu schaffen, oder allein zurechtzukommen und niemanden zu belästigen, während es ihm insgeheim schlecht geht. Vermeiderinnen und Vermeider lassen sich nicht in die Karten schauen und gestalten ihr Leben so, dass sie sich nicht mit ihren Ängsten auseinandersetzen müssen und nicht zu viel fühlen.

Seien wir ehrlich: Unsere Kultur hat bis vor Kurzem nicht gefördert, sich selbst auszudrücken und nicht einmal die Bedeutung von Gefühlen und die Tatsache, dass seelische Taubheit, Geheimnisse, Scham und Traumata unser Wohlbefinden stark beeinträchtigen, anerkannt.[7] Ob Schweigen, Vernachlässigung oder Grenzverletzungen – alles waren generationenübergreifende Muster und die Reaktion der Familieneinheit auf unverarbeitete Traumata. Selbst wenn eine Therapie stattfand, wollte man vielleicht das Kind heilen, aber nicht das die ganze Familie betreffende Problem lösen. Einige Vermeider wurden abrupt aus der Therapie herausgenommen, als durch die Therapie das wahre Problem zum Vorschein kam, oder die Familie beäugte den Vermeider misstrauisch, was dieser wohl alles preisgeben könnte.

Während alle People-Pleaser-Typen ihnen entgegengebrachte Missbilligung kontrollieren, indem sie die unausweichlichen Dinge des Lebens einschränken oder umgehen, vermeiden Vermeider alles, was anderen Unannehmlichkeiten bereitet, weshalb sie damit auch Aufmerksamkeit, Zuneigung, Anerkennung und sogar Bestätigung und Liebe kontrollieren.

Auch sie nutzen People Pleasing, um sich das Recht zu erkaufen, negativen Reaktionen aus dem Weg zu gehen. Wenn sie also doch einmal mit Konflikten, Kritik und anderem konfrontiert werden, ist es für sie sehr beängstigend und so, als hätten sie versagt, weil ihnen ihre Ängste bewusst werden. Dann wollen sie alles Unangenehme noch mehr vermeiden.

Da alles eine Strategie zur Angstvermeidung ist und sie auf keinen Fall ihre gemäßigte Komfortzone verlassen wollen, kann es eine ganze Weile dauern, bis sie sich einem Problem stellen. Oder sie drehen sich im Kreis, vor allem, weil sie vielleicht abwiegeln, zu viel von sich geben und zu viel nachdenken, um sich nicht mit etwas auseinandersetzen zu müssen.

Obwohl passiv-aggressives Verhalten zu allen People-Pleaser-Typen gehört, werden die anderen, wenn es hart auf hart kommt, sich mit etwas beschäftigen, auch wenn es ihnen schwerfällt. Vermeider versuchen, die Zeit zu überbrücken, indem sie die unvermeidliche Konfrontation hinauszögern oder zu viel von sich geben, in der Hoffnung, dem Problem ausweichen zu können. Wenn etwas schiefgeht, rechtfertigen sie ihre Vermeidungshaltung mit der Behauptung, dass die Reaktion des Gegenübers oder das enttäuschende Resultat Beweise dafür sind, am besten alles ruhen zu lassen, und sie werden sich wegen ihres »Pleasings« auch schuldig fühlen.

Aufgestaute Angst und ständige Wachsamkeit bewirken in ihren engen Beziehungen Katastrophendenken und die Panik, dass die andere Person sie verlassen wird, obwohl diese doch nur versucht, etwas auf den Grund zu gehen. Bringt diese Person ihre Unzufriedenheit zum Ausdruck, fühlt sich der Vermeider, der doch schließlich immer allem zustimmt, kritisiert oder zurückgewiesen und erinnert das Gegenüber daran, dass es »seine Idee« oder »sein Traum« war. Vermeiderinnen und Vermeider verstehen nicht, warum etwas passiert, weil sie denken, dass sie das Beste getan haben oder dass es kein Problem gibt, weil sie sich ja nach dem Gegenüber gerichtet haben, was zu weiteren Reibungen führt, weil der Vermeider nicht die Verantwortung für seinen Anteil übernehmen will. In Situationen, in denen sie spüren, dass sie in einer Weise verletzt werden, die sie nicht glauben bewältigen zu können, ziehen sie sich vielleicht zuerst zurück, verschwinden oder explodieren schließlich, zu ihrer eigenen und der Überraschung aller anderen.

Vermeider denken, dass alle Menschen ihre Ängste teilen und ihnen genauso aus dem Weg gehen wollen. Sie glauben aufrichtig, dass Vermeiden etwas Gutes ist, über das sich die Menschen freuen werden und sollten. Aber Vermeiden macht es schwierig, neue Beziehungen zu Menschen aufzubauen, die mehr Nähe und Ehrlichkeit erfordern. Es bedeutet auch, dass sie sich von vornherein mit einer Vermeidungshaltung in Situationen begeben, unabhängig davon, ob eine Bedrohung vorliegt, und sich so unbeabsichtigt auf das Schlimmste einstellen. Dabei erkennen sie nicht, dass dieses Verhalten weit mehr Probleme schafft, als es löst.

SIE WISSEN, DASS SIE EIN VERMEIDER SIND, WENN …

- Sie Konflikte und Kritik vermeiden und niemandem zur Last fallen wollen.
- Sie nicht Nein sagen, weil Sie glauben, dass es mehr Probleme verursacht als löst, und Sie versuchen, jegliche negative Konsequenzen zu vermeiden.
- Sie wütend reagieren, wenn das Leben nicht nach Ihren Wünschen verläuft, Menschen Sie verärgern, zurückweisen oder

enttäuschen oder Sie keine Wertschätzung oder Anerkennung bekommen, weil man Ihnen etwas vorwirft und Sie Ihrerseits so vieles haben durchgehen lassen. Sie versuchen, so zu tun, als würde es Sie nicht kümmern oder als wäre es nicht passiert, oder Sie gehen auf Distanz oder brechen ohne Erklärung den Kontakt ab.

- Sie Menschen sagen, was diese Ihrer Meinung nach hören wollen, weil Sie kaum oder gar keine Ahnung haben, was sie wirklich fühlen oder denken. Oder falls doch, dann fürchten Sie, unrecht zu haben oder uninteressant zu wirken, oder Sie verdrängen Ihr Unbehagen sofort oder machen weiter.
- Sie sich bewusst kleinmachen – Sie sich zum Beispiel hinter Arbeit verstecken oder in ungesunden oder nicht erfüllenden Beziehungen –, um den Erwartungen anderer Menschen an Sie zu entsprechen, damit diese nicht böse auf Sie werden oder sich abwenden, weil Sie sich verändern oder »zu groß« werden.
- es Ihrer Ansicht nach gut ist, über nichts zu sprechen, was Ihnen oder anderen auch nur im Entferntesten unangenehm sein könnte, und den Frieden zu wahren. Sie denken, Sie hätten eine Belohnung verdient, wenn Sie Probleme mit persönlichen Grenzen unter den Teppich kehren.

Möglicherweise war Ihnen nicht bewusst, dass Ihr Vermeiden von Unbehagen Teil einer People-Pleasing-Strategie war, um Akzeptanz und Sicherheit zu erlangen, denn es liegt in der Natur des Vermeidens, nicht allzu tief über Beweggründe oder irgendetwas anderes nachzudenken.

Vermeiden beinhaltet Elemente anderer People-Pleaser-Typen, aber mit dem primären Ziel, Unannehmlichkeiten auf ein absolutes Minimum zu beschränken. Es macht Ihr Leben zu einer heiklen Gratwanderung, bei der Sie versuchen, andere bei Laune zu halten und gleichzeitig so zu tun, als täten Sie das gar nicht oder als würde es keine Probleme verursachen. Ihr Selbstverständnis hängt davon ab, wie gut Sie die Illusion aufrechterhalten können, dass alles für Sie in Ordnung ist, und wie sicher Sie sich fühlen. Deshalb werden Sie sich bevorzugt solchen Situationen aussetzen, in denen Ihnen theoretisch – soweit Sie sich so verhalten, wie es ein Mensch oder eine Situation Ihrer Meinung nach von Ihnen fordert – keine Gefahr drohen sollte. Warum sollte man jemanden ablehnen, der genauso ist wie man selbst oder das tut, was von ihm erwartet wird? Diese Art von Perfektionismus erlaubt es Ihnen, sich zu verstecken.

Wenn es Ihnen schwerfällt, Nein zu sagen, oder Sie es gar nicht können, haben Sie Angst, nicht mit den Konsequenzen umgehen zu können. Sie denken, dass Sie damit die Büchse der Pandora öffnen, und dass Sie einem Nein ein Leben lang aus dem Weg gegangen sind, hat Ihre Angst nur noch vergrößert. Ihr Gegenüber soll Sie mögen, weshalb Sie dessen Ärger – ob real oder eingebildet – nicht heraufbeschwören und die Illusion zerstören wollen. Letztendlich haben Sie Angst, dass Sie mit Ablehnung, Enttäuschung und Konflikten konfrontiert werden, wenn Sie alles von sich zeigen.

Gut zu sein bedeutet für Sie, niemandem Unbehagen zu bereiten, und so verkörpern Sie den perfekten Menschen, der alles aushalten kann oder der nicht viel braucht und gerne überall mitmacht. Sie müssen sich zum Beispiel unwissender als in Wirklichkeit stellen, und passiv zu sein ist für Sie schon ein Sport. Sie haben gelernt, dass man die Wahrheit nicht sagen oder wissen darf, daher vermeidet man sie besser. Und jetzt können Sie anderen so gut sagen, was sie hören wollen, dass Sie nicht einmal wissen, dass Sie eigentlich lügen. Eine gefährliche Kombination aus zu nett, konfliktscheu und naiv kaschiert, dass Sie im Stillen auf die nächste Hiobsbotschaft warten.

Vielleicht sind Sie Ihr ganzes Leben lang gut mit dieser Strategie gefahren, weshalb Sie wenig Erfahrung mit gesunder Konfliktlösung haben oder damit, sich Dingen zu stellen. Oder Sie versuchen immer noch zu beweisen, dass Vermeiden der beste Weg ist, nachdem Ihnen Menschen und Erfahrungen, die zu konfrontativ waren, zu viel wurden.

Das Bedürfnis, eigenes und fremdes Unbehagen zu vermeiden, ist ironischerweise die Hauptursache für Ihr eigenes uneingestandenes Unbehagen und die Notwendigkeit, bei Ihnen selbst aufzuräumen. Sie sind wie der Frosch im Kochtopf, der nicht weiß, dass er kocht, bis es zu spät ist. Sie haben zwar eine niedrige Risikotoleranz, aber eine hohe Schmerzgrenze, und so leugnen, rationalisieren, minimieren und entschuldigen Sie und halten die Illusion, dass alles »okay« ist, aufrecht, nur um sich dann irgendwie betäuben oder passiv-aggressiv reagieren zu müssen, um die Gefühle auszudrücken oder zu verdrängen, von denen Sie nicht einmal wissen, dass Sie ihnen aus dem Weg gehen.

Marcus und seine Familie dachten, sie würden das Richtige tun, aber er zahlte einen hohen Preis dafür, dass er nicht zugeben konnte, dass alle anderen etwas wussten, nur er nicht. Er gab vor, seine Familie zu lieben und sie zu beschützen, während er sich zugleich selbst hasste und nicht wusste, wer er eigentlich war. Vermeiden führt zu weiterem Vermeiden: Wer vermeidet, kann sich nicht auf etwas zu Echtes einlassen, weil es all das in seinem Leben, das er verdrängt, durcheinanderbringt. Deshalb stehen Sie unbeabsichtigt Ihrem Glück im Weg, um den Status quo aufrechtzuerhalten.

Ein Problem bedeutet für Sie, dass nicht alles »perfekt« ist. Sie versuchen daher, sich nicht damit zu befassen, um die Illusion aufrechtzuerhalten, und setzen sich erst damit auseinander, wenn Sie ausreichend desillusioniert und wütend sind. Sie betreiben People Pleasing, um Ihr Gegenüber in Ihrer Vorstellung nahezu perfekt erscheinen zu lassen, und wenn es Sie verärgert oder enttäuscht, fühlen Sie sich zurückgewiesen. Manchmal schockieren Sie Menschen, weil Sie Ihre Vorbehalte, Ihre Unzufriedenheit und Ihren

Schmerz für sich behalten, indem Sie so tun, als sei alles in bester Ordnung, und niemals andeuten, dass etwas nicht stimmt. Und dann brechen Sie auf einmal zusammen, kündigen an, dass Sie sich trennen oder Ihren Job aufgeben werden, oder den Kontakt zu Ihrem Gegenüber abbrechen.

Sie können ein unglaublich netter Mensch sein, aber Sie verleugnen sich selbst, wenn auch nur ein Hauch von Unbehagen aufkommt, und Ihr Umfeld merkt lange Zeit nicht, dass Sie es vermeiden, irgendetwas zu sagen oder zu tun, wodurch man sich eine zu starke Meinung über Sie bilden könnte. Indem Sie manchmal zu nett sind, ohne zu merken, dass Sie etwas vermeiden, und indem Sie Konfrontationen aus dem Weg gehen und Naivität und manchmal Verwirrung vortäuschen, werden Sie von den Menschen in Ihrem Leben untergeordnet. Sie passen sich allen an und lassen sich an den Rand drängen, was wiederum Ihre Identität angreift, weil Sie davon abhängig sind, dass die Situation perfekt ist.

So kann es sehr verletzend sein, wenn eine Beziehung oder eine Situation nicht funktioniert, weil man wirklich dachte, man könne den anderen Menschen am besten zufriedenstellen, indem man alles mitmacht und allem Schwierigen aus dem Weg geht und das Erwünschte nicht gefährdet. Aber nicht nur gehen Sie selbst dabei ständig auf Zehenspitzen, Sie merken auch nicht, dass andere Menschen das Gefühl haben, das umgekehrt bei Ihnen auch machen zu müssen.

Wenn Sie sich in akuter Gefahr befinden oder es einen echten Vorteil hat, etwas noch eine Weile ruhen zu lassen, dann kann das Vermeiden durchaus sinnvoll sein, doch letztendlich gehen Sie sich selbst aus dem Weg und halten sich auf. Die Menschen, von denen Sie das Vermeiden gelernt haben, hatten ihre eigenen Probleme, aber warum sollten diese Menschen zwei Leben bekommen (ihr eigenes und das Ihre) und Sie keins?

HÄUFIGE VERHALTENSWEISEN

- Sie lügen, damit Menschen sich keine Sorgen um Sie machen, auch wenn es Ihnen vielleicht wirklich nicht gut geht und Sie sich später vernachlässigt fühlen, weil andere nicht instinktiv erkannt haben, dass etwas nicht stimmt, oder nichts tun, ohne dass Sie es ihnen explizit sagen.
- Sie erheben keine Einwände und machen bei etwas mit, auch wenn es große Probleme für Sie oder andere nach sich ziehen kann. Natürlich heißen Sie zum Beispiel Mobbing oder Ausgrenzung nicht gut, doch Ihre Angst ist größer. Dabei sind Sie wütend auf sich selbst, und manchmal bekommen Sie deshalb auch Ärger, weil es so wirkt, als hätten Sie durch Ihr Nichtstun zu dem Problem beigetragen.
- Sie ghosten Menschen, meiden sie oder brechen den Kontakt ab, statt ehrlich zu sein und sich mit Dingen auseinanderzusetzen. Danach versuchen Sie möglicherweise, den Kontakt wiederaufzunehmen und so zu tun, als sei nie etwas passiert, oder Sie überspielen alles, wenn es Ihnen selbst passiert.
- Sie halten Freundschaften oberflächlich, damit andere nicht zu viel über Sie erfahren oder zu viel von Ihnen brauchen. Oder damit Sie sich leichter zurückziehen können, wenn Sie enttäuscht werden, und das nicht ausdiskutieren müssen.
- Sie meiden gewisse Menschen, in deren Gegenwart Sie sich nicht wohlfühlen, damit Sie nicht Nein sagen müssen, und Sie ergreifen die Flucht, wenn Sie sie sehen und behaupten, Sie hätten nicht gehört, wie man nach Ihnen gerufen hat, oder dass Sie kurzsichtig seien oder was auch immer.
- Sie sind stolz darauf, niemals in Partnerschaften oder überhaupt mit jemandem zu streiten.
- Sie beharren nicht auf Ihren Vorschlägen, wenn Sie merken,

dass sie nicht auf Zustimmung stoßen, auch wenn andere Menschen vielleicht gar keine Ahnung haben, wovon Sie reden oder sie gar nicht Ihr Zielpublikum sind.

- Sie reagieren wütend, verletzt und frustriert, nachdem Sie systematisch unakzeptables Verhalten toleriert haben, danach schämen Sie sich und fallen wieder in Ihre alte Vermeidungshaltung zurück.
- Nach Verletzungen legen Sie lange Beziehungspausen als emotionales Fegefeuer ein, dann lassen Sie sich auf Fantasiebeziehungen ein oder eine intensive und ungesunde Beziehung, in der Sie wieder enttäuscht werden, woraufhin Sie sich wieder zurückziehen.
- Sie übertreiben eine Sache, damit Sie sich nicht mit einer anderen befassen müssen. Sie wissen zum Beispiel, dass es ein Problem gibt, weshalb Sie die andere Person mit Geschenken, guten Taten oder Komplimenten überschütten, damit es dieser (hoffentlich) zu unangenehm ist, es anzusprechen. Oder Sie greifen zu Alkohol oder Drogen oder irgendeiner Form zwanghaften Verhaltens, um vor Ihren Gefühlen und der Situation zu fliehen.

STÄRKEN *UND* PROBLEME

- Sie können gut Gemüter besänftigen und geraten nicht in unnötige Streits, aber auch nicht in notwendige, und würden sogar Ihre Seele verkaufen, wenn Sie sich dadurch nicht mit den Gefühlen anderer Menschen, mit Konflikten oder Kritik auseinandersetzen müssen.
- Sie durchdenken große (und oft auch sehr viel kleinere) Entscheidungen bis ins allerletzte Detail und malen sich Situationen im Kopf aus. Dabei denken Sie zu viel und zögern so lange, bis Sie gelähmt und blockiert sind und immer noch keine

Entscheidung getroffen haben, sehr zum Ärger derjenigen, die darauf warten.
- Sie können gut zuhören und sind einfühlsam, weil Sie so wenig beisteuern, was in Ihrer eigenen Welt passiert, weshalb Menschen Ihnen ihre Probleme und Geheimnisse anvertrauen, doch danach fühlen Sie sich eventuell wie ein seelischer Mülleimer, ausgelaugt und zu wenig wahrgenommen, und ziehen sich dann zurück.

VORSICHT

- Sie denken zu lange über Dinge nach, versuchen, sich schon im Kopf alles bis ins letzte Detail auszumalen, bevor Sie etwas unternehmen, oder drehen die Dinge so hin, dass die Schuld bei Ihnen liegt, wenn Sie zum Beispiel sehen, dass jemand schlechte Laune hat.
- Sie haben keine eigenen Interessen oder enge Beziehungen, weil Sie tun, was Ihre Partnerinnen und Partner oder Geschwister möchten, und dann ärgern Sie sich, wenn diese Sie bitten, etwas vorzuschlagen, oder etwas ohne Sie unternehmen wollen.
- Sie bezeichnen Menschen als »Unruhestifter«, »schwierig«, »bedürftig« oder »zu empfindlich«, weil diese ihre Gefühle zeigen und Dinge nicht unter den Teppich kehren wollen oder eine Therapie machen.
- Sie reden Menschen ein, es sei alles in Ordnung, auch wenn Sie ganz offensichtlich einem Problem aus dem Weg gehen und Ihre Gefühle oder Ihr Bild von sich selbst auf andere projizieren und ihnen das dann vorwerfen.

SOFORTHILFE

- Testen Sie vorsichtig Ihre Komfortzone. Stellen Sie sich vor, wie es Ihnen bei etwas geht, auf einer Skala von 0 bis 10. Jemand mit einer 10 kann eine Situation bequem bewältigen, bei der Sie sich unwohl fühlen. Wo befinden Sie sich auf dieser Skala? Sagen wir, Sie sind eine 3. Was würde jemand tun, der eine 3,5 oder 4 ist? Tun Sie das. Versuchen Sie nicht gleich eine 10 zu sein, da es Sie ziemlich sicher überfordern wird.
- Fragen Sie sich: Tue ich etwas, weil ich mich aktiv und bewusst dafür entschieden habe, oder weil ich Konflikten, Kritik, Nähe oder irgendetwas anderem aus dem Weg gehen will?
- Analytisch zu sein hat ganz klare Vorteile, doch es ist kein Ersatz für Handeln. Passen Sie daher auf, wo Sie zu viel denken, versuchen, die Zukunft vorherzusehen oder sich schon alles im Kopf zurechtlegen, bevor Sie etwas unternehmen, um keine Entscheidung treffen oder sich mit ihr auseinandersetzen zu müssen.

6

DER RETTER

Gaby hat die meiste Zeit ihres Erwachsenenlebens damit verbracht, sich um Familienangehörige zu kümmern und ihnen alles abzunehmen, womit sie sich nicht beschäftigen wollten. Dafür hat sie ihre Karriere und ihre Träume zurückgestellt. Ihre wenigen romantischen Beziehungen waren mit verwundeten Seelen, bei denen sie sich am Ende wie deren Mutter oder deren Spielzeug fühlte, weshalb sie seit fast zehn Jahren in einer Fantasiebeziehung mit jemandem lebt, der ständig unglücklich ist und sich nur alle Jubeljahre einmal mit ihr treffen will.

Als Gaby einmal krank im Bett lag, erwartete ihre Schwester trotzdem, dass sie ihre Kinder an den meisten Tagen bei Gaby abliefern konnte, und die Hauptsorge ihrer Familie schien vor allem zu sein, wann sie wieder auf den Beinen sein würde. Obwohl ihre Geschwister hätten einspringen können, versuchte sie, sich um ihre Mutter zu kümmern, stellte aber fest, dass dies ihre Symptome verschlimmerte und sie das Gefühl hatte, von ihrer Familie ausgesaugt zu werden. Als die Monate mit minimaler Unterstützung vergingen, wuchsen Gabys Wut und Schmerz darüber, dass sie ihr ganzes Erwachsenenleben für ihre Familie geopfert hatte. Sie erkannte, dass niemand ihr helfen wollte, weil sie es für *ihre* Aufgabe hielt, zu helfen.

Während sie mit der Ungerechtigkeit und der Trauer darüber, wer sie hätte sein können, kämpfte, erkannte sie allmählich, dass das Verhalten ihrer Familie zwar problematisch war, sie es sich aber auch zur Aufgabe gemacht hatte, diese zu retten, indem sie alles stehen und liegen ließ, sich weigerte, Nein zu sagen, und deren Verhalten damit ermöglichte. Tatsächlich hatte sie ihre Familie als Ausrede benutzt, um manche Sachen nicht in Angriff zu nehmen und um ein für alle Mal zu beweisen, dass sie gebraucht wurde.

> Das Retten ist eine Strategie des People Pleasings, bei der man die Probleme anderer Menschen lösen und sich durch die eigene Hilfe und Unterstützung gebraucht, nützlich und wertvoll fühlen möchte. Das »Stets zu Diensten« des People Pleasings.

Retter weisen zwar auch gute oder bemühende Eigenschaften auf und verhalten sich insgeheim vermeidend, doch der Hauptantrieb und die Motivation für ihr People Pleasing ist das Bedürfnis, *gebraucht zu werden* oder *als gebraucht zu gelten,* um sich sicher und wertvoll zu fühlen. Sie versuchen, die Gefühle und das Verhalten anderer Menschen durch »Hilfe« zu beeinflussen und zu kontrollieren, und laden sich auf Kosten ihrer selbst Verantwortung auf.

Wer bemerkt hat, dass die eigenen Beziehungen unausgewogen und möglicherweise einseitig sind, oder sich ausgebrannt und erschöpft davon fühlt, für andere da zu sein, wird sich in den folgenden Rollen wiedererkennen:

Der Erlediger/Heiler/Retter/Erlöser/Held	Der Ersatzelternteil/Ersatzehepartner
Der Rächer	Der Starke
Der Aufräumer	Der Therapeut
Der Tröster	Derjenige, der die Schuld auf sich nimmt

URSACHEN

Retterinnen und Retter wuchsen in einem Umfeld auf, in dem das Dienen vorgelebt oder betont wurde, in dem es normal war, dass Kinder Aufgaben übernahmen, die eigentlich in der Verantwortung der Erwachsenen lagen, oder in dem die Erwachsenen sich nicht selbst helfen konnten, geschweige denn ihren Kindern.

Sie wurden gelobt oder erhielten positives Feedback – Aufmerksamkeit, Zuneigung und so weiter – dafür, dass sie brav, fürsorglich und entgegenkommend waren, indem sie halfen, reparierten, Probleme lösten, den Tag retteten, selbstlos waren, alles »im Griff« hatten oder weniger brauchten als andere. Sie lernten, ihren Sinn und Wert daraus abzuleiten, dass sie die Bedürfnisse anderer Menschen erfüllten, sodass sie keine eigene Identität über das hinaus entwickelten, was sie für andere taten oder tun.

Wahrscheinlich mussten Retter in ihrer Kindheit zu viel Verantwortung übernehmen, oder sie dachten, sie hätten mehr Macht über das Glück anderer Menschen als diese selbst, oder sie hatten das Gefühl, dass sie einen wichtigen Menschen nicht retten konnten.

Von allen Pleaser-Typen verstehen Retter ihr Pleaser-Verhalten wahrscheinlich am ehesten falsch, weil ihre Absichten gut sind und sie unter Umständen große Mühen auf sich genommen haben, um zu helfen und zu unterstützen. Wegen der besonderen co-abhängigen Natur ihrer Beziehungen und ihrer Hilfsbereitschaft stellen Grenzen Retter besonders vor ein Rätsel.

Wenn sie in ihrem Umfeld irrtümlich gelernt haben, dass »Geben« bedeutet, sich selbst zu opfern und auszubeuten, um anderen in Not zu helfen, kennen sie ihre Verantwortung nicht und haben Schwierigkeiten, ihre Grenzen wahrzunehmen, da sie sich für einfach alles verantwortlich fühlen. Wenn sie gelernt oder sich selbst beigebracht haben, dass es »hilfreich« und »nicht egoistisch« ist, die Verantwortung für andere Menschen zu übernehmen oder deren Bedürfnisse zu erfüllen, haben sie mitunter ihr ganzes Leben mit Schuldgefühlen verbracht, weil sie eine eigene Persönlichkeit haben und diese dann ablegen wollten, um als gut zu gelten.

Manche Retter haben diese Rolle angenommen, weil ein Elternteil oder eine Bezugsperson es ihnen vorgelebt, sich möglicherweise als Märtyrer gesehen hat. Und weil sie diesen Elternteil liebten und dachten (oder ihnen beigebracht wurde), dass sie das Richtige taten, oder was zum Beispiel ein guter Ehepartner tun sollte, haben sie dieses Verhalten übernommen. Es ist für sie eine Form der Loyalität, und sie fühlen sich vielleicht schlecht, wenn sie etwas tun, das man als egoistisch auffassen könnte. Umgekehrt hat der Retter vielleicht die Fehler im Helfersyndrom des Erwachsenen gesehen und es trotzdem nachgeahmt, dabei aber versucht, erfolgreicher zu sein. Dem Retter mussten nicht unbedingt Erwachsenenpflichten übertragen worden sein, doch es wurde deutlich gemacht, dass man brav war, wenn man nach allen Kräften mithalf.

Manche kamen aus einem Guten-Umfeld, in dem das Aufrechterhalten des Anscheins betont wurde, aber in der Hoffnung, dass man als stets hilfsbereit angesehen wurde. Andere kamen aus einem Bemüher-Umfeld, in dem man anderen ebenfalls half, das Gewicht lag dabei jedoch auf mühevollen und aufopfernden Aspekten, wie etwa dem Verzicht auf Annehmlichkeiten.

Möglicherweise machten die Erwachsenen den Retter viel älter, indem sie über völlig unangemessene Themen sprachen und/oder dem Kind ihre Sorgen anvertrauten. Der Retter vergaß, dass er ein Kind war, weil ständig betont wurde, er sei der Älteste oder »reif«, »weise« oder eine »alte Seele«. Wenn einem Kind scheinbar alles leichtfiel, es keinen Ärger machte oder ohne viel Hilfe oder Eingreifen zurechtzukommen schien, wurde die Aufmerksamkeit der Eltern vielleicht auf andere mit scheinbar größeren Bedürfnissen gelenkt, oder sie nahmen an, dass das Kind weniger brauchte, und bezogen es in Aufgaben oder Entscheidungen von Erwachsenen ein.

Andere Retterinnen und Retter kamen zu ihrer Rolle, weil sie zu früh erwachsen wurden und Verantwortung übernehmen mussten. Sie halfen vielleicht bei der Erziehung von Geschwistern, fungierten als Ersatzehepartnerinnen und -partner, egal ob es sich um einen Alleinerziehenden-Haushalt handelte oder nicht, oder sie kümmerten sich um Elternteile oder Bezugspersonen, die selbst nicht in der Lage dazu waren, zum Beispiel aufgrund von Krankheit, Behinderung, langen Arbeitszeiten, weil sie jemanden pflegen mussten oder weil sie mit Trauer oder Sucht zu kämpfen hatten.

In anderen Fällen wollten Elternteil oder Bezugspersonen keine Verantwortung übernehmen, oder sie glaubten, es sei die Pflicht des Kindes mitzuhelfen, möglicherweise weil sie selbst so erzogen wurden. Oder dem Erwachsenen war das eigene Leben wichtiger als die Kindererziehung. Der Retter lernte, dort einzuspringen, wo die Erwachsenen es nicht konnten oder wollten, und für das eigene Überleben oder auch das der Geschwister oder sogar Bezugspersonen zu sorgen. Der Retter entwickelte das Gefühl, dass die Menschen um ihn herum ohne ihn nicht überleben würden, und diese Überzeugung wurde zu seiner Identität.

Vielleicht wollten Retterinnen und Retter ein Elternteil oder Bezugspersonen schützen, indem sie ihre Defizite vertuschten. Vielleicht wollten sie jemandem Scham ersparen oder ihn so weit unterstützen, dass er vielleicht irgendwann Vater oder Mutter sein konnte. So sehr sie den Elternteil auch lieben mögen, sie empfinden vielleicht tiefe Scham darüber, dass diese sich nicht ausreichend um sie gekümmert haben, oder sie glauben, nicht liebenswert genug gewesen zu sein, dass der Elternteil in dem für sie nötigen Ausmaß für sie da war.

Manche Retter wuchsen mit Missbrauch, Vernachlässigung oder Entbehrungen auf und versuchten, sich weniger machtlos zu fühlen, indem sie in irgendeiner Weise halfen. Oder sie waren auf die Hilfe und Unterstützung einer oder mehrerer Personen angewiesen. Sie waren also früher vielleicht zu viel auf sich allein gestellt und versuchen das jetzt wiedergutzumachen. Sie haben vielleicht Dinge gesehen, gehört und erlebt, die kein Kind – und auch kein Erwachsener – durchmachen sollte, und fühlen sich vielleicht unverhältnismäßig schuldig, weil sie jemandem nicht helfen konnten. Oder sie fühlen sich irrational schuldig an ihrer Situation oder haben ein schlechtes Gewissen, weil es ihnen gut geht und anderen nicht oder andere nicht überlebt haben.

Einige kamen aufgrund ihres Umfeldes zu dem Schluss, dass sie helfen mussten, zum Beispiel, indem sie sich zurücknahmen und einem anderen Familienmitglied den Mittelpunkt überließen, sich inkompetent verhielten oder zwischen Familienangehörigen vermittelten. Möglicherweise brachten sie sich selbst in Schwierigkeiten, um einem anderen Familienmitglied eine Aufgabe zu geben. Vielleicht haben sie sich übergangen gefühlt, verärgert, zu wenig geschätzt und anerkannt, haben jedoch aufgrund ihrer vorausgesetzten (oder übernommenen) Verantwortung ein starkes Pflichtgefühl, weshalb sie sich in die Angelegenheiten anderer Menschen einmischen.

Unabhängig von den Absichten und Bemühungen der Erwachsenen lernen Kinder, sich selbst zu verleugnen und aufzuopfern, wenn sie zu früh erwachsen werden oder die Erwachsenen Wert auf Selbstlosigkeit und Hilfsbereitschaft legen. Sie orientieren sich so sehr an den Lebensumständen und Problemen von anderen, dass sie ständig Schuldgefühle haben, egal, wie widersprüchlich diese sind. Es wird zu ihrer Aufgabe, die äußere Lösung für die inneren Probleme anderer Menschen zu sein oder das Heilmittel für das, was in deren Leben gerade vor sich geht. Dabei verlieren sie das Kind in sich selbst sowie ihr Nein und ihren Sinn für ihre eigenen Grenzen und die der anderen. Sobald sie sich der tatsächlichen oder projizierten Bedürfnisse eines anderen bewusst sind und ihr People Pleaser aktiviert ist, fällt es ihnen schwer, sich von der anderen Person abzugrenzen. Ihrer Meinung nach ist es zum Wohle aller, anderen durch Selbstaufopferung zu helfen, selbst wenn diese das anders sehen.

Das wird besonders deutlich, wenn sie vor Herausforderungen stehen. Nachdem sie doch so viel für andere getan haben, empfinden sie diese als »unfair«. Sie fühlen sich missbilligt und vernachlässigt, und obwohl alle Pleaser das Gefühl haben, dass man ihnen etwas schuldet, trifft dieses »nach allem, was ich für dich getan habe« auf Retter am meisten zu. Bemüher investieren zum Beispiel viel Energie darin, sich selbst zu beweisen, und nicht, anderen zu helfen. Retter fühlen sich pauschal zurückgewiesen, wenn sie trotz ihrer Hilfe das Gefühl haben, nicht genügend anerkannt zu werden oder Probleme zu haben, weil sie es als »diese Person missbilligt, was ich *für sie* getan habe« verstehen. Sie fühlen sich verletzt, benutzt oder missbraucht.

Jemand, der sie nicht mag, der sie ablehnt oder dem es trotz Hilfe nicht besser geht, kann ihnen aufgrund ihres internalisierten Helfersyndroms das Gefühl geben, versagt zu haben. Gleichzeitig können Menschen, die sie nicht mehr brauchen oder denen es »zu schnell« besser geht, auch ein Gefühl des Abgelehntwerdens auslösen, vor allem wenn die Person nicht die Dankbarkeit zeigt, die der Retter angeblich doch gar nicht will.

Retterinnen und Retter wollen mit ihrem Verhalten ihre Bedürfnisse befriedigen, und wenn sie zu viel tolerieren und durchgehen lassen oder das Gefühl haben, mehr als genug getan zu haben, können sie explodieren und dabei erwarten, dass das Gegenüber es ihnen nicht übel nimmt. Manchmal lassen sie es sogar bewusst so weit kommen, damit sie ihre Wut als Rechtfertigung dafür nutzen können, warum das Gegenüber etwas tun soll. Wenn ihnen vorgeworfen wird, sie seien kontrollierend oder manipulativ, oder sie jemand darauf hinweist, dass ihre guten Absichten schädlich sind, können Retter ehrlich verwirrt und aufgebracht reagieren. Manchmal haben sie sogar Angst davor, dass es anderen Menschen besser gehen könnte oder sie sich verändern könnten, oder es darf anderen nur besser gehen, wenn die Retter selbst davon profitieren können.

Wenn Menschen sich nicht ändern wollen, obwohl es eindeutig das Beste für sie wäre, fühlen Retter sich abgelehnt und alleingelassen. Dabei ignorieren sie aber, dass sich die andere Person so ändern soll, dass es dem Retter besser geht.

Retter treten in den Hintergrund, um die Probleme anderer in den Vordergrund zu stellen. Sie verhalten sich, als wären sie völlig pflegeleicht, während sie ihre Absichten und Bedürfnisse hinter ihrer Großzügigkeit verstecken. Außerdem geben sie zu viel und übernehmen zu viel Verantwortung. Da sie gelernt haben, ihren Wert aus der Selbstaufopferung abzuleiten, fühlen sie sich von Beziehungen und Situationen mit derselben Dynamik angezogen oder in denen sie ihre Rolle spielen können, was bedeutet, dass sie nur dort wirklich »zu Hause« sind, wo es ein Problem gibt. Durch die Selbstaufopferung fühlen sie sich natürlich auch verärgert, vernachlässigt, belastet und unterdrückt.

Bewusst oder unbewusst ist das Retten ihre Art, sich zu verstecken, ohne dass es jemand merkt. Ja, sie wollen für andere da sein, aber weil sie versuchen, das Unrecht der Vergangenheit wiedergutzumachen, wo sie nicht helfen konnten oder wo sie nicht bekamen, was sie brauchten, und so versuchen sie letztlich, sich selbst zu retten.

SIE WISSEN, DASS SIE EIN RETTER SIND, WENN …

- Sie glauben, gebraucht werden zu müssen, um sich gut zu fühlen und anderen zu gefallen. Sie machen die Probleme anderer Menschen zu Ihren eigenen und eilen überall zu Hilfe.

- Sie nicht Nein sagen, weil Sie zu viel Verantwortung übernehmen. Sie glauben, es würde Ihr Gegenüber verletzen oder ihm Unannehmlichkeiten bereiten, es würde sich im Stich gelassen fühlen. Sie wollen nicht als schlechter Mensch dastehen, oder Sie haben Angst, überflüssig zu werden und dass jemand anderem der Vorzug gegeben wird.
- Sie an Ihre ganzen guten Absichten und die vielen Opfer denken, die Sie gebracht haben und wie Sie doch »nur helfen wollten«, wenn das Leben nicht nach Ihren Vorstellungen verläuft, wenn Menschen Sie verärgern, zurückweisen oder enttäuschen oder Sie keine Wertschätzung und Anerkennung erfahren. Sie fühlen sich nicht gut genug, austauschbar, zu wenig anerkannt, ausgenutzt oder missbraucht und haben das Gefühl, immer erst an letzter Stelle zu kommen.
- Sie Menschen sagen, was diese Ihrer Meinung nach hören wollen (und manchmal das, was *Sie* wollen, dass sie hören), weil Sie denken, dass es ihnen helfen oder sie bestärken könnte oder weil Sie sich dann selbst gut fühlen.
- Sie von ausgeprägten Pflicht- und Schuldgefühlen geleitet werden, weshalb Sie es für Ihre Pflicht halten, zu helfen oder die Bedürfnisse und Wünsche anderer Menschen zu erfüllen, auch wenn es deren und Ihrem Wohlbefinden abträglich ist und sich negativ auf das Verhältnis auswirkt.
- Sie glauben, dass andere Menschen Sie schätzen und bei Ihnen bleiben sollten, weil Sie doch ein guter Mensch sind, der immer hilft und viel Zeit und Kraft darin investiert, das Leben von anderen zu verbessern oder sie vor sich selbst zu retten.

Als Retterin oder Retter, vor allem wenn Sie auch Züge des Gutseins in sich tragen, war Ihnen Ihr People-Pleaser-Verhalten vielleicht bewusst, doch die Vorstellung, verborgene Absichten zu haben oder sich selbst retten zu wollen, war Ihnen unangenehm. Menschen zu helfen, sie zu unterstützen und viel von sich zu geben, ist jedoch nicht nur etwas, das Sie tun – es ist Ihre Identität. Für Sie ist es wichtig, dass man Sie so wahrnimmt, damit Sie sich akzeptiert und sicher fühlen.

Retten ist die Suche nach einem Selbstverständnis, indem man anderen hilft oder sich für sie aufopfert, und es basiert stark auf dem »Sollen«, auf Verpflichtungen, emotionaler Erpressung und der Angst, zu viel eigene Persönlichkeit zu haben, was zu Entfremdung oder Verlassenwerden führen könnte. Man möchte gut sein und gut dastehen, indem man seine guten Absichten zeigt oder sich selbst unnötig aufopfert, inklusive des Gefühls, ein Niemand zu sein, wenn man nicht etwas für andere tut.

Wenn Sie nur schwer oder gar nicht Nein sagen können, dann glauben Sie, es sei Ihre Pflicht, Ja zu sagen; andernfalls glauben Sie, die Person zu verletzen oder sie im Stich zu lassen. Sie müssen sich gebraucht fühlen und fürchten, dass Ihr Gegenüber allein nicht zurechtkommt, dass das Problem ohne Sie nicht gelöst werden kann oder dass Sie nicht überleben und entlassen werden, weil Sie Nein gesagt haben. Selbstlosigkeit ist Ihre Strategie, gut und hilfreich zu sein und zu erscheinen, weshalb ein Nein purer Egoismus und geradezu ein Verstoß gegen einen ethischen Kodex ist.

Anstatt in das Leben und die Probleme anderer Menschen als Sie selbst involviert zu sein und von diesem Standpunkt aus Ja oder Nein zu sagen, opfern Sie sich auf und sind bereit, alles fallen zu lassen, auch sich selbst, und zwar angeblich, ohne eine Gegenleistung zu erwarten. Vielleicht haben Sie als Retter, eventuell durch gute oder bemühende Eigenschaften, ein gewisses Maß an Sinn und Wert im Leben erlangt oder wollten tatsächlich helfen, doch Ihnen fehlen Bestätigung, Anerkennung, Beziehung oder Erfahrung, mit denen Sie sich Ihrer Ansicht nach ganz fühlen würden.

Das Bedürfnis, gebraucht zu werden, ist der Kern Ihrer Probleme, weil sich dahinter ganz andere Ziele verbergen. Sie erscheinen so selbstlos, voll guter Absichten und auf das Wohl anderer bedacht, dass niemand erwartet, dass Sie etwas zurückhaben wollen.

Sie tun so, als hätten Sie keine Bedürfnisse, keine Absichten oder als würde Sie nichts belasten, merken dabei aber nicht, wie unaufrichtig Sie eigentlich sind. Ob Sie wollen, dass Ihre Tugendhaftigkeit gesehen wird, oder Sie sich selbst aufopfern, Sie haben nicht verstanden, dass Sie aus den falschen Gründen so freigiebig sind. Sie sehen eventuell nicht, wo Sie sich selbst schaden und Ihre Grenzen überschreiten oder wo Sie sich einmischen und manches Verhalten erst möglich machen.

Gaby fühlte sich von ihrer Familie unter Druck gesetzt und ausgenutzt, gleichzeitig aber auch zu schuldig, um sich zu wehren. Die Erkenntnis, wie ihr Handeln ihr ein Gefühl der Kontrolle vermittelte, das ihr die Angst nahm, ihr Leben selbst in die Hand zu nehmen, aber auch, dass sie sich in einem Teufelskreis befand, der genau das Verhalten ermöglichte, das sie angeblich nicht mochte, half ihr, ihren Anteil an dem Problem zu sehen. Wie viele Pleaser wollte sie etwas beweisen oder bekommen, das sie bereits hatte. Ihre Hilfsbereitschaft hatte sie ja auch mehr als bewiesen.

Natürlich soll man anderen helfen, sie unterstützen und gegebenenfalls auch retten, aber das muss mit Grenzen geschehen, sonst machen wir die Menschen zu Problemen, an denen wir unseren emotionalen Ballast und unser Ego auslassen. Deshalb findet gerade auch eine Veränderung bei der ehrenamtlichen Arbeit in Wohltätigkeitsorganisationen statt, denn wenn man die Menschen weiterhin als Problem betrachtet, entmenschlicht man genau diejenigen, denen man helfen will.[8]

Es mag schockierend sein, dass Sie nicht so selbstlos sind, wie Sie denken, aber das ist gut so, denn diese Maskerade tötet Ihren Geist und brennt Sie womöglich aus. Aber – und hier kommt der springende Punkt – opfern ist nicht dasselbe wie *geben*, und wann immer Sie geben oder retten, müssen alle anderen nehmen oder sich selbst zum Opfer machen, und solche Grenzen helfen wirklich niemandem weiter.

Die Gefühle und Bedürfnisse, die Sie vorgeben, nicht zu haben, und der Glaube, dass die Menschen »alles, was Sie getan haben« nicht zu schätzen wissen, zeigen Ihnen, dass Sie auf sich hören und für sich selbst sorgen müssen. Ihr Helfersyndrom ist im Grunde eine Doppelmoral, bei der Sie so tun, als hätten Sie keine eigenen Bedürfnisse, während Sie die Bedürfnisse anderer überhöhen oder sogar übertreiben und sich selbst für sie verantwortlich machen, während Sie für sich selbst zu wenig Verantwortung tragen. Und weil Sie ja so »stark« sind, lassen Sie niemanden an sich heran und verhalten sich, als wären die anderen die Einzigen mit Problemen, bis Sie schließlich ausgebrannt sind. Sie geben etwas, das Sie sich selbst nicht geben, während Sie gleichzeitig von anderen erwarten, das für Sie zu tun, was Sie selbst nicht für sich tun.

Auf einer gewissen Ebene denken Sie, dass Sie immer viel mehr geben werden als andere oder dass Sie schon so viel in Ihrem Leben getan haben, dass Sie fast über jeden Vorwurf erhaben sind oder dass es für das Gegenüber nicht so schwer sein sollte, das alles wenigstens ein bisschen zu erwidern.

Doch Sie wollen Glück, ohne gesehen zu werden, ohne wirklich von Ihnen selbst als eigenständige Persönlichkeit mit gesunden Grenzen auszugehen. Sie tun so, als wüssten Sie nicht, was vor sich geht und als beträfe es Sie nicht, doch Sie sind auch wichtig, und das müssen Sie sich nicht erst verdienen. Andere Menschen wissen nicht, wie sehr Sie sich selbst emotional zu Ihrer Hilfe erpressen, und wenn Sie sich dabei nicht aufrichtig gut fühlen, ist es keine Hilfe, sondern eine versteckte Absicht.

HÄUFIGE VERHALTENSWEISEN

- Sie haben eine Vorliebe für problembehaftete Beziehungen, in denen Ihrer Überzeugung nach Ihre Gegenwart allein schon Gutes bewirkt, oder Sie machen sich so unentbehrlich oder haben eine so positive Auswirkung auf den anderen Menschen, dass dieser bei Ihnen bleiben sollte, weil er – theoretisch – ja gar keinen Grund zum Gehen hat.

- Sie haben Angst, anderen Unannehmlichkeiten zu bereiten, weil diese dann schlecht von Ihnen denken oder Sie nicht brauchen könnten oder Sie das Gefühl haben würden, nichts zu sagen zu haben.
- Sie sind immer für Ihre Familie da und werden regelmäßig in deren Dramen verstrickt, weshalb Sie manchmal Ihre eigenen Verpflichtungen vernachlässigen.
- Sie sind stolz darauf, verständnisvoll und mitfühlend zu sein, und bezeichnen sich vielleicht auch selbst als empathisch, und Sie denken, dass man Menschen doch helfen muss, wenn man es kann.
- Vielleicht meiden Sie enge Beziehungen in Freund- oder Partnerschaften, weil Sie Angst haben, nicht mehr helfen zu können, wenn Ihr Gegenüber emotional gefestigter ist und über Grenzen verfügt und daher Ihr Verhalten infrage stellt.
- Sie machen sich bei Menschen unentbehrlich, mit denen Sie nicht auskommen, damit Sie sie nicht verärgern (oder Sie wie ein schlechter Mensch wirken oder sich vorkommen), wenn Sie ihnen mitteilen, was Sie nicht mögen oder womit Sie sich unwohl fühlen.
- Sie entschuldigen Menschen, auch wenn Sie ganz genau wissen, dass diese sich nicht gut verhalten haben, und geben anderen auch noch die hundertste »zweite Chance«, um der Wahrheit nicht ins Auge sehen zu müssen.
- In Ihren romantischen Beziehungen sind Sie der emotionale Airbag und sorgen für eine weiche Landung, wenn die neue Partnerin/der neue Partner gerade aus einer zerbrochenen Beziehung kommt, oder Sie saugen die Emotionen der anderen Person auf oder schirmen sie davon ab, sich der Verantwortung zu stellen, sei es sich selbst oder der Beziehung gegenüber, indem Sie den Löwenanteil übernehmen.

- Sie drängen Partnern oder Freundinnen Geld oder Dinge auf, auch wenn sie nicht darum gebeten haben, und fordern dann eine Gegenleistung, wenn das Verhältnis schlechter wird.
- Von Ihnen wird erwartet, sich im Fall von Krankheit oder zusätzlichen Bedürfnissen um einen älteren Verwandten zu kümmern, weil Ihre restliche Familie verschwindet oder davon ausgeht, dass Sie am verantwortungsvollsten oder »gut« darin sind, Dinge in Ordnung zu bringen.

STÄRKEN *UND* PROBLEME

- Sie können Menschen gut miteinander in Kontakt bringen, zwischen ihnen vermitteln und Probleme erkennen und lösen, weshalb Sie allerdings auch oft in die Probleme anderer Menschen verstrickt werden und sich übermäßig verantwortlich für eine Lösung fühlen. Oder Sie konzentrieren sich zu sehr darauf, ein weiteres Problem zu finden, auch wenn für Ihr Gegenüber bereits alles geklärt ist.
- Menschen in Not kommen – möglicherweise in allen Lebensbereichen – immer zu Ihnen, weil Sie so zupackend, verständnisvoll, unterstützend und lösungsorientiert sind, weshalb Sie sich gleichzeitig benötigt, wertgeschätzt und nützlich fühlen, aber auch einseitig gesehen, ausgenutzt und schlecht behandelt. Zugleich haben Sie aber zu sehr Angst davor, nicht gebraucht zu werden.
- Sie sind sehr widerstandsfähig, weil Sie Sachen erledigen können, viel aushalten und mit Leib und Seele für andere da sind, doch weil Sie immer stark und zuverlässig sind, bitten Sie nicht um Hilfe und haben Angst, schwach zu erscheinen. Gleichzeitig soll das Umfeld aber auch erkennen, wie sehr Sie gerade kämpfen, und Ihnen helfen, auch wenn Sie die Hilfe schlecht annehmen können, egal wie offensichtlich Sie sie benötigen.

VORSICHT

- Sie müssen aufpassen, dass Burn-out und Krankheit, darunter chronische Erkrankungen, Sie nicht ausbremsen, weil Sie ständig für alle da sind. »Ich bin so nett … Ich versuche nur zu helfen … Ich habe nur versucht zu helfen … Jemand braucht meine Hilfe/meine Unterstützung … Ich verstehe nicht, warum jemand erst zu mir kommt und dann meinen Rat ignoriert … Ich bin erschöpft … Warum kommen alle immer zu mir?«
- Wenn Sie spüren, dass Menschen sich von Ihnen entfernen, versuchen Sie, sie dazu zu bringen, sich Ihnen wieder zuzuwenden, auch wenn sie eigentlich wirklich weiterziehen müssten. Zuerst haben Sie vielleicht so getan, als kämen Sie hervorragend allein zurecht, und jetzt sind Sie plötzlich rundum bedürftig und brauchen genau diese anderen Menschen.
- Sie stellen Ihre Gefühle, guten Absichten und Taten ins Zentrum, wenn Menschen Sie auf Fehler und Verletzungen hinweisen, anstatt die Folgen Ihres Handelns zu akzeptieren.
- Sie stellen Menschen auf Podeste, sich selbst oder andere. Sie beten damit nicht nur im Grunde falsche Götter an, sondern werten alle anderen ab, die nicht auf einem Podest stehen.

SOFORTHILFE

- Wenn sich trotz Ihrer Bemühungen nichts oder nur sehr wenig an einer Beziehung oder Situation ändert, oder selbst wenn sich die Dinge für eine Weile zu ändern scheinen, sie dann wieder zum Status quo zurückkehren, liegt es daran, dass Sie die Verantwortung für ein Problem übernehmen, das nicht Ihres ist. Die Lösung für ein fremdes Problem sein zu wollen funktioniert nie, weil es die anderen daran hindert, eine nötige Lektion zu lernen, und es Sie zu sehr für diese Menschen verantwortlich macht, während Sie für sich selbst zu wenig Verantwortung tragen. Ganz gleich, welche guten Absichten Sie glauben zu haben, ganz gleich, wie sehr Sie sehen, wie andere Menschen kämpfen, Sie müssen sich abgrenzen und Ihre verborgenen Beweggründe herausnehmen, sonst *geben* Sie nicht richtig.

- Überprüfen Sie die Gründe, warum Sie helfen. Ja, Sie haben Angst, was mit dem anderen Menschen passieren könnte, wenn Sie scheitern, doch denken Sie darüber nach, was Sie schon getan haben und ob es wirklich geholfen hat, aber auch, welche Probleme es verursachen könnte, nicht nur für Sie, sondern auch für Ihr Gegenüber.
- Wenn Sie nur zu Ihren Bedingungen helfen oder sich engagieren können oder wenn es in Erwartung einer Gegenleistung geschieht, halten Sie inne. Wenn es Ihnen in dieser Beziehung nur gut geht, wenn Sie eine bestimmte Rolle einnehmen, reproduzieren Sie ein Muster und helfen nicht uneigennützig und ehrlich. Wie könnten Sie Hilfe und Unterstützung sein, ohne es als Ihre *Aufgabe* in der Beziehung zu sehen oder Erwartungen an Ihr Gegenüber zu stellen, was dieses im Gegenzug sein und tun sollte?

7

DER LEIDER

In den Jahren seit ihrer Scheidung hatte Mariamas Ex sie bei jeder Gelegenheit niedergemacht, obwohl er sich nicht aktiv am Leben der Kinder beteiligen wollte, sie weder regelmäßig besuchte noch Unterhalt zahlte. Obwohl sie dazu gedrängt wurde, den Rechtsweg zu beschreiten, um sich und die Kinder zu schützen und der Situation dringend nötige Grenzen zu setzen, weigerte sie sich, weil die Kinder nicht denken sollten, sie würde ihnen eine Beziehung mit ihrem Vater verbieten. Sie dachte, eine gute Mutter zu sein und ihn nicht auf Unterhaltszahlungen zu verklagen oder ihm Grenzen zu setzen und zu zeigen, dass er sie nicht ständig schlecht behandeln durfte, würde ihn dazu bringen, »nett zu sein«.

Stattdessen machte er ihr das Leben nur noch mehr zur Hölle, was in einer schrecklichen Auseinandersetzung vor den Augen der Kinder gipfelte. Erst als er sich weigerte, ihren Schmerz und die Auswirkungen dieser hochgradig belastenden Situation, einschließlich ihrer PTBS, anzuerkennen, zog sie schließlich einen Schlussstrich. Für eine kurze Zeit.

Doch selbst nachdem sie den Kontakt eingeschränkt hatte, hoffte Mariama immer noch auf einen Erweckungsmoment bei ihm, in dem er ihre ganzen guten Taten erkannte, sich entschuldigte und die Dinge wieder in Ordnung brachte. Sie ärgerte sich, dass sie die überfälligen Grenzen setzen musste, und empfand es als unfair, da sie nichts falsch gemacht hatte. Sie dachte, durch Leiden könne man die Menschen dazu bringen, ihr Verhalten zu ändern, und dass es zeige, was für ein guter Mensch man selbst doch sei, ohne zu merken, dass sie sich dadurch nicht aus Situationen befreien konnte, die sie und ihre Kinder verletzten.

> Beim Leiden setzt man sich bewusst oder unbewusst immer wieder Not, Schmerz und Frust aus, um »gut« zu sein, die Gefühle und das Verhalten anderer Menschen zu beeinflussen und Aufmerksamkeit auf ein Bedürfnis zu lenken.

Hauptantrieb und Motivation für das Leiden ist ironischerweise die Tatsache, dass man sich dadurch sicher und wertvoll fühlt und deshalb *leiden muss.* Leiderinnen und Leider zeigten vielleicht schon immer diese Verhaltensmuster, es kann sich aber auch um eine leidende Version der anderen Pleaser-Typen handeln, bei der die Person zu weit gegangen und in ihr Schwert gefallen ist. Leider versuchen immer wieder zu zeigen, wie gut sie sind, um einen Menschen dazu zu bringen, sie anzuerkennen, zu schätzen oder so zu lieben, wie sie es sich wünschen, auch wenn sie sich damit weiteren Verletzungen aussetzen und ihre Qualen verlängern.

Pleaser, die das Gefühl haben, immer den Kürzeren zu ziehen und ständig schikaniert oder missverstanden zu werden, werden sich in diesem Typ und den folgenden Rollen wiedererkennen:

Der Sündenbock	Der Unruhestifter/Rebell
Der Schwache	Der Verkorkste
Der, der keinen Erfolg haben darf	Der Wahrheitssager
Das Problemkind	Der Außenseiter/Das schwarze Schaf

URSACHEN

Im Umfeld von Leiderinnen und Leidern vertrat man oft die Einstellung, dass Leiden einen zu einem guten oder besseren Menschen macht, oder Menschen wurden wie Probleme behandelt, oder deren Schwierigkeiten wurden ignoriert oder heruntergespielt, egal wie akut oder real sie waren. Positiv über sich selbst oder seine Leistungen zu sprechen, könnte als angeberisch, narzisstisch oder überheblich angesehen worden sein. Ein Erwachsener könnte sich selbst zum Märtyrer gemacht oder Misshandlungen in der Ehe oder sogar durch die Kinder geduldet und so eine Haltung vorgelebt haben, in der er nicht nur ausgenutzt oder missbraucht wurde, sondern auch sich selbst vernachlässigte.

Leider lernen sie, eine Identität aufzubauen, die sie im Wesentlichen zu den »besten Schlechtesten« macht. Dadurch fühlen sie sich »besonders«, wenn auch auf negative Weise. Sie erhielten Aufmerksamkeit, weil andere ihre Probleme an ihnen auslassen durften, weil sie sich zurückhielten oder weil sie weiterhin klaglos ertrugen, was jemand ihnen antat.

Manche schauten sich diese Rolle auch von anderen ab. Wenn die kollektive Identität einer Familie das Leiden ist, haben sich vielleicht alle gegenseitig zu übertrumpfen versucht, wer es am schwersten hat. Der Leider hatte vielleicht das Gefühl, er dürfe es nicht »zu gut« haben, um nicht negativ aufzufallen, weshalb er die Opferrolle annahm und damit seine Schuldigkeit in der Familie tat.

Vielleicht war es eine Auszeichnung auszubrennen, sich herumschubsen zu lassen oder sogar Missbrauch in einer Partnerschaft zu akzeptieren, weshalb es erstrebenswert schien, im Job zusammenzubrechen oder von den Problemen anderer Menschen oder der Beziehung völlig erschöpft zu sein.

Manche wurden zum Leider, weil sie immer das Problem waren – jemand aus ihrem Umfeld machte sie zur Stellvertreterin oder zum Stellvertreter für seine Probleme. Und so lernte die Leiderin oder der Leider wider Willen, aus der Rolle des Sündenbocks einen Wert abzuleiten, da man auf diese Weise »gebraucht« wurde, oder sie beziehungsweise er hatte Angst, verlassen zu werden und nirgendwo hinzukönnen. Es war die »Aufgabe« der Leider, die Verantwortung anderer Menschen zu verbergen und die Illusion der Lüge aufrechtzuhalten, die sie sich selbst erzählten. Auf verdrehte Art und Weise hofften sie auf Vergeltung und Anerkennung, wenn diese Personen eines Tages die Lügen eingestehen und zugeben würden, wie großartig die Leider doch waren. Diese könnten jedoch leugnen, den Leider zum Sündenbock gemacht zu haben, und sich selbst als Opfer hinstellen, womit sie den Leider natürlich weiter als Sündenbock behandeln.

Vielleicht war der Leider auch das Ziel eines Geschwisterkindes, das ihm das Leben zur Hölle machte und ihn damit isolierte, indem sich alle gegen ihn verbündeten. Vielleicht wurde ihm nicht geglaubt oder seine Bedenken wurden abgetan, vor allem, wenn er der Älteste war und »ein Vorbild« sein sollte. Die Geschwister konnten vielleicht ungestraft lügen oder dem Leider sogar ihre »Verbrechen« anhängen, und er erkannte, dass er es, egal wie gut, brav, anständig er war, egal wie sehr er sich bemühte, egal wie viel er half oder versuchte, Unannehmlichkeiten zu vermeiden, niemandem recht machen konnte und niemand Partei für ihn ergriff.

Wenn alle Augen auf jemand anderen gerichtet waren, vielleicht weil diese Person besondere Bedürfnisse hatte oder weil sie zum Favoriten ernannt worden war (oder man sie dafür hielt), lernte der Leider vielleicht, die Rolle des Zweitbesten oder des Schlusslichts zu spielen. In der Kindheit oder im späteren Leben hat er den Schmerz dann selbst gesucht, um endlich die nötige und ersehnte Unterstützung zu bekommen. Nachdem Leiderinnen und Leider ihre Kindheit und einen Teil des Erwachsenenalters lang geglaubt hatten, sie wären ein Riesenproblem oder eine

Last, und dann herausgefunden haben, dass das nicht stimmt, versuchen sie, das zu bekommen, was ihnen zusteht. Entweder wollen sie andere dazu bringen, die gemachten Erfahrungen zu bestätigen und Versagen anzuerkennen, oder sie bereiten ihnen neue Probleme, damit sie sie endlich besser unterstützen und die Fehler der Vergangenheit wiedergutmachen.

Vielleicht bekamen sie, wenn sie krank waren oder Probleme hatten, auch zum ersten Mal die Aufmerksamkeit ihrer Eltern. Oder wussten zumindest, dass die Eltern sich um sie sorgten und sich nicht auf ein anderes Geschwisterkind konzentrierten. Manchmal konkurrierten Geschwister mit ihren Problemen um die Aufmerksamkeit der Erwachsenen, und der Leider ließ sich davon mitreißen oder gab auf, trat in den Hintergrund, übernahm übermäßig viel Verantwortung und gab vor, keine Bedürfnisse zu haben, und fiel dann als Erwachsener in dieses Verhalten zurück.

Die Leiderinnen und Leider erkannten vielleicht sogar, dass sie sich nur dann mit ihrer Familie verbunden fühlen oder Aufmerksamkeit auf sich ziehen oder erhalten konnten, wenn sie Probleme hatten, und deshalb glauben sie unbewusst, nicht allein zurechtzukommen, oder geraten immer wieder in schwierige Situationen und Beziehungen, weshalb andere – zum Beispiel die Eltern – einspringen und sie retten müssen. Daraus kann sich die Angst entwickeln, dass es ihnen besser gehen könnte, weil sie dann die Aufmerksamkeit verlieren oder die anderen aus ihrer Rolle verdrängen würden. Sie haben vielleicht sogar das Gefühl, dass sie ein Elternteil im Stich lassen, wenn sie sich weiterentwickeln, und fallen deshalb unbewusst zum Beispiel in eine Sucht zurück, um nicht erwachsen werden zu müssen, aber auch, damit der Elternteil sich nicht überflüssig fühlt. Dieser könnte zum Beispiel ein Retter sein, der diese Dynamik nicht erkennt.

Leiderinnen und Leider lernen ihre Rolle oft auch dadurch, dass Schmerzen und Traumata nicht anerkannt wurden oder sie für diese keine Unterstützung erhielten, sie vielleicht sogar als hypochondrisch bezeichnet wurden, sodass sie an ihren Schmerzen festhalten, um auf die ursprüngliche Vernachlässigung aufmerksam zu machen und endlich das zu bekommen, was sie brauchten. Der Leider leidet unter der Ungerechtigkeit, dass jemand anders der Favorit oder die Priorität war, obwohl er selbst die größeren Bedürfnisse hatte. Besonders belastend kann dies sein, wenn der Betroffene etwas Traumatisches erlebt hatte und auch dann noch die andere Person im Mittelpunkt stand, obwohl sie zu diesem Zeitpunkt geringere Bedürfnisse hatte. Selbst wenn der Leider eigene Erfolge erzielte, hatte er vielleicht das Gefühl, er müsste die anderen dazu bringen, das anzuerkennen, was sie in der Vergangenheit ignoriert hatten. Die Familie hat vielleicht Missbrauch ausgeblendet oder weggesehen oder zusammengehalten, als der Leider sie damit konfrontierte, worauf er von der Gruppe isoliert wurde und sich im Stich gelassen fühlte. Vielleicht will der Leider seine Familie immer noch dazu bringen, das ihm zugefügte Unrecht anzuerkennen, auch andere, die ebenfalls Opfer waren, nur um wieder nicht gehört und ernst genommen zu werden.

Auch wenn es Leiderinnen und Leidern nicht bewusst ist und sie nicht wissen, wozu es gut sein soll, suchen sie nach Wiedergutmachung. Sie versuchen, Schuld wegen etwas abzuzahlen – zum Beispiel, dass ihre Eltern zu wenig für sie da waren oder sie traumatische Erfahrungen gemacht haben, auch wenn sie nicht schuld daran waren. Sie versuchen aber auch, bei anderen Schuldgefühle zu wecken. Indem sie die Schuld auf sich nehmen, versuchen sie, ihr Leid so deutlich zu machen, dass andere darauf eingehen.

Da Leider beweisen wollen, wie gut sie sind und sich die Befriedigung ihrer Bedürfnisse durch Leiden verdienen, können die unausweichlichen Dinge des Lebens zutiefst triggernd wirken, da sie als Ablehnung ihrer Opferrolle und ihrer Erfahrungen empfunden werden. Nach dem Motto: »Himmel, was muss ich denn noch alles aushalten?« Sie rechnen mit Enttäuschungen und

Verletzungen und sind gleichzeitig überrascht, wenn man sie nicht mag oder ihnen widerspricht oder nicht auf ihren Schmerz eingehen will.

Wie alle anderen Pleaser wollen sie sich das Recht verdienen, alles einzuschränken oder zu vermeiden, was sie verunsichert, aber sie setzen Verletzungen auch ein, um Verbindungen aufzubauen und umsorgt zu werden. Wenn die Dinge nicht nach ihren Vorstellungen laufen oder wenn sie sich zu wenig unterstützt und vernachlässigt fühlen, bricht der ganze uneingestandene Schmerz wieder hervor. Sie denken: »Nach allem, was ich erlitten habe, wagt ihr es, mich so zu behandeln und mich immer noch nicht zu akzeptieren!«, was nicht nur tiefen Schmerz, sondern auch Wut über die fehlende Anerkennung auslöst. Nach allem, was sie durchgemacht haben, sollte man ihnen ihrer Meinung nach entgegenkommen und sich mit zum Beispiel Kritik zurückhalten.

Es fällt ihnen schwer zu verstehen, warum jemand sie nicht mag, ihnen widerspricht oder sich trotz ihres Leidens nicht ändern will, ohne zu verstehen, dass die Person sie gerade wegen ihrer Märtyrerattitüde für unaufrichtig halten könnte. Und Menschen, die andere gern ausbeuten und verletzen, werden sich dieses Bedürfnis, durch Leiden zu gefallen, zunutze machen.

Leider, die ihre Grenzen im Wesentlichen als Währung benutzt und zugelassen haben, dass man über sie hinwegtrampelt, fühlen sich verständlicherweise ausgenutzt und missbraucht, sind aber auch verwirrt, weil sie nicht verstehen können, warum jemand die Dinge nicht wieder in Ordnung bringen und mit diesem Verhalten aufhören will, oder warum jemand keine Beziehung mit einem Menschen haben will, der doch alles auf sich nimmt. Sie halten Leidensbereitschaft für bedingungslose Liebe. Zurückweisung kratzt an der Lüge, dass sie nur die Rolle aus ihrer Kindheit und über die sie sich definieren verkörpern dürfen. Anstatt Nein zu sagen, nehmen sie die Situation hin, lassen

Verletzungen und Groll immer mehr werden und rechtfertigen dann damit ihren abrupten Ausstieg aus etwas oder ihren Wutausbruch.

Dies führt zu einer Opfer-Ärger-Dynamik, die auch bei Rettern auftritt. Sie opfern sich auf und quälen sich, gleichzeitig ärgern sie sich darüber, das tun zu »müssen«. Sie wollen, dass die andere Person sich ändert, und argumentieren, dass es zu deren Vorteil wäre, ohne zu erkennen, dass es in Wirklichkeit um sie selbst geht.

Leiderinnen und Leider warten darauf, gerettet zu werden, und wenn das nicht geschieht, leiden sie noch mehr, um vielleicht letztendlich doch noch gerettet zu werden. Sie denken, dass sie sich Glück verdienen und Gutsein durch Leiden beweisen müssen und dass es eine magische Menge an Leiden gibt, nach der sich plötzlich alles im Leben zum Guten wenden wird. Stattdessen machen sie den Weg frei für noch mehr Schmerz, weil sie nicht erkennen, dass das Leiden ihre Identität ist und sie das Gefühl haben, sich nicht ändern zu dürfen, weshalb sie macht- und hilflos bleiben. Was überhaupt nicht nötig ist.

SIE WISSEN, DASS SIE EIN LEIDER SIND, WENN ...

- Sie beweisen wollen, wie gut Sie wegen Ihres Leids und Ihrer Nöte sind und wie sehr Sie Zuwendung verdienen. Das Leiden ist Ihr wichtigstes Mittel, um Ihr Selbstwertgefühl zu steigern, es anderen recht zu machen und sie dazu zu bringen, auf Ihre Bedürfnisse, Wünsche und Erwartungen einzugehen.
- Sie nicht Nein sagen, weil Sie glauben, dass Sie etwas ertragen müssen und keine andere Wahl haben. Sie haben das Gefühl, als hätten Sie sich das Recht dazu noch nicht verdient, Sie haben Angst, dass Menschen sich von Ihnen abwenden und Ihre

Bedürfnisse nie erfüllen werden, oder Sie fürchten sich insgeheim davor, Verantwortung für sich selbst zu übernehmen.

- Sie an alles denken, was Sie haben durchgehen lassen, die Chancen, die Sie anderen Menschen gegeben haben, wenn das Leben nicht nach Ihren Vorstellungen verläuft, wenn Menschen Sie verärgern, zurückweisen oder enttäuschen oder Sie keine Wertschätzung und Anerkennung bekommen, damit diese Sie nicht mehr verletzen. Sie denken an alles, was Sie ertragen haben, um zu beweisen, wie gut oder liebevoll Sie sind (oder dass Sie nicht das sind, was andere von Ihnen behaupten), Sie fürchten, dass diese Menschen andere von Ihrer Schlechtigkeit und Unwürdigkeit überzeugen, oder dass es Ihre Schuld ist und Sie einfach kein Glück haben oder nie gut genug sind.
- Sie Menschen sagen, was diese Ihrer Meinung nach hören wollen (oder manchmal, was *Sie* wollen, dass sie hören), weil Sie hoffen, dass diese sich dann schuldig und verpflichtet fühlen, alles zu erwidern und Ihre Bedürfnisse, Wünsche und Erwartungen zu erfüllen.
- Ihr Pflicht- und Schuldgefühl sehr stark ausgeprägt ist, weshalb Sie denken, es sei Ihre Pflicht, um anderer Menschen willen zu leiden oder an Ihrem Verhaltensmuster festzuhalten, damit sich an der Beziehung oder der Familiendynamik nichts ändert.
- Sie glauben, dass Leiden ein Zeichen dafür ist, wie gut Sie sind und dass es sich irgendwann auszahlen wird und Sie endlich die Wertschätzung und Anerkennung bekommen werden, der Sie hinterherjagen.

Dieser Pleaser-Typ ist oft am wenigsten offensichtlich, weil Sie und sogar die Menschen in Ihrer Umgebung nicht merken, dass eine schmerzhafte Dynamik aufrechterhalten werden soll, an der jeder bis zu einem gewissen Grad beteiligt ist. Je nachdem, wie sehr Sie leiden, haben Sie auch nicht das Gefühl, als wollten Sie es jemandem recht machen. Auf einer gewissen Ebene denken Sie jedoch, dass Sie so sein müssen und dass es ein Problem wäre, wenn Sie damit aufhören würden.

Ihr Selbstverständnis beruht darauf, dass Sie das Opfer waren und zu kämpfen hatten. Das heißt nicht, dass Sie kein Opfer waren, aber Ihr Blick durch diese Linse zeigt Ihnen einen verletzbaren Menschen oder jemanden, den alles bisher Ertragene zu sehr niedergedrückt hat. Er beeinflusst, wie Sie sich selbst wahrnehmen und was Sie von der Welt erwarten. Leiden beruht in hohem Maß auf einem Gefühl der Ausweglosigkeit, des *Sollens* und der Opferrolle und stellt daher den Schmerz und das Opfersein über alles andere, was noch mehr Schmerz erzeugt.

Wenn es Ihnen schwerfällt, Nein zu sagen, oder Sie es gar nicht können, dann liegt das daran, dass es Ihrer Opferidentität widerspricht. Sie haben das Gefühl, keine Wahl zu haben, und wollen den Menschen nicht noch einen Grund geben, ein Problem mit Ihnen zu haben oder Sie zu verletzen, weshalb Sie sich schlecht behandelt, als Opfer und machtlos fühlen müssen.

Ein Nein erschöpft Sie, und wenn Sie sich nicht mehr über etwas ärgern oder als Opfer fühlen, dann erfüllen Sie nicht mehr Ihre Rolle und andere Leute nicht die ihre.

Wegen allem, was Sie durchgemacht haben, und weil man Sie in Ihrer Not wiederholt nicht ernst genommen und unterstützt hat, ist die Vorstellung, Sie selbst zu sein, kompliziert, nicht zuletzt, weil Sie nicht sicher sind, wer Sie ohne diese Probleme überhaupt sind, oder weil sich ein weiteres Drama ankündigt. Vielleicht haben Sie gelernt, aus dieser Rolle ein gewisses Maß an Akzeptanz und Sicherheit zu beziehen, und wollen am Status quo nichts ändern, vor allem nicht mit einer Familie, die sich vielleicht auf diese Rolle verlässt, auch wenn das niemand zugibt. »Ich habe damit angefangen, also muss ich es auch zu Ende bringen«, könnten Sie sich denken und so lange weitermachen, bis Sie zusammenbrechen. Ihr Leiden könnte einem ähnlichen Muster folgen (zum Beispiel hochemotionale Liebesbeziehungen, immer wieder derselbe Streit mit der Familie), während andere Bereiche Ihres Lebens ruhig verlaufen, oder Sie haben an allen Ecken und Enden mit Drama zu kämpfen, oder Sie haben das Gefühl, als würden Sie von einer Sache in die nächste schlittern.

Die Überzeugung, leiden zu müssen, ist die Wurzel Ihres Schmerzes. Wir Menschen haben ein breites Spektrum an Bedürfnissen, aber Leiden gehört nicht dazu. Es ist jedoch der Deckmantel für andere Bedürfnisse, die Sie abwechselnd verleugnen und offenbaren. Über das Leiden bauen Sie Verbindungen auf und versuchen, Aufmerksamkeit, Zuneigung und mehr zu bekommen, und deshalb denken Sie, Sie könnten nur etwas tun oder sein, wenn es Ihnen damit bis zu einem gewissen Grad schlecht geht. Sie versuchen, die Gefühle und das Verhalten anderer Menschen durch Selbstaufopferung zu beeinflussen und zu kontrollieren, doch dadurch fügen Sie sich nur noch mehr Leid zu. Wenn Kampf und Schmerz für Sie ein Beweis für Anstrengung und Gutsein sind, werden Sie sich nicht in Situationen begeben, die nicht schmerzhaft sind. Unbewusst und manchmal auch bewusst bringen Sie sich in Gefahr oder zwingen sich zum Leiden.

Das sehen wir bei Mariama, die ihren Ex hätte ruhigstellen können, aber dann wäre sie nicht mehr diejenige gewesen, die seinen Angriffen ausgesetzt ist. Sie hätte ihre Identität verloren. Ihr war nicht bewusst gewesen, dass sie sich wie eine Teilnehmerin an Olympischen Spielen verhielt, bei denen sie am Ende für ihr ganzes Leiden belohnt wird. Ja, das Verhalten ihres Ex war verletzend und unfair, doch weil sie an ihrer Leidensrolle festhielt, um ihm etwas klarzumachen, übersah sie, dass sie zum Wohl ihrer Kinder und zu ihrem eigenen Grenzen setzen musste.

Menschen erleben Schmerz, Probleme und Traumata, und sie leiden darunter, und ja, manchmal leiden sie ohne ihr eigenes Zutun, sie leiden, weil andere ihnen etwas vorenthalten, auch wenn diese die Macht hätten, etwas zu ändern, wie zum Beispiel bei Armut, Hunger oder dem Zugang zu Gesundheitsversorgung.

Leiden ist jedoch nichts, was man als Auszeichnung oder als Anspruch auf das, was einem nach eigener Ansicht zusteht, benutzen sollte, ohne zu erkennen, was man sich selbst damit antut. Sie verstecken Ihre Absicht dahinter, nett und die Person zu sein, die leidet, erkennen aber nicht, wo Ihr Gegenüber Sie nicht mehr verletzen soll, damit es Ihnen besser geht, und gestehen sich nicht ein, was Sie sich selbst durch die Verweigerung von Grenzen antun.

Zweifellos haben Sie viel durchgemacht, doch ironischerweise verleugnet gerade Ihr Leiden diese Tatsache, weil Ihre Identität Ihnen keinen Zugang zu Unterstützung, Ressourcen, Beziehungen und Dingen ermöglicht, die von Ihrer Rolle abweichen. Ihr People Pleasing verlängert Ihr Leiden also nur. Obwohl Sie vielleicht einige dieser Dinge haben, halten Sie sich unbewusst davon ab, »zu viel« zu bekommen, weil das nicht zu Ihrer Identität passt. Deshalb sabotieren Sie sich vielleicht auch selbst, wenn Sie sich für gesündere Umstände oder Menschen entscheiden könnten, weil Sie nicht glauben, es wert zu sein.

Was Sie machen, ist nicht gut, und niemand hat ein Recht darauf, dass Sie ihm auf diese Weise »gefallen« wollen. Leiden ist ein Märchen, in dem die oder der gute Leidende Schmerzen in einem Glücksspiel erträgt, bei dem man jetzt verliert, um später einen großen Gewinn abzusahnen, doch dabei verliert man sich nur noch mehr. Grenzen, die Sie oft als Strafe empfinden und die Schuldgefühle hervorrufen, sind genau das, was Sie befreien und schützen wird.

HÄUFIGE VERHALTENSWEISEN

- Typische Gedanken sind: »Ich muss an letzter Stelle stehen. Ich habe kein Glück. Es ist meine Schuld. Es wollen mich doch sowieso alle nur hereinlegen. Ich muss das ertragen, ich habe keine Wahl. Ich liebe zu sehr. Besser wird es nicht. Ich habe nur getan, was XY wollte. Soll jemand anders im Mittelpunkt stehen, vielleicht bin ich das ja auch mal eines Tages.«

- Sie wappnen sich gegen Verletzungen, damit Sie sich nicht erlauben, Dinge zu sehr zu genießen, oder zu enttäuscht sind, wenn sie schiefgehen. Und wenn etwas schiefläuft, werfen Sie sich vor, zu entspannt gewesen zu sein.
- Sie posten turbulente Ereignisse aus Ihrem Leben in den sozialen Medien, um damit anzudeuten, dass Sie leiden, und beunruhigen damit unter Umständen geliebte Menschen, die sich dann bei Ihnen melden.
- Sie fühlen sich von jemandem gekränkt und verlangen dann schon fast, dass Menschen Partei für Sie ergreifen (»Entweder bist du für mich oder gegen mich«), auch wenn das gar nicht nötig ist.
- Sie fürchten in gewisser Weise, dass, wenn Sie sich erlauben, zu heilen, sich weiterzuentwickeln und »zu viel« zu lernen, die Menschen, die Sie verletzt haben, ihre Fehler nicht erkennen oder sich Ihre Fortschritte sogar auf die eigene Fahne schreiben.
- Sie bleiben mit Ex-Freundinnen und -Freunden und anderen Menschen in Verbindung, mit denen Sie eigentlich keinen Kontakt wollen, die Sie wegen Gefallen oder Ego-Streicheleien ausnutzen, weil Sie nett zu ihnen sind, damit sie Sie nicht verletzen (oder sie sich nicht spontan zu einem besseren Menschen entwickeln, wenn Sie nicht da sind, um davon zu profitieren).
- Sie glauben, dass »Schmerz Liebe ist«, und denken, dass jemand grundsätzlich gut sein muss, der sich aus Liebe zu anderen selbst schadet. Unbewusst werden Sie von schmerzhaften Beziehungen angezogen, in denen Sie das Gefühl haben, je schlechter es Ihnen geht, desto tiefer ist Ihre Liebe.
- Sie weisen Menschen die Rolle des Retters/Problemlösers/Helfers/Heilers zu und ärgern sich dann, wenn diese Sie wie

ein Opfer behandeln, das Kommando übernehmen oder Ihre Erwartungen nicht erfüllen und somit selbst zum Problem werden.

- Sie gehen davon aus, dass alle es besser haben als Sie selbst, weshalb Sie die Probleme eines geliebten Menschen oder die Auswirkungen Ihres Handelns nicht sehen, weil Sie zu sehr in Ihrem Schmerz und Ihren Mühen gefangen sind.
- Sie meiden Beziehungen für mehrere Jahre, sind vorsichtig, doch dann lernen Sie jemanden kennen, der Ihre Mauern einreißt, um Ihr Vertrauen zu gewinnen – und Sie mit dieser intensiven und ungesunden Beziehung verletzt, woraufhin Sie sich verwirrt zurückziehen und sich fragen, warum man Sie schon wieder verletzt hat. Und dann geht das Ganze von vorn los.

STÄRKEN *UND* PROBLEME

- Sie können sehr tough und widerstandsfähig wirken, beschweren sich nicht über hohe Arbeitslast und mögen vielleicht auch die Herausforderung, Probleme zu lösen und Dinge zu organisieren. Es fällt Ihnen allerdings schwer zu kommunizieren, wenn Ihnen die Ressourcen oder die Zeit fehlen oder etwas nicht in Ihren Verantwortungsbereich fällt.
- Auch wenn das in hartem Kontrast zum Leiden stehen kann, können Sie unabhängig sein, eigenständig und selbstsicher, doch dadurch halten Sie Leute vielleicht auf Abstand oder werden isoliert.
- Sie akzeptieren mehr Hilfe als die meisten anderen People Pleaser, haben dann jedoch vielleicht das Bedürfnis, Inkompetenz vorzutäuschen oder jemandes Sozialprojekt zu sein, um Hilfe oder eine engere Bindung zu erlangen.

VORSICHT

- Sie lassen Dinge eskalieren, um ein drängendes Bedürfnis zu schaffen, etwa analog dazu, wenn jemand ein Ereignis übertrieben darstellt, weil er denkt, dass die Wahrheit allein nicht reicht. Ihr Bedürfnis allein ist genug, ohne dass Sie sich unnötigem Schmerz aussetzen müssen.
- Sie gestatten sich nicht, aus einem früheren Fehler oder Scheitern zu lernen, das Sie wahrscheinlich übertrieben oder verzerrt haben. Stattdessen blockieren Sie sich und führen es sich immer wieder vor Augen, damit Sie sich nicht entspannen und es noch einmal versuchen. Damit sind Sie für weiteren Schmerz in der Zukunft prädestiniert.
- Burn-out ist eine Auszeichnung für Sie, und Sie sehen keinen Anlass, die Hintergründe herauszufinden.
- Sie reagieren obsessiv, wenn Sie das Gefühl haben, dass Sie von jemandem ausrangiert und vergessen werden, für den Sie viel auf sich genommen haben.

SOFORTHILFE

- Was ist, wenn Sie nicht der beste oder der schlechteste Mensch sind, sondern einfach … ein Mensch? Man kann sich auf sehr viel bessere Weise gut fühlen, als nach der olympischen Goldmedaille fürs Gutsein zu streben, indem man leidet oder die eigene Minderwertigkeit durch die Auszeichnung »die oder der beste Schlechteste« verschlimmert. Das heißt nicht, dass Sie nicht einiges mitgemacht und dass gewisse Menschen Sie nicht ausgenutzt oder missbraucht haben, doch das macht Sie nicht zur oder zum »besten Schlechtesten«, sondern menschlich.
- Fragen Sie sich selbst: Wer bin ich ohne diese Probleme? Manchmal sind unsere Probleme Teil unserer Identität. Sie

sind mit den Rollen verknüpft, die wir im Leben spielen. Wenn wir das Problem also nicht mehr haben, spielen wir auch die entsprechende Rolle nicht mehr. Wenn wir unsere Identität, unseren Wert und unsere Nützlichkeit über diese Rolle definieren, liegt darin der Grund für unsere Probleme.

- Überlegen Sie, was Ihnen bei anderen Menschen immer auffällt und wichtig ist oder was Sie in zwischenmenschlichen Beziehungen oft frustriert und verärgert. Dann wissen Sie auch, was Sie *brauchen.*

TEIL III

IN SECHS SCHRITTEN ZU EINEM FREUDIGEN NEIN

Bei der Freude, Nein zu sagen, geht es um die Freude, die sich einstellen kann und wird, wenn Sie authentischer und ehrlicher werden, indem Sie sich für einen Wunsch und gegen eine veraltete Programmierung entscheiden. Es geht darum, mit sich selbst in Einklang zu kommen, damit, wer Sie sein wollen, wie Sie sich fühlen und weiterhin fühlen wollen und welche Beziehungen, Gelegenheiten und Aktivitäten wichtig sind. Es geht um die Auswirkungen, die wahre Bedeutung und die Folgen des Neinsagens und darum, wie Ihnen das ein authentischeres Leben ermöglicht. Sie dürfen lebendig sein, anstatt große kleine Lügen zu erzählen.

Wie geht es Ihnen in den Tagen, Wochen, Monaten, Jahren, nachdem Sie zu etwas Nein gesagt haben?

Wie ermöglicht Ihnen ein Nein, auf Ihre Bedürfnisse, Erwartungen, Wünsche, Gefühle und Ansichten zu hören?

Wozu sagen Sie Nein?

Und nachdem Sie Nein gesagt haben – wozu sagen Sie Ja? Was wird möglich, und zu welchem Menschen werden Sie?

Trotz Ihrer Bemühungen, es allen anderen recht zu machen, um sich gebraucht, wertvoll und sinnvoll zu fühlen und Unbehagen und Schmerz zu vermeiden, haben Sie keine Freude am Ja, weil Sie nicht so oft wie eigentlich nötig und gewollt Nein gesagt haben, weshalb auch Ihr Ja nicht authentisch und liebevoll zu Ihnen selbst war. Sie wurden verletzt, möglicherweise sehr.

Manchmal wird Ihnen das Neinsagen gar nicht gefallen, nicht weil es oder Sie falsch sind, sondern weil Sie endlich Ihre Gefühle spüren und erkennen, wie unangenehm Ihnen damit einhergehende Verletzlichkeit und die Möglichkeit, andere zu enttäuschen, sind. Ihr emotionaler Ballast kommt zum Vorschein. In diesem Moment trauern Sie um Ihr früheres Selbst, das es für richtig hielt, einem Nein aus dem Weg zu gehen. Sie lassen nach und nach diese Fantasie, die alten Geschichten und Urteile los und werden dabei ein wenig leichter, weil Sie heilen, wachsen und lernen.

Es kann verlockend sein, in Ihrer ungemütlichen Komfortzone zu bleiben, weil Sie denken, dass sie zumindest vertraut ist und es sicher nicht schlimmer werden kann. Doch es wird schlimmer. Sie bekommen, womit Sie sich begnügen wollen, und Freude, Frieden und Zufriedenheit liegen außerhalb Ihrer People-Pleaser-Komfortzone.

Verabschieden Sie sich vom Streben nach sofortiger Befriedigung und dem Spiel mit Ihrem Wohlergehen in der Hoffnung, irgendwann belohnt zu werden. Sie haben bereits mehr als genug Erfahrung mit einem unauthentischen Ja, selbst wenn es gut gemeint und aus Selbstschutz war, um zu wissen, dass es mehr Probleme verursacht, als es löst. People Pleasing mag ja für den Moment Erleichterung bringen, doch mittel- bis langfristig wird der Kater folgen. Daher ist es Zeit, nicht mehr die Gefühle und das Verhalten anderer Menschen beeinflussen zu wollen, sondern ehrlich Nein *und* Ja zu sagen. Es wird seine Zeit brauchen, aber Sie sind die Investition wert.

In den nächsten Kapiteln stelle ich die sechs Schritte vor, mit denen Sie sich aus dem Kreislauf des People Pleasings befreien können. Schon ein Schritt (alle wären natürlich besser) wird Ihnen helfen, das Muster zu durchbrechen und die nächsten Schritte anzugehen. Lassen Sie uns von Anfang an realistische Erwartungen setzen:

Verkomplizieren Sie die Dinge nicht. Ob Sie jetzt denken, dass Sie nicht nett und liebevoll mit sich umgehen können, bis Sie bewiesen haben, dass Sie richtig Nein sagen können, oder Sie glauben, dass Reparenting (dt. Nachbeelterung) und Grenzen kompliziert sind, oder Sie erwarten, dass Sie keine Fehler machen – alles verzögert nur, dass Sie zu Ihren Grenzen stehen und glücklicher werden.

Es gibt keine Anleitung. Sie müssen etwas tun und sich der Ungewohntheit des Ganzen aussetzen und dabei lernen und sich weiterentwickeln. Sie werden auf sich selbst hören, aufmerksam sein, Dinge vermasseln, wieder aufstehen und es erneut versuchen. Bevor Sie sich sagen, dass Sie das nicht können oder keine Ahnung haben, wie Sie anfangen sollen, überprüfen Sie sich selbst. Sie haben sich die ganze Zeit auf den Kopf gestellt, um es allen anderen recht zu machen. Jetzt werden Sie einen großen Teil dieser Energie auf sich selbst verwenden.

Sie müssen nicht alles auf einmal machen. Damit Sie keine Angst bekommen und einen Rückzieher machen, nehmen Sie sich vor, eine verantwortungsvollere Beziehung mit Grenzen mit sich selbst zu haben. Jeden Tag kleine Schritte zu machen zahlt sich aus. Was Sie manchmal oder immer tun, ist wichtiger als das, was Sie gelegentlich oder selten tun. Wenn Sie also konsequent gesündere Grenzen setzen wollen, wird sich die Investition in Sie selbst auszahlen. Sie werden lernen zu erkennen, was für Sie funktioniert und was nicht.

Ich empfehle, dass Sie Erkenntnisse und Beobachtungen aus diesem Prozess in einem Notizbuch festhalten, auf Ihrem Handy notieren oder einfach dort aufschreiben, wo es immer leicht zugänglich ist. So können Sie nicht nur Ihren Fortschritt dokumentieren – vor allem, wenn Sie ganz menschlich an sich selbst zweifeln –, sondern auch jederzeit nachlesen. Eines Tages in nicht allzu ferner Zukunft werden Sie erkennen, dass Sie nicht automatisch in ein schädliches Verhalten zurückgefallen sind. Vielleicht werden Sie bemerken, dass Sie im Gegensatz zu früher nicht mehr lange über etwas nachgrübeln. Fortschritt.

Fangen wir an.

8

LERNEN SIE IHREN PLEASER KENNEN

Im Herbst 2014, als die Ebola-Epidemie in ihrem Heimatland Sierra Leone wütete, luden wir meine Schwiegermutter für ein paar Wochen zu uns ein, aus denen dann achteinhalb Monate wurden. Ich hatte vorab keine Bedenken wegen ihres Besuchs gehabt, da wir hervorragend miteinander ausgekommen waren, doch nach ein paar Monaten ging ich auf den rohen Eiern ihrer unausgesprochenen Unzufriedenheit mit mir. Als ich ihre Kritik endlich zu hören bekam, zuerst über meinen Mann und dann bei einem Denver-Clan-artigen, buchstäblich pelzmantelschwingenden Showdown zwischen ihr und meiner Mutter, war ich so verletzt und wütend, dass mich diese Gefühle über ein Jahr lang immer wieder überwältigten. Während ich mich daran abarbeitete, das Haus tadellos zu halten und mich jeden Tag in meinem Tagebuch mit meinen Gefühlen und meinem Verhalten zu konfrontieren, lernte ich meinen Pleaser kennen wie noch nie zuvor.

Bei näherer Betrachtung fand ich heraus, dass ich die Beziehung zu meiner Schwiegermutter zwar genossen und geschätzt hatte, meine Wut aber ein Zeichen dafür war, dass ich mich irgendwann zu sehr darauf gestützt hatte, *endlich* die geliebte Tochter von jemandem zu sein – bis ich auf einmal nicht mehr geliebt wurde. Da ich der zutiefst unangenehmen Situation nicht entfliehen und auch nicht so tun konnte, als ginge es mir gut, musste ich meine Pleaser-Gewohnheiten und die Hintergründe genauer unter die Lupe nehmen.

Wenn People Pleaser so wütend, verletzt oder ausgebrannt sind, dass sie nicht mehr höflich oder cool reagieren oder allmählich erkennen, dass sie ein Problem mit dem Neinsagen haben, verfallen sie oft ins genaue Gegenteil ihres bisherigen Verhaltens. Eine ganze Nein-Salve könnte aus uns herausbrechen, als wollten wir die verlorene Zeit wiedergutmachen, und dann ist uns unser Verhalten peinlich, oder wir schämen uns. Oder wir sind verwirrt, warum Menschen, bei denen wir bisher nie Nein gesagt haben, unseren Sinneswandel nicht einfach akzeptieren, damit wir in den Sonnenuntergang zu unserem Happy End reiten können. Auch wenn uns unsere neu entdeckte Macht, Nein zu sagen, zuerst Energie verliehen hat, rudern wir vielleicht zurück, wenn wir das Gefühl haben, dass das Ganze ins Auge geht oder wir nicht die gewünschten Reaktionen erhalten. Und dann sind wir frustriert wegen uns selbst, oder wenn Menschen unausweichlich unsere Grenzen überschreiten, weil wir unseren neuen Standpunkt nicht durchgehalten haben.

Das Zerwürfnis mit meiner Schwiegermutter war nötig, um meinen Pleaser in einem neuen Licht zu sehen, doch erst die genauere Überprüfung meiner Tage und Wochen während dieser Zeit verschaffte mir Antworten und half mir, nach und nach Fortschritte zu machen.

Wenn wir unsere Pleaser-Gewohnheiten und die Auslöser nicht verstehen, werden wir immer wieder von unserem inneren Autopiloten überrumpelt werden. Deshalb ist der erste Schritt, um den Kreislauf des People Pleasings zu durchbrechen, die Identifikation des eigenen Pleasers. Denn was man nicht kennt, kann man nicht ändern, und erst wenn man sein Nein kennt, kennt man auch sein Ja.

Die Übung ist einfach, aber wirkungsvoll und besteht aus zwei Teilen: Eine Woche lang sammeln Sie, wie und wo Sie mit Ja, Nein und Vielleicht reagiert haben, damit Sie ein deutlicheres Bild von Ihren Verhaltensmechanismen bekommen. In der folgenden Woche werden Sie diese Erkenntnisse dazu nutzen, nur noch halb so oft Ja zu sagen.

Wir haben alle unsere eigene Art und Weise, wie wir es Menschen recht machen wollen. Dieser Schritt behandelt daher die Frage: Wie und wo zeigt sich People Pleasing in meinem Leben?

WOCHE 1: VERSCHAFFEN SIE SICH EINEN ÜBERBLICK

In dieser Woche sollen Sie sich ein Bild davon machen, wo Sie Ihre Ressourcen einsetzen. Wenn Sie Dinge tun, die Ihrem Ich entsprechen – Ihren Werten, Ihren persönlichen Grenzen –, gibt Ihnen das Energie. Andere Dinge entziehen Ihnen Energie. Und selbst wenn Sie eigentlich das tun, was Sie tun möchten, wird Sie das auch Energie kosten, wenn Sie dabei nicht genug auf Ihr Wohlbefinden achten. Ein Beispiel: Sie sind Mutter oder berufstätig, aber müssen Sie auch das idealisierte Bild davon verkörpern, das uns Medien und Patriarchat vermitteln? Sie können Sport treiben oder feiern, aber müssen Sie beides exzessiv betreiben?

Natürlich gibt es immer Dinge, auf die man nicht wild ist, aber sie sind eine Voraussetzung, um andere Sachen machen zu können, oder sie sind zu Hause oder im Job eine Hilfe. Grundsätzlich sollten Sie aber das meiste in Ihrem Leben bewusst freiwillig tun. Sie müssen den Autopiloten ausschalten und dürfen sich nicht länger dem ausliefern, was Ihnen das Leben vor die Füße wirft.

Verwenden Sie, was so einfach und leicht zugänglich wie möglich ist, um Ihre Beobachtungen zu erfassen. Überlegen Sie, wie Sie die Informationen dokumentieren wollen. Sie können zum Beispiel Spalten für Ja, Nein und Vielleicht anlegen und Striche eintragen. Oder Sie führen eine Liste. Notieren Sie sich in dieser ersten Woche Folgendes:

Wobei fühlen Sie sich unwohl? Achten Sie darauf, wo es sich in Ihrem Körper bemerkbar macht, welche Gefühle Sie schnell verdrängen wollen und ob Sie zum Beispiel angespannt, unruhig, gereizt etc. sind?

Was verleiht Ihnen Energie, was ermüdet Sie?

Wann haben Sie automatisch Ja gesagt?

Was bringt Sie ins Grübeln oder lässt Sie selbstkritisch werden?

Was verursacht Angst und Unruhe bei Ihnen?

Welche Anrufe und Textnachrichten würden Sie am liebsten gar nicht beantworten?

Wann fühlen Sie sich überfordert?

Bei wem sagen Sie am meisten Ja, und wer profitiert und erwartet von Ihnen, immer Ja zu sagen, auch wenn es zu Ihrem Nachteil ist? Diese Menschen sind Ihr People-Pleasing-Gefolge, bei dem Sie besonders umsichtig Ja sagen müssen.

Daran sollten Sie denken:

- Versuchen Sie, ein möglichst vollständiges Gefühl für Ihr Verhaltensmuster zu bekommen, damit Sie ein wahrheitsgetreueres Bild Ihrer Woche erstellen können. Sie müssen nicht jedes kleine Ja, Nein und Vielleicht notieren – zügeln Sie Ihren inneren Perfektionisten –, aber sammeln Sie von morgens bis abends so viele Informationen wie möglich.
- Sie müssen nicht sofort alles notieren. Es reicht, alle ein oder zwei Stunden kurz zu reflektieren und Ihre Liste zu aktualisieren.
- Sie werden den Tag ein wenig langsamer angehen müssen als sonst, da Sie ja Ihre Aktivitäten beobachten. Ich rede hier aber von Sekunden, nicht Minuten oder Stunden.
- Verlassen Sie sich nicht allein auf Ihr Gedächtnis, um Ihr Verhaltensmuster sichtbar zu machen. Wenn das funktionieren würde, müssten Sie dieses Buch nicht lesen!
- Da diese Woche der Beobachtung dient, setzen Sie sich nicht unter Druck, sofort etwas verändern zu wollen. Aber wenn Sie Nein sagen wollen, dann nur zu!

Reflektieren Sie ein paar Minuten pro Tag über Ihren Notizen. Ist Ihnen etwas Bestimmtes aufgefallen? Schreiben Sie es auf. Stichpunkte reichen, ausführlicher ist noch besser. Bemerken Sie wiederkehrende Themen in dieser Woche – zum Beispiel die Arten von Fragen oder Situationen, Ihre Gedanken dazu, die beteiligten Menschen, die Tageszeit.

Ihr Verhalten in einer Situation ist symbolisch für viele andere Dinge. Wenn Sie zum Beispiel Ihre Grundbedürfnisse wie Toilettenpausen vernachlässigen, ist das eine Metapher dafür, wie Sie mit Ihren anderen Bedürfnissen umgehen. Sie werden in Ihren Gefühlen, Gedanken, Handlungen und Entscheidungen Muster erkennen.

Energie und Ressourcen verändern sich im Lauf des Tages und der Woche. Viele Menschen packen ihren Kalender am Wochenanfang voll, vielleicht weil sie sich ein wenig erholt fühlen, und dann geht ihnen die Luft aus, wenn ihnen ihre Verpflichtungen und Bedürfnisse richtig bewusst werden. Nach einem oder zwei Tagen sind sie erschöpft und zählen die Tage bis zur nächsten Pause, oder sie laden sich noch mehr auf und erwarten von sich, das Tempo halten zu können. Erkennen Sie Muster, damit Sie Ihre Kapazitäten und Ihr Ruhebedürfnis wichtiger nehmen und sich wenn nötig weniger aufladen. Wenn Sie verstehen, wie Sie leben und arbeiten, setzen Sie Ja, Nein und Vielleicht auf eine Weise ein, die Ihren Bedürfnissen entgegenkommt, statt sich selbst als Maschine zu behandeln.

SO LERNEN SIE IHREN PEOPLE-PLEASER-TYPEN AM BESTEN KENNEN

Gute: Achten Sie besonders auf Situationen, in denen Sie automatisch in erwartete Rollen schlüpfen und versuchen, wie ein guter Mensch dazustehen, und in denen Sie sich zu etwas überreden, weil Sie Angst davor haben, wie eine Absage wirken könnte.
Bemüher: Achten Sie besonders auf Situationen, in denen Sie automatisch hundertprozentige Leistung abliefern wollen und in denen Sie sich zu viel aufladen, weil Sie zusagen und erst dann merken, was alles auf Sie zukommt.
Vermeider: Achten Sie besonders auf Situationen, in denen Sie automatisch etwas zustimmen und dann das – vielleicht auch nur vage – Gefühl haben, Ihr Gegenüber würde es missbilligen oder sich ärgern, wenn Sie Ihre tatsächlichen Gedanken oder Ihre Gefühle mitteilen würden.

Retter: Achten Sie besonders auf Situationen, in denen Sie automatisch Verantwortung übernehmen oder sich einbringen und in denen ohne Sie Ihrer Meinung nach nichts passiert oder es die anderen ohne Sie nicht schaffen.
Leider: Achten Sie besonders auf Situationen, in denen Sie automatisch davon ausgehen, dass ein Nein oder das Äußern Ihrer Bedürfnisse und Wünsche zu Problemen führt, und in denen Sie sich resigniert, machtlos oder hilflos fühlen.

WOCHE 2: BEGINNEN SIE DAMIT, NEIN ZU SAGEN

In dieser Woche sollen Sie Ihr Nein ausprobieren, indem Sie nur noch halb so oft Ja sagen und so ein Gefühl dafür entwickeln, wo Sie ablehnen können, ohne dass gleich der Himmel einstürzt. Außerdem bemerken Sie, wer und was Angst und Widerstand bei Ihnen triggert und warum. Sie werden die Ja-Situationen vielleicht nicht um die Hälfte reduzieren können, doch indem Sie sie identifizieren und darüber nachdenken und versuchen, Nein zu sagen, wird Ihnen Ihre Pleaser-Angewohnheit klarer werden. Vielleicht überraschen Sie sich damit, wozu Sie Nein sagen können, Sie werden aber auch die kritischen Punkte bemerken, bei denen es für Sie im Moment nahezu unmöglich ist, abzulehnen.

Noch ein paar schnelle Tipps, bevor Sie beginnen:

- Ihr People Pleasing hängt Ihnen vielleicht schon zum Hals heraus, und Sie würden Ihren alten Lebensstil am liebsten in die Tonne treten und noch viel öfter Nein sagen. Oder die Vorstellung, auch nur zehn Prozent weniger Ja zu sagen, bereitet Ihnen höllische Angst. Gehen Sie behutsam vor und nutzen Sie das Experiment als Gelegenheit, um mehr auf sich zu hören und sich mehr zu respektieren – und lernen Sie daraus, wo es noch nicht gelingt.

- Nehmen Sie sich vor, weniger Ja zu sagen, dann fallen Ihnen auch die Gelegenheiten dazu leichter auf.
- Wenn Sie nicht nur mit einem Menschen interagieren oder es sich um eine bestimmte Person handelt, bei der Sie immer Ja sagen, sollte Ihr Nein nicht nur einem Ziel gelten, das Sie vielleicht anvisiert haben, weil es »einfacher« erscheint.
- Fangen Sie langsam an und steigern Sie sich. Beginnen Sie zum Beispiel mit der Entscheidung, wohin Sie zum Essen gehen wollen, oder bestimmen Sie eine Zeit, die Ihnen passt, anstatt zu sagen, dass Ihnen alles recht ist.
- Es ist unrealistisch, dass sich das Neinsagen sofort angenehm oder gut anfühlen wird, wenn Sie damit Negatives verbinden und es ungewohnt für Sie ist. Haben Sie Geduld. Registrieren Sie, wie sich Ihre Gefühle nach einem Nein sowie die tatsächlichen Folgen mit der Zeit verändern. Wenn Sie zum Beispiel am ersten Tag etwas abgelehnt haben und deshalb jetzt panisch sind, fragen Sie sich am zweiten Tag oder später, was danach eigentlich passiert ist.

NEIN SAGEN, OHNE »NEIN« ZU SAGEN

Ich habe gerade nicht die Kapazitäten dafür.

Ich kann heute nichts mehr annehmen.

Ich bin nicht erreichbar.

Ich schaffe es nicht.

Ich habe bereits Pläne.

Ich brauche mehr Zeit.

[Zumba/Alkohol/Dreier] sind nicht so meins, aber danke fürs Fragen!

Das werde ich so nicht tun können/das passt mir nicht.

Danke, dass du an mich gedacht hast, aber ich werde es nicht schaffen (daran teilzunehmen/das zu tun).

Danke fürs Fragen, aber XY mache ich nicht, wenn gleichzeitig XY ist. Zum Beispiel: »Danke fürs Fragen, aber ich gehe nicht zu Arbeitsevents, wenn die Kinder Ferien haben.«

Auf diese Weise könnte ich es machen.

Ich sage dir/Ihnen, was ich tun könnte.

Ich arbeite bereits an [Aufgabe/Projekt], und das wird noch X Minuten/Stunden/Tage/Wochen dauern. Soll ich damit weitermachen oder stattdessen [die neue Aufgabe/das neue Projekt] anfangen?

BEOBACHTEN SIE …

- Wo Sie Nein sagen und es völlig in Ordnung ist oder nichts »Böses« passiert.
- Wo Sie das Bedürfnis haben, Ihr Nein mit einer weitschweifigen Begründung zu rechtfertigen.
- Wo Sie zwar Nein sagen, dann aber gern einen Rückzieher machen und doch zusagen würden, damit Sie die gespannte Atmosphäre nicht aushalten müssen.

- Wo Sie sich vorwerfen, Nein gesagt zu haben.
- Wo Sie erleichtert sind.
- Wer es quasi als gegeben angesehen hat, dass Sie Ja sagen und ob diese Person sich über Ihre Absage geärgert hat.
- Wo Sie sich Sorgen machen und worüber.

Egal, wie klein das Nein Ihrer Meinung nach ist, würdigen Sie es, denn es ist ein Fortschritt und größer, als Sie denken. Auch kleine Gelegenheiten summieren sich und werden zu einer Gewohnheit.

Und wenn Sie in manchen Situationen entgegen Ihrer Erwartungen an sich selbst doch nicht Nein sagen, dann ist das auch okay! Alles zu seiner Zeit. Es werden andere Gelegenheiten kommen. Registrieren Sie Ihre Gefühle, Gedanken oder die Umstände, damit Sie wissen, womit Sie es zu tun haben und mehr darauf achten können.

GESTEHEN SIE SICH IHRE ANGST EIN

People Pleasing steht für »Ich habe/hatte Angst vor etwas«. Wenn Sie merken, dass Ihr innerer Pleaser gerade aktiv ist oder Sie ihn im Nachhinein erkennen, benennen Sie, wovor Sie Angst haben oder hatten. »Ich habe Angst, dass man mich nicht mag. Ich habe Angst, Menschen im Stich zu lassen, sie zu enttäuschen. Ich habe Angst, dass mich jemand verletzt oder dass ich Ärger bekomme.«
Sich die Zeit zu nehmen, sich die eigenen Ängste bewusst zu machen, ermöglicht nicht nur mehr Selbstfürsorge durch das, was Sie in diesem Moment wirklich brauchen, wollen, erwarten, fühlen oder denken, es hält Sie auch davon ab, sich einzureden, dass Ihre Gefühle, die Antwort, die Sie am liebsten ge-

ben würden, oder die Sache, die Sie gleich tun werden oder schon getan haben, Ihrem Gegenüber »gefallen« sollen und Sie tun, was am besten in der jeweiligen Situation oder für die Beziehung ist. Vergessen Sie nicht, hinter dieser Angst steht nicht nur ein Teil von Ihnen, der das Unkontrollierbare irgendwie kontrollieren will, sondern auch alte Wut. Achtsamer mit sich selbst umzugehen hilft dabei, den vergrabenen Ärger zu verarbeiten, statt ihn zu verstärken.
Wenn ich mich nach einem Nein besonders nervös und unruhig fühle, öffne ich die Haustür oder sehe aus dem Fenster. Für Sie mag es sich gerade wie ein Weltuntergang anfühlen, doch dann sehen Sie, dass die Welt da draußen kein bisschen zusammengebrochen ist. Ihnen ist nichts passiert.

NACH DEM ZWEIWÖCHIGEN EXPERIMENT

Sie haben jetzt mehr Bewusstsein und Wissen, wie Sie Ihre Ressourcen einsetzen und wo Sie Nein sagen müssen, und kennen die Hintergründe und die greifbaren Auswirkungen auf Ihr emotionales, geistiges, physisches und spirituelles Wohlbefinden, wenn Sie Ja sagen, besser. Sie sehen die Verbindung zwischen der Art und Weise, wie Sie Ihre Zeit, Energie und Anstrengungen einsetzen, und dem, wie sich das emotional auf Sie auswirkt. Gleichzeitig sehen Sie auch, welchen Einfluss Ihre Gefühle darauf haben, wie viel Energie und Einsatz Sie aufwenden können und womit Sie Ihre Zeit verbringen müssen.

Bei diesem Experiment geht es nicht darum, eine Woche lang Nein zu sagen und dann alles wieder wie vorher zu machen, oder zu hoffen, dass Ihnen das Nein einfach so bleibt. Der erste Schritt, um sich selbst zurückzuerobern, ist es, ein trockener People Pleaser zu werden, jemand, der sieht, dass er diese Angewohnheit hatte, sie und sich selbst aber kennenlernen will, damit er das Muster durchbrechen kann.

Nehmen Sie sich Zeit und setzen Sie sich nicht unter Druck, Ihr Leben in zwei Wochen in Ordnung zu bringen, denn um an diesen Punkt zu kommen, haben Sie ganz sicher auch sehr viel länger gebraucht. Das bedeutet nicht, dass es jetzt auch so lange dauert, diese Gewohnheit zu durchbrechen – das wird es nicht –, aber die Dinge beschleunigen zu wollen, ist eine weitere Form, Abkürzungen zu nehmen und Verwundbarkeit zu vermeiden, und deshalb sind Sie ja überhaupt erst an diesem Punkt. Es geht auch darum, einen ganzheitlichen Ansatz zu wählen, bei dem Sie sich selbst oder Ihr Leben nicht wie ein Problem behandeln, das es zu lösen gilt, sondern Ihr besseres Verständnis für Ihre Ressourcen nutzen, um zu ehren, wer Sie sind und sein wollen, die Dinge, Beziehungen und Ziele, die Ihnen wichtig sind, und wie Sie sich fühlen und weiterhin fühlen wollen.

Es ist ein Prozess. Sie werden es immer noch manchmal Leuten recht machen wollen. Bei mir ist das ganz sicher so. Aber es wird weniger werden, und Sie werden aus den Situationen lernen, in denen es passiert. Sie entdecken, wer Sie sind, indem Sie herausfinden, wer Sie nicht sind. Nutzen Sie daher diese Informationen, um Ihr Urteilsvermögen zu schärfen.

Wenn Sie sich selbst die Möglichkeit geben, zu erkennen und zu lernen, wie und wo Sie Ihre guten Eigenschaften, Ihre Zeit, Energie, Anstrengungen und Emotionen in die richtigen Menschen und Situationen investieren, wenn Sie bewusster und authentischer sind, behandeln Sie sich wie einen wertvollen Menschen. Sie werden auch mit Ihrem emotionalen Ballast konfrontiert, und damit werden wir uns im nächsten Schritt befassen.

GESUNDE GRENZEN SETZEN

Wozu Sie Nein sagen bestimmt, wozu Sie Ja sagen können. Erfüllende Beziehungen, Jobs und Chancen, Selbstverständnis und Freude passen nicht in unzureichende Grenzen. Statt sich also selbst zu verurteilen (oder andere), weil Sie bestimmte Kapazitäten haben und auswählen müssen, sehen Sie es als Erlaubnis, durchzuatmen und mehr Sie selbst zu sein.

Ressourcen sind etwas Persönliches, und sie sind auch nicht jeden Tag gleich, denn die persönlichen Umstände wie Schlafqualität, körperliches Befinden, Selbstfürsorge, Stress und andere Dinge beeinflussen sie. Machen Sie sich also mit Ihren vertraut.

Vergleichen Sie Ihre Ressourcen nicht mit anderen, die »mehr« zu tun oder aus Teflon zu sein scheinen, weil Sie nicht wissen, welchen Preis diese Menschen vielleicht zahlen.

Es kann frustrierend sein, wenn Umstände oder Ihr persönliches Befinden Ihre Kapazität beeinträchtigen und Ihnen sogar das Gefühl geben, etwas zu verpassen und dass Ihnen weniger Möglichkeiten offenstehen. Doch wenn Sie nicht auf Ihren Körper hören und lernen zu respektieren, was er durchmacht und was in Ihrem Leben passiert, werden Ihre Kraft und Ihre Ressourcen immer weniger werden, weil sie den momentanen Zustand nur verschlimmern. Wenn Sie nicht mehr gegen sich selbst arbeiten, werden Sie überrascht sein, wie viel mehr Kraft und Energie Sie auf einmal haben, weil Sie auch besser auswählen.

Wenn Sie wissen, dass bestimmte Dinge Energieräuber sind, auch wenn Sie sie gern tun, dann passen Sie Ihren Kalender und Ihre Erwartungen daran an. Wenn ich zum Beispiel eine Veranstaltung habe, dann brauche ich eine ruhigere restliche Woche und auch zwei komplette ruhige Tage direkt danach.

Manchmal löst ein Nein alles, manchmal ermöglicht es eine kleine Atempause, um sich über andere Nein-Situationen klar zu werden oder wozu man eigentlich Ja sagen möchte.

Sie werden nicht immer alles umsetzen können, was Sie von sich erwarten. Führen Sie eine »Heute habe ich geschafft«-Liste, vor allem wenn Sie oft schlecht einschätzen können, wie viel Zeit Sie haben oder wie lange etwas dauert.

PRAKTISCHE HILFE

Natalie, ich habe keine Zeit. Was ist das Mindeste, was ich tun kann?

- Suchen Sie sich etwas aus, das Sie täglich machen (oder automatisch, wenn es sich ergibt) und das dafür steht, dass Sie Ihre eigenen Bedürfnisse vernachlässigen – Sie räumen zum Beispiel die Spülmaschine aus oder räumen auf oder putzen, statt sich Ihrem geliebten Hobby zu widmen. Gehen Sie diese Sache langsamer an und konzentrieren Sie sich darauf, was Sie fühlen, denken oder tun. Fragen Sie sich: »Warum tue ich das gerade? Muss es ausgerechnet jetzt oder auf diese Weise sein?« Wie Sie eine Sache angehen, ist beispielhaft für viele andere Dinge. Nehmen Sie einen Aspekt, den Sie verändern wollen, und experimentieren Sie damit etwa eine Woche. Zu lernen, am schmutzigen Geschirr vorbeizugehen und erst etwas für mich zu tun, oder es jemand anderem zu überlassen, war für mich ein Augenöffner.
- Warum denken Sie Stunden oder sogar Tage später immer noch über ein Ja nach? Was sagt es Ihnen über das Nein, das Sie beim nächsten Mal äußern oder wo Sie mehr Grenzen setzen müssen?

Wir leben in einer Welt, in der wir alle beschäftigter als ein CEO sind, aber wenn Sie diese beiden Vorschläge trotzdem nicht unterbringen, seien Sie ehrlich zu sich selbst, warum Sie Ihr Leben so führen und dadurch glauben, keine Zeit zu haben.

Was ist mit den Sachen, für die ich schon zugesagt habe und die in meinem Kalender stehen? Die ich nicht ändern kann (oder möchte)?

Sie bestimmen über Ihre Kapazitäten. Es geht nicht darum, Dinge, die Sie tun möchten oder sogar müssen, nicht zu tun. Wenn Sie für die nächste Woche Verpflichtungen haben und diese berechtigterweise nicht ändern können, gibt es vielleicht etwas anderes, zu dem Sie Nein sagen und sich damit etwas Gutes tun können? Vielleicht gehen Sie früher als sonst ins Bett, gönnen sich frische Luft und regelmäßige Mahlzeiten. Damit sagen Sie Nein zum ständigen Arbeiten oder pausenlosem Herumrennen. Vielleicht müssen Sie auch sagen: »Hey, diese Woche bin ich wirklich voll ausgebucht. Wenn es also nichts Dringendes ist, muss es bis nächste Woche warten, oder du musst jemand anderen fragen.« Wenn Sie so ausgelastet und pflichtbewusst sind, dass Sie nicht Nein sagen können, treffen Sie keine neuen Zusagen (für ähnliche Dinge) in dieser Woche, und achten Sie darauf, wie sehr Sie die nächsten Wochen füllen.

Ich fühle mich überlastet und weiß nicht, wo ich anfangen soll. Hilfe!

Als jemand, der chronisch überlastet und dessen To-do-Liste endlos gewesen war, kann ich Sie sehr gut verstehen. Wissen Sie, was mich aufgerüttelt hat? Anzuerkennen, dass alle Punkte auf meiner Liste oder in meinem Kalender nur dort standen, weil ich sie mir selbst aufgelastet hatte oder ihnen entweder direkt oder durch Gefügigkeit oder Schweigen zugestimmt hatte. Ich weiß, das ist Mist, und es lässt sich leicht sagen, dass alle anderen schuld sind – der Himmel weiß, dass ich mich oft über meinen Mann und die Kinder geärgert habe, weil sie mir so viel »Arbeit machen« –, aber Sie bestimmen über Ihre Kapazitäten. Sie haben den essenziellen Schritt getan und Ihre Überforderung anerkannt – manche Menschen denken, ihr Duracell-Modus sei normal. Betrachten Sie Ihren Kalender und Ihre To-do-Liste ohne Wertung und differenzieren Sie, was ein Muss ist und was Sie nur tun, um ein gewisses Bild aufrechtzuerhalten. Das Gehirn unterscheidet nicht zwischen Dingen, die Sie brauchen oder tun müssen, zwischen Wunschdenken und unnötigen Aufgaben. Raus damit also aus Ihrem Kopf, schreiben Sie es auf und identifizieren Sie Ihre tatsächlichen Prioritäten. Wenn alles eine Priorität ist, dann ist es nichts davon!

Woher weiß ich, wann ich mich übernehme?

Die People-Pleaser-Gefühle kommunizieren, dass Sie aus den falschen Gründen Ja sagen und/oder dass Sie zu wenig auf Ihre eigenen Bedürfnisse geachtet haben. Sie sind »voll« und weit über Ihre Kapazitäten hinaus. Wenn Ihnen kaum noch etwas Energie gibt, dann haben Sie Ihre Ressourcen ebenfalls erschöpft, weil Sie sich mit zu vielem ausgelaugt haben.

Ich glaube, ich sollte mehr tun können, und fürchte, dass ich faul bin. Wenn ich akzeptiere, was mir über meine verfügbare Kraft klar geworden ist, werde ich keine herausragenden Leistungen bringen.

Man darf Ziele und Erwartungen haben, doch dass Sie sich Sorgen wegen Ihrer »Faulheit« machen und denken, Sie »sollten mehr tun«, zeigt nicht nur Ihre Konditionierung, sondern auch, dass Sie sich antreiben, um eine idealisierte Version von sich selbst zu verwirklichen. Sie könnten den Blick auf das »Warum« in Ihren Werten und Grenzen verloren haben. »Faulheit« ist ein Konstrukt, mit dem Menschen ausgebeutet, missbraucht und entmenschlicht werden, damit wir gefügig sind, härter arbeiten, mehr Geld ausgeben, mit anderen wetteifern und das unfaire System nicht infrage stellen. Lassen Sie sich nicht kaputtmachen.

Was ist, wenn ich wirklich viel beschäftigt bin und es zu meinem Job gehört (oder zu meiner Rolle zu Hause), die Probleme anderer Menschen zu lösen?
Natürlich, zu Ihrer Arbeit oder Ihrem Unternehmen könnte es gehören, dass man mit Problemen zu Ihnen kommt, aber sorgen Sie dafür, dass Sie sich auf Ihre Aufgaben konzentrieren, Prioritäten setzen und andere ermutigen, ihre Probleme, soweit möglich, selbst zu lösen. Machen Sie sich unnötig Arbeit durch Wiederholung statt Delegieren oder halten Sie etwas für Ihre Verantwortung, wenn es das doch gar nicht ist? Wenn Sie immer wieder dieselben Probleme mit denselben Menschen lösen, dann lösen Sie nicht das Problem. Wie könnten Sie Grenzen in der Arbeit ziehen, damit alle vorankommen können? Im familiären Umfeld überprüfen Sie Ihre eigenen Erwartungen und was Sie tun *sollten,* und sorgen Sie dafür, dass Sie nicht in Situationen das Kommando übernehmen, von denen Ihr Gegenüber profitieren könnte oder die es sogar selbst lösen möchte.

Ich habe eine harte Zeit hinter mir und versuche, wieder normal zu leben, aber es fällt mir schwer, ich schaffe weniger. Was stimmt nicht mit mir?
Mit Ihnen »stimmt alles«. Sie haben nicht mehr dieselben Ressourcen wie zuvor, und da hatten Sie sich wahrscheinlich auch schon übernommen. Das heißt nicht, dass Sie jetzt für immer auf diesem Level bleiben, aber Sie müssen sich bewusst machen, was Sie und Ihr Körper brauchen. Wenn Sie zum Beispiel nicht gesund sind, einen Verlust erlitten haben, eine oder mehrere große Veränderungen verarbeiten müssen – so ging es so vielen von uns während der Pandemie –, können Sie nicht erwarten, dass Sie so leistungsfähig wie sonst sind. Sie können keine Maschine mehr sein, weshalb Sie herausfinden müssen, wo ein Nein erforderlich ist. Das heißt nicht, dass Sie Ihren Job kündigen müssen, aber Sie müssen herausfinden, wo Sie zu oft Ja

gesagt haben oder wo Sie auf absehbare Zeit alte Erwartungen abwehren müssen.

Wenn man selbstständig oder niemand von einem abhängig ist, kann man bei der Arbeit leichter Nein sagen. Was ist, wenn man mit oder für Menschen arbeitet, wo ein Nein nicht gern gesehen ist?

Arbeiten Sie wirklich mit oder für Menschen, die ein Nein nicht erlauben? Oder sagen Sie sowieso nicht Nein? Seien Sie ehrlich zu sich selbst. Ich bin selbstständig, und ich war die schlechteste Chefin, die ich je hatte, weil ich meine Grenzen nicht kannte und versucht habe, es allen recht zu machen, und wegen meines Egos habe ich zu viel von mir verlangt. Ob angestellt oder nicht, ich hatte – wie viele andere – Probleme, Nein zu sagen. Es geht also eigentlich nicht um die Menschen oder die Situation, auch wenn diese es verschlimmern. Es geht um Ihr Verhältnis zum Nein. Wenn Sie an einem Ort arbeiten, der ein Nein nicht duldet, werden Sie mittel- bis langfristig eine neue Stelle suchen müssen, sonst gehen Sie kaputt.

Sollte ich mein People-Pleasing-Gefolge darauf ansprechen oder den Kontakt abbrechen?

Nein. Wenn uns klar wird, wer von uns profitiert hat, fühlen wir uns vielleicht ausgenutzt und missbraucht. Doch wenn Sie Menschen damit konfrontieren oder den Kontakt abbrechen, ohne bei sich selbst aufzuräumen, indem Sie authentischer mit Ihrem Ja umgehen und lernen, Nein zu sagen, gehen Sie Verantwortung aus dem Weg. Anzuerkennen, worauf Sie als Gegenleistung der anderen gehofft hatten oder zu wem sie hätten werden sollen oder auch, womit Sie sich mit den anderen Menschen in Ihrem Leben nicht auseinandersetzen mussten, hilft Ihnen, einen Schritt zurückzutreten und sich Ihrer Rolle bewusst zu werden, ohne Verantwortung für deren Rolle zu übernehmen. »Konfrontieren«

beinhaltet, dass Sie ihnen ihre Fehler vorhalten mit dem Ziel, dass sie dazu stehen oder sich entschuldigen. Natürlich können Sie kommunizieren, dass es nicht so wie bisher weitergeht, wie Sie sich ändern werden und was sie, womöglich, tun müssen, aber das können Sie auch alles durchs Neinsagen zeigen. Verstehen Sie mich nicht falsch: Wenn jemand ein ungesunder Einfluss in Ihrem Leben ist und die Beziehung nicht weiterbestehen kann, sobald Sie gesündere Grenzen haben, dann könnte Abstand oder ein Kontaktabbruch sehr wohl Teil Ihrer persönlichen Grenzen sein.

9

ERKENNEN SIE IHREN EMOTIONALEN BALLAST

Beim Blick auf das Zerwürfnis mit meiner Schwiegermutter ist es sonnenklar für mich, dass meine komplexe Beziehung zu meiner Mutter und, wie ich unbewusst gelernt hatte, Kritik abzuwehren, eine entscheidende Rolle in meinem Verhältnis zu meiner Schwiegermutter gespielt hatte und auch der Grund dafür war, weshalb ich mich danach so verraten und ungerecht behandelt fühlte. Diese Gefühle erinnerten mich an eine Vielzahl von Erfahrungen, die mich immer noch im Griff hatten, was mir aber erst mit diesem Streit bewusst geworden war.

Wenn Sie nicht die Hintergründe aufdecken, warum Sie immer noch manches denken, fühlen und tun, was Ihnen Schmerz bereitet und Sie bremst oder einschränkt, können Sie nicht anders reagieren. Sie wissen ja gar nicht, warum Sie so reagieren.

Wie auch immer die Hintergründe genau aussehen, die Sie im ersten Schritt angefangen haben aufzudecken, warum Sie so oft Ja und so selten Nein sagen, schuld ist Ihr emotionaler Ballast. Diesen zu identifizieren ist zentral, denn dann können Sie schon mit ein bisschen verstärkten eigenen Grenzen den Kreislauf des People Pleasings unterbrechen und sich mehr zu Ihrem wahren Selbst hinentwickeln.

Dieser wichtige Schritt bringt Ihnen bei, Verantwortung zu

übernehmen, achtsamer zu sein und den Ballast anderer Menschen nicht so persönlich zu nehmen. Die Analyse Ihres eigenen emotionalen Ballastes ist eine Gelegenheit, in der Gegenwart bessere Grenzen zu ziehen.

In jeder Situation, in der Sie ängstlich, furchtsam, schuldbewusst, gereizt, überwältigt oder mit anderen People-Pleaser-Gefühlen konfrontiert werden, oder in der Sie nicht authentisch Ja sagen oder in der Sie von jemandem getriggert werden, ist die Person oder die Situation zwar durchaus lästig, ärgerlich, verletzend oder was auch immer, doch ohne Ihren emotionalen Ballast würden Sie nicht so reagieren. Zweifellos gehen Ihnen Menschen auf die Nerven, halten Ihre Freundlichkeit für Schwäche, machen Sie rasend, verletzen und enttäuschen Sie, aber die Art und Weise, wie Sie in diesem Moment und im Nachhinein reagieren – vor allem, wenn Ihre Reaktion automatisch erfolgt oder dazu führt, dass Sie sich schlecht fühlen oder feststecken –, ist auf Ihren emotionalen Ballast zurückzuführen. Wenn Ihnen Ihr People Pleasing bewusst wird, weil Sie die Handlungen, das Denken, die Gefühle oder die unerwünschten Reaktionen erkennen, und wenn Sie sich ausreichend beruhigt haben, um etwas reflektieren zu können, müssen Sie sich fragen: »Was für ein Ballast steckt dahinter?«

- An wen und was erinnert Sie diese Person oder Situation?
- Wo haben Sie sonst ähnlich gefühlt, gedacht und gehandelt?
- Wo haben Sie gelernt, auf diese Weise zu reagieren? Oder wer hat Ihnen diese Reaktion beigebracht?

Jedes Mal, wenn Sie sich diese Fragen stellen, rufen Sie Informationen aus Ihrem mentalen Ablagesystem (Ihrem Unterbewusstsein) und Ihrem Nervensystem ab. Das, was Ihnen in den Sinn kommt, spiegelt vielleicht eine ähnliche Situation wider, es könnte aber auch etwas auftauchen, das Sie als »irrelevant« oder »unsinnig« empfinden. Doch das ist es nicht. Was auch immer Ihnen in den Sinn kommt, ist ein Hinweis auf das, was vor sich geht, weil Ihr Unterbewusstsein es mit dem Ereignis assoziiert. Sie erlauben sich selbst zu bewerten, warum Sie etwas schon seit Langem so tun, und zu entscheiden, ob Sie diese Reaktion beibehalten wollen. Sie haben jetzt die Möglichkeit, Ihre Vergangenheit zu erkennen und aus ihr in die Gegenwart zu treten, damit Sie eine erwachsene Reaktion mit Grenzen lernen können.

Muster entstehen, wenn Sie nicht bewusst leben. Wenn Sie also den Autopiloten abschalten und sich auf die Gegenwart konzentrieren, anstatt sich wie in der Vergangenheit zu verhalten, durchbrechen Sie diese Muster und wachen auf. Ihr mentales Ablagesystem wird aktualisiert.

Indem Sie die Frage stellen und anerkennen, dass emotionales Gepäck Ihre Reaktionen beeinflusst, üben Sie gesündere Grenzen. Sie können zwischen Ihren Gedanken, Gefühlen, Ihrem Verhalten, Ihren Entscheidungen, Ihrem Körper und »Dingen« und denen eines anderen Menschen differenzieren und erkennen dabei an, dass dieser auch von seinem emotionalen Ballast beeinflusst wird.

Apropos: Sie können die Frage auch nutzen, um den Ballast anderer Menschen zu erkennen und zu berücksichtigen. Das bedeutet nicht, dass man sie analysiert oder übermäßig einfühlsam ist und auf Grenzen verzichten will, weil man weiß, was sie alles erlebt haben. Sie sollen in dem Moment, in dem andere Ihre Grenzen nicht respektieren oder mit sich selbst kämpfen, anerkennen, dass es *deren* Gedanken, Gefühle, Verhalten und Entscheidungen sind, die *deren* Gewohnheiten und Ballast widerspiegeln. Anstatt es auf Sie selbst zu schieben und darauf, wie sehr Sie es Ihrem Gegenüber recht machen wollten, erkennen Sie seinen Ballast an. Betrachten Sie die Person als Menschen. Und dann ziehen Sie eine gesündere Grenze. Nachdem mir mein Ballast *und* der meiner Schwiegermutter bewusst geworden war, nahm ich nicht mehr alles persönlich, und wir haben jetzt ein sehr viel besseres Verhältnis mit *Grenzen.*

Je mehr Ihre Grenzen die Gegenwart widerspiegeln, desto sicherer fühlen Sie sich und desto mehr beruhigen sich Ihre emotionalen Reaktionen. Allmählich sehen Sie sich als jemand, auf den Sie sich verlassen können, und Sie können Ihre Grenzen besser wahrnehmen und einhalten.

Stellen Sie sich vor, wir würden alles, was wir seit unserer Geburt besitzen, aufbewahren – einschließlich der Verpackung und aller Rückstände. Es wäre ein überwältigendes Durcheinander. Selbst wenn wir glauben, dass wir nur sehr wenig hatten oder dass wir nicht viel konsumiert haben, haben wir uns von Dingen getrennt, die nicht mehr zu uns passen oder nicht mehr funktionieren, weil wir aus ihnen herausgewachsen sind oder etwas Nützlicheres gefunden haben. Unser Geschmack, unsere Bedürfnisse und Wünsche haben sich im Lauf der Jahre geändert, und was wir besitzen (oder nicht mehr besitzen), spiegelt wider, wer wir waren, wer wir glauben zu sein und wer wir gerne sein möchten. Deshalb haben viele von uns Kleidung, in die wir hoffen hineinzupassen, wenn wir ein paar Kilo abgenommen haben, Einrichtungsgegenstände, die Staub ansetzen, oder Trainingsgeräte, die wir trotz aller guten Vorsätze nie benutzen. Deshalb haben wir Dinge, die für jemand anderen vielleicht keinen Sinn ergeben, an denen wir aber aus sentimentalen Gründen festhalten.

Obwohl wir uns zunehmend der Auswirkungen unseres massiven Konsums auf unser Wohlbefinden, unser Zuhause, unsere Mitmenschen und unseren Planeten bewusst werden und wir bewusster konsumieren müssen, haben wir das Memo noch nicht auf unser emotionales Gepäck übertragen. Diese emotionalen Ablagerungen, die durch alte Geschichten, Urteile, Gewohnheiten, Missverständnisse und Gefühle aus vergangenen Ereignissen entstanden sind, wirken sich darauf aus, wie wir uns heute verhalten.

Wenn man fälschlicherweise darauf reduziert wird, Kinder aus einer früheren Beziehung zu haben, geschieden zu sein oder keine »gute« Kindheit oder keine »gute« Beziehungshistorie gehabt zu haben, dann ist emotionaler Ballast der große Gleichmacher, den wir alle haben, unabhängig davon, was wir denken, was uns so anders, besser oder schlechter macht. Niemand von uns ist davon ausgenommen.

Da wir im Zeitalter des Gehorsams aufgewachsen sind und die Gesellschaft sich früher nicht bewusst war, wie sich unsere Reaktionen auf unsere Erfahrungen, Gewohnheiten und Traumata ein Leben lang auf unser emotionales, mentales, körperliches und spirituelles Wohlbefinden auswirken können, wurde uns nicht beigebracht, wie wir mit unserem emotionalen Ballast umgehen sollen. Infolgedessen tun die meisten Menschen so, als könnten sie alles anhäufen, ohne sich damit auseinanderzusetzen, und fürchten sich oft vor dem, was darunter liegt. Und das ist auch verständlich, denn uns wurde systematisch beigebracht, unseren Gefühlen zu misstrauen und mit unserem Streben nach Akzeptanz und Erfolg einfach weiterzumachen.

Aber wir haben nur begrenzten Raum, und an demselben Ort, an dem wir Freude, Wünsche und die guten Dinge des Lebens aufbewahren, lagern wir auch die Vergangenheit. Wir haben keinen Keller, keinen Dachboden und keinen freien Platz in unserem Körper, den wir mit unseren weggeworfenen, missachteten und vergrabenen Erfahrungen vollstopfen könnten; alles befindet sich im selben »Raum«. Wenn wir also denken, dass wir uns selbst geschickt aus dem Weg gehen und Konflikten, Kritik, Stress, Ablehnung, Enttäuschung und Verlusten ausweichen, fügen wir dem ohnehin schon unverarbeiteten Haufen noch mehr hinzu.

Unser Körper ist nicht dafür geschaffen, unverarbeitete Emotionen und alte Geschichten zu horten, wegen derer wir uns selbst belügen und vernachlässigen. Wir haben keine externe Festplatte, auf die wir das auslagern können, was wir in unserem Inneren nicht verarbeiten wollen. Wenn wir von einer Kapazität von hundert Prozent ausgehen und alles an einem Platz gespeichert wird, dann ist das Herumschleppen unserer gehorteten Sorgen und Schuldgefühle so, als würden wir mit vielen Hunderten oder sogar einigen Tausend Prozent arbeiten wollen. Nichts funktioniert effektiv, wenn es überlastet ist, auch wir Menschen nicht, wenn wir ständig immer nur weitermachen. Deshalb müssen wir auspacken, entrümpeln, verarbeiten und aufräumen, wir müssen gesündere Grenzen ausbilden, die uns helfen zu heilen, zu wachsen und zu lernen, denn sonst schadet unser emotionaler Ballast unserer Gesundheit und beeinflusst unsere Einstellung, unser Denken, Verhalten und unsere Entscheidungen. Wenn wir bei Herausforderungen explodieren und getriggert werden (was wir im letzten Schritt, »Lernen aus Ausbrüchen und Hürden«, behandeln werden), ist das eine große Entrümpelung. Deshalb können Veränderungen in Lebensabschnitten wie Elternschaft, Wechseljahre und berufliche Veränderungen sowie Zusammenbrüche, Burnout, Trennungen, Entlassungen, Trauerfälle und andere Verluste so triggernd, aber auch befreiend sein, wenn wir es zulassen.

Wenn Sie sich selbst kennen, mögen und vertrauen wollen, wenn Sie gesündere, erfüllende Beziehungen haben wollen, wenn Sie offen sein wollen für die Dinge und Erfahrungen, die Sie wirklich ausmachen, dann müssen Sie einiges loslassen. Sie können nicht alles mitnehmen, sosehr Sie es auch versucht haben, und Ihr People Pleasing sagt Ihnen, dass Sie keinen Platz mehr haben.

Sie müssen nicht Ihr gesamtes emotionales Gepäck loswerden. Das ist auch nicht möglich, nicht zuletzt, weil wir alle weiterhin Erfahrungen und Gefühle in uns tragen. Es ist ein Zeichen dafür, dass wir am Leben sind. Allerdings müssen Sie auch gar nicht mehr so viel anhäufen oder aufbewahren, wie Sie es bisher getan haben, wenn Sie es nicht mehr allen recht machen wollen. Sie werden Raum haben, um mit den Herausforderungen des Lebens umzugehen, ohne das Gefühl, dass Sie alles an den Rand des Abgrunds oder darüber hinaus bringt.

Jedes Mal, wenn Sie sich fragen: »Was steckt dahinter?«, und sich erlauben, Ihre Grenzen auch nur ein bisschen zu erweitern, heilen Sie emotionalen Ballast und gehen von der passiven Reaktion des People Pleasings zu einer selbstbewussteren, *aktiven* Reaktion über. Es verändert Ihre eigene Energie und Ihr Wohlbefinden sowie die Dynamik Ihrer zwischenmenschlichen Beziehungen, selbst wenn einige der Menschen in diesen Beziehungen in der Vergangenheit leben.

Ja, Therapie, Sport, Yoga, Tagebuchschreiben, Meditieren, Gut-zu-sich-selbst-Sein – Sie verstehen schon – ist alles hilfreich, aber wenn Sie nicht lernen, Nein zu sagen und sich gesündere Grenzen zu setzen, dann schneiden Sie dem Unkraut den Kopf ab, ohne die Wurzel zu entfernen.

UNSERE BEZIEHUNGEN HELFEN UNS DABEI, ZU HEILEN, ZU WACHSEN UND ZU LERNEN

Anstatt uns unserem emotionalen Ballast zu stellen, damit wir nicht darin versinken, vermeiden wir ihn und bauen Mauern statt Grenzen. Unser People Pleasing ist eine Mauer, die uns davor bewahrt, vielleicht wieder so verletzt zu werden wie früher. Es ist eine Verteidigung gegen die Vergangenheit, die sagt: »Ich traue mir selbst nicht, aber ich vertraue auch nicht darauf, dass du mich nicht verletzen wirst, also versuche ich, es dir recht zu machen, in der Hoffnung, dass du es nicht tust.«

Wir glauben, dass wir uns abgrenzen, wenn wir anderen sagen, was sie tun sollen, oder sie davor warnen, wie andere Menschen uns verletzt haben. In Wirklichkeit sagen wir aber: »Ich bin immer noch verletzt und wütend. Wenn ich dich also warne und dir alles recht mache, überlegst du es dir vielleicht zweimal, ob du mich enttäuschst.« Wir glauben, dass wir Menschen lieben, wenn wir versuchen, es ihnen immer recht zu machen oder Konflikte zu vermeiden. Sagen wollen wir damit: »Ich bin verletzt worden, also mache ich dir alles recht, indem ich mich selbst verletze, damit du keinen Grund hast, mich abzulehnen oder zu enttäuschen.«

Wir versuchen immer wieder, die Fehler der Vergangenheit zu korrigieren, indem wir Rollen spielen. Wir hoffen, dass endlich alles besser wird, dass die Menschen endlich herausfinden, was sie sein und tun sollen, sodass nicht nur wir ihre Erwartungen erfüllen und uns unglücklich und unterlegen fühlen, sondern dass sie auch unsere erfüllen. Wir stellen uns vor, dass wir die ersehnte Aufmerksamkeit, Zuneigung, Anerkennung, Liebe und Bestätigung bekommen, die wir hätten bekommen sollen, wenn wir es schaffen, etwas so zu tun, wie es früher schon hätte sein sollen. Also bereiten wir uns mit unserer abwegigen Fantasie immer wieder aufs Scheitern vor, indem wir versuchen, durch People Pleasing glücklich zu werden, während wir zugleich immer mehr Ballast anhäufen.

Unsere Erfahrungen sollen uns helfen auszupacken, aufzuräumen und uns selbst wiederzufinden. Sehen Sie diese verschiedenen Erfahrungen – die großartigen, die guten und die nicht so großartigen –, die Sie als Erwachsener gemacht haben? Sie alle dienen dem Zweck, dass Sie sich endlich Ihrem emotionalen Ballast stellen. Vor allem Ihre zwischenmenschlichen Beziehungen werden etwas auslösen, aufgrund der Gewohnheiten in Bezug auf Aufbauen von Bindungen, die Sie in Ihrer Kindheit erlernt haben, und wegen der Rollen, die Sie angenommen haben, und aufgrund dessen, wie und ob Sie Grenzen ziehen. Emotionaler Ballast wird an die Oberfläche kommen und alte Schmerzen, Ängste und Schuldgefühle offenlegen, die Sie immer noch in sich tragen. Das heißt nicht, dass Sie »nicht gut genug« sind, sondern dass Sie vielleicht sehen, was Sie vorher nicht sehen konnten, und das schädliche People Pleasing aufgeben können.

Ihr People Pleasing zeigt Ihnen, was auf dem Weg zu emotionalem Frieden gelöst und geheilt werden will. Wie Sie sich selbst und die Welt sehen, repräsentiert alte Fehlannahmen, auf die Sie mit People Pleasing reagiert haben. Wenn Sie mit den unvermeidlichen Dingen des Lebens konfrontiert werden, will die Welt Sie nicht bestrafen oder Sie dumm dastehen lassen; sie will Sie dazu bringen, Nein zu sagen. Sie will Sie dazu bringen, Grenzen zu setzen, damit Ihre Reaktionen Sie selbst in der Gegenwart widerspiegeln, die Person, die Sie werden wollen, und die Art von Beziehungen und Erfahrungen, die Sie machen wollen. Wenn Sie anders reagieren und nicht mehr in einer kindlichen Rolle feststecken, können Sie kein co-abhängiges People-Pleaser-Verhalten mehr an den Tag legen, weil Sie Ihre Verantwortung kennen und sehen, wo Sie aufhören und wo andere anfangen.

Sie sind aus Ihren alten Identitäten herausgewachsen. Menschen zu gefallen passt nicht mehr zu Ihnen. Mit gesünderen Grenzen geht es Ihnen besser.

ERKENNEN SIE IHREN BALLAST ANHAND IHRES PLEASER-TYPS

Gute: Wer oder was hat Ihnen beigebracht, dass das Aufrechterhalten des Anscheins und das Gutsein sicherstellen, dass Sie das Gewünschte bekommen oder dass Ihnen nichts Schlimmes passieren wird?

Bemüher: Von wem brauchen Sie immer noch Aufmerksamkeit, Zuneigung, Bestätigung, Liebe und Wertschätzung?

Vermeider: Wer oder was hat Ihnen beigebracht, dass Sie der Mensch sind, der niemandem zur Last fällt?

Retter: Wen konnten Sie nicht retten, wem konnten Sie nicht helfen, oder wem wollen Sie gerade helfen, wen wollen Sie retten?

Leider: Wen decken Sie, oder wer soll Ihren Schmerz bemerken, erkennen und anerkennen?

> Möchten Sie sich so fühlen, möchten Sie so sein?
>
> Was sehen Sie jetzt, was Sie vorher nicht sehen konnten?

WIE SIE AUF SICH KONZENTRIERT BLEIBEN UND BEI SICH AUFRÄUMEN

Sehr oft verweisen die Dinge, die wir an anderen nicht mögen, die wir ändern oder in gewissem Maß kontrollieren wollen, direkt auf uns selbst. Es ärgert uns zum Beispiel, dass eine andere Person sich zweifelhaft verhält, und so beschließen wir, ihr bezüglich dieses Verhaltens eine Grenze zu setzen, ohne anzuerkennen, dass wir uns selbst auch zweifelhaft verhalten.

Damit Grenzen funktionieren, müssen sie auf Gegenseitigkeit beruhen. Wenn Sie wissen (oder glauben zu wissen), wo die Grenze für andere liegt, müssen Sie dies in Ihren eigenen Gedanken, Ihrem Verhalten und Ihren Entscheidungen widerspiegeln. Das bedeutet, dass Sie der betreffenden Person vielleicht etwas sagen oder zeigen müssen, gleichzeitig jedoch aber auch die eigene Grenze beachten, selbst wenn Ihr Gegenüber sein Verhalten nicht so ändert, wie Sie es sich wünschen.

Wenn Sie Ihren Anteil an der Situation nicht anerkennen, ganz gleich, wie gering er Ihnen erscheint, und nichts bei sich ändern, werden Sie Probleme nicht nur erneut in ähnlicher Weise erleben – das Leben gibt Ihnen wieder mal die Gelegenheit, sich mit dem lästigen emotionalen Ballast auseinanderzusetzen! –, sondern ignorieren auch die Einsicht, die Sie gewinnen könnten. Ihr Verständnis für sich selbst und Ihre Erfahrungen werden durch gesündere Grenzen bereichert, die Sie ständig weiterentwickeln.

Es geht nicht darum, die Schuld und die Verantwortung für das zu übernehmen, was Ihnen an der Situation und dem Beitrag der anderen Person missfällt, sondern zu erkennen, dass Sie nur Ihre eigenen Reaktionen wirklich kennen, kontrollieren und ändern können. Sie sollten sich bewusst machen, wie Sie danach mit sich selbst umgegangen sind. Ja, die Person ist eine Nervensäge, sie hat Ihnen unrecht getan, aber es liegt an Ihnen, wenn Sie sich alles Mögliche vorwerfen. Sie werden andere Menschen kaum dazu bringen, sich um Ihretwillen zu ändern, wenn Sie letztlich nicht zwischen sich und anderen Menschen und deren Ballast und Grenzen differenzieren können.

Sie können wählen, wie Sie sich verhalten und wie Sie auf Gefühle, Gedanken, Ihr eigenes Handeln, das von anderen und Ereignisse reagieren wollen. Darüber, was andere denken, fühlen oder tun, haben Sie keine Kontrolle. Sie müssen sich um sich kümmern und das sein, was Sie von anderen erwarten. Machen Sie sich nicht länger zur Geisel einer Situation, die Ihnen nicht gefällt, und damit zum Opfer.

Wenn Sie nicht Nein sagen zu den Situationen und Verhaltensweisen, die nicht funktionieren, bleiben Ihnen nur folgende Optionen:

- Sie können schweigend leiden und/oder Menschen gefallen, um den Frieden zu wahren oder weitere Begegnungen zu begrenzen.
- Sie können darum kämpfen, wer recht oder unrecht hat, wollen siegen oder sich rächen.
- Sie können den Kontakt abbrechen, um keine Grenzen ziehen zu müssen, Ihr Gegenüber bestrafen oder um die Kontrolle ringen.

Wenn Sie bei sich aufräumen, unabhängig von der anderen Person, haben Sie dagegen folgende Möglichkeiten:

- Sie agieren mit besseren Grenzen und/oder begrenzen die Zeit, die Sie mit ihr verbringen (bringen Sie ein wenig Abstand zwischen die Person und sich, aber ziehen Sie sich nicht komplett zurück).
- Sie agieren mit besseren Grenzen, indem Sie sich vorübergehend zurückziehen.
- Sie agieren mit besseren Grenzen, indem Sie sich komplett zurückziehen.

Diese Optionen zeichnen sich alle durch bessere Grenzen und eine klare Absicht aus.

Viele machen den Fehler, Grenzen nur als Mittel zu sehen, um andere zu leiten und zu lenken oder sogar zu beherrschen, doch die Grenzen sind für Sie selbst gedacht. Wenn Sie sie kennen, dann kennen sie auch andere. Wenn Sie sich so verhalten, als ob die Person *sich* abgrenzen würde oder als ob die Situation »normal« wäre, obwohl jemand sich tatsächlich nicht abgrenzt, verletzen Sie Ihre eigenen Grenzen. Sie müssen Ihre Grenzen weiterentwickeln, um den Unterschied zwischen jemandem mit Grenzen und jemandem ohne Grenzen zu erkennen – damit Sie auf sich selbst aufpassen können, aber auch, damit die Grenzen die natürlichen Konsequenzen zulassen.

Ihre Grenzen sind nicht davon abhängig, ob andere Grenzen haben. Es geht darum, dass Sie sich nicht länger selbst erschöpfen, indem Sie für andere tun, was Sie sich selbst nicht zugestehen wollen. Sie mögen sich selbst für sehr mitfühlend, einfühlsam, tolerant, gewissenhaft und großzügig halten – was People Pleaser ja auch im Übermaß sind –, aber wenn Sie sich selbst Mitgefühl, Einfühlungsvermögen, Toleranz, Rücksichtnahme und Gnade vorenthalten, dann lassen Sie das im Grunde auch anderen nicht zuteilwerden. Mitgefühl, Empathie und dergleichen funktionieren nur in beide Richtungen, genau wie Grenzen.

Gute: Wo müssen Sie Ihr Handeln mit Ihren Worten und Absichten in Einklang bringen, anstatt sich auf das Aufrechthalten eines Bildes zu konzentrieren?
Bemüher: Was versuchen Sie zu beweisen, oder was sollen andere anerkennen, und welche Erfolge, Anstrengungen und Errungenschaften müssen *Sie* anerkennen und verinnerlichen?
Vermeider: Wo geben Sie anderen immer wieder nach, und wie können Sie das nutzen, um eine Präferenz auszudrücken?
Retter: Wo können Sie die Energie, die Sie in jemand anderen stecken, für sich selbst verwenden?
Leider: Wie können Sie sich selbst das geben, was Sie von anderen zu bekommen versuchen?

GESUNDE GRENZEN SETZEN

- Die Angst vor eigenen Grenzen bedeutet, ein Problem mit ihnen zu haben und *auch* die Grenzen anderer Menschen zu respektieren. Man kann keine Angst vor Grenzen haben und gleichzeitig behaupten, dass man die Grenzen anderer Menschen respektiert. Das schließt sich gegenseitig aus.
- Ein Nein ist keine Bestrafung oder die Verlängerung Ihres Leidens, es ist einfach ein Nein. Wenn Sie erkennen, wann Ihnen ein Nein und Grenzen unangenehm sind, kommen Sie dem Ballast hinter Ihrer Reaktion näher und können sich bewusst für eine andere Reaktion im Rahmen Ihrer Grenzen entscheiden.
- Wir können unser Narrativ ändern. Wir müssen nicht die Version akzeptieren, die wir zum Zeitpunkt des ursprünglichen Ereignisses abgespeichert haben. Geben Sie sich nicht die

Schuld, wenn Ihnen frühere Missverständnisse in Ihrem emotionalen Ballast bewusst werden. Sie konnten es nicht wissen, auch wenn Sie heute wissen, was Sie nicht wussten. Wenn ein Irrtum für uns negativ belegt ist, wollen wir etwas nicht korrigieren, weil wir damit ja zugeben würden, dass wir falschlagen. Ja, das kam vor, aber wenn Sie Fehler akzeptieren, können Sie die richtigen, wahrheitsgemäßeren Entscheidungen für Ihr Leben treffen.

- Jeder Mensch hat emotionalen Ballast. Wenn Sie lernen, Ihren zu erkennen, merken Sie auch, wenn sich in Situationen der Ballast anderer Menschen zeigt, anstatt deren Reaktion direkt auf sich zu beziehen.

Wenn Sie mit jemandem immer wieder dieselben Streits führen oder wenn diese Person die immer gleichen Anschuldigungen und Vermutungen über Sie äußert, dann halten Sie inne, anstatt zu grübeln und alles auf sich zu beziehen, und sagen: »Das hat nichts mit mir zu tun, sondern mit meinem Gegenüber, und ich schicke diesen Ballast sofort zurück.« Nach einiger Zeit werden Sie merken, wie Sie von allein innehalten, bevor Sie in ein unnötiges Drama hineingezogen werden.

PRAKTISCHE HILFE

Meine Reaktionen verunsichern mich wirklich, wenn mich etwas oder jemand triggert, ich habe aber gleichzeitig zu große Angst davor, mich mit dem emotionalen Ballast dahinter auseinanderzusetzen. Was kann ich tun?

Arbeiten Sie mit einer Traumatherapeutin oder einem Traumatherapeuten zusammen, die oder der zum Beispiel Gesprächstherapie, EMDR (Eye Movement Desensitization and Reprocessing –

Desensibilisierung und Verarbeitung durch Augenbewegung) oder alternative Therapieformen einsetzt. So haben Sie jemanden an Ihrer Seite, mit dem Sie behutsam Ihre Probleme angehen können, der Ihnen aber auch dabei hilft, Ihr Nervensystem zu beruhigen und weitere Selbstfürsorgeschritte zu unternehmen. Denken Sie daran, dass Grenzen Ihre Bedürfnisse, Erwartungen, Wünsche, Gefühle und Meinungen sind. Wenn Sie Unterstützung in Anspruch nehmen, sagen Sie Nein zum Weitermachen wie bisher und Ja zur Heilung und zum Durchbrechen des Kreislaufs.

Menschen, die wissen, was ich durchgemacht habe, sind zu unsensibel und verstehen nicht, warum einige ihrer Grenzen für mich schwierig sind. Was kann ich ihnen sagen?
Dass sie Grenzen haben, bedeutet nicht unbedingt, dass sie unsensibel sind. Sie müssen vorsichtig sein, wenn Sie von anderen erwarten, deren Grenzen wegen Ihnen und Ihres Unbehagens mit Ihren eigenen Grenzen anzupassen – zum Beispiel, wenn Sie von anderen erwarten, dass sie automatisch wissen und spüren, dass Sie passiv sind, damit sie die Führung übernehmen und nicht zu viel von Ihnen verlangen. Ihre Erwartung könnte bedeuten, dass Sie von ihnen verlangen, ungesunde Grenzen zu haben, indem sie die Verantwortung für Sie übernehmen. Wenn wir von anderen erwarten, dass sie immer wieder Zugeständnisse machen, bedenken wir nicht, dass jeder Mensch emotional belastet ist und dass manche unserer Erwartungen zutiefst triggernd sein oder eine ungesunde Rolle widerspiegeln könnten, in der unser Gegenüber sich schuldig fühlt und versucht, es uns recht zu machen.

Irgendwie bin immer ich diejenige, die sich anstrengt, auch beim Setzen von Grenzen. Sollte eine Beziehung nicht fünfzig-fünfzig sein?
Beziehungen sind immer hundert-hundert, nicht fünfzig-fünfzig. Wir Menschen schwanken zwischen Selbstüber- und Selbstun-

terschätzung und wissen nicht, was unser »Schnitt« ist oder wie fünfzig Prozent aussehen. Wir können auch nicht die Hälfte von uns selbst löschen und erwarten, dass die andere Person die Lücken füllt. Wir müssen also unser Bestes tun, um mehr wir selbst zu sein, damit wir ein Gefühl dafür bekommen, ob wir uns in einer für beide Seiten erfüllenden Beziehung befinden. Wenn wir uns auf unseren Schnitt konzentrieren, aufs Mitzählen und das, was das Gegenüber tut oder nicht tut, werden wir ins People Pleasing verfallen, um auszugleichen, wo es sich unserer Meinung nach nicht anstrengt. Gleichzeitig wollen wir ihm das Ungleichgewicht aber dadurch auch klarmachen und hoffen, dass es sich ändert.

Okay, ich sehe ein, dass ich meine Probleme habe, aber sollten die Leute nicht wissen, dass es falsch ist, was sie tun?
Wir leben in einer Welt, die uns historisch nicht dazu ermutigt hat, gesunde Grenzen zu ziehen. Manchmal hat man nicht einmal bemerkt, dass sich jemand falsch verhält. Manche Menschen wissen es nicht, weil es ihre Gewohnheit ist und sie nur wenige Konsequenzen erfahren haben, und manche wissen es und wollen sehen, womit sie durchkommen. Selbst wenn die Person es weiß, heißt das nicht, dass wir es auch wissen müssen? Wenn wir von anderen erwarten, dass sie unsere Gedanken lesen oder ihr eigenes Verhalten aufgrund unseres Gutseins ändern, reagieren wir passiv statt aktiv, weil wir Verletzlichkeit und Verantwortung aus dem Weg gehen.

Wie kann ich mich von den Leuten abgrenzen, die denselben emotionalen Ballast haben wie ich, aber sich nicht damit auseinandersetzen?
Selbst wenn Sie Zwillinge sind und Ihr Leben miteinander verbracht haben, haben Sie dennoch individuelle Erfahrungen gemacht und können daher nicht für den ganzen Ballast der anderen Person sprechen oder entscheiden, was diese tun oder nicht tun

sollte. Bei Grenzen geht es nicht darum, ob andere Menschen mit ihnen umgehen können. Selbst wenn jemand ähnlichen Ballast hat und ähnlich reagiert, müssen Sie darauf achten, dass Sie Ihre Gefühle und Ihre Erfahrungen nicht auf den anderen projizieren, und den Hintergrund des anderen beachten. Also empathisch sein.

Wie fange ich an, mich in der Familie (oder in anderen langjährigen Beziehungen) mehr abzugrenzen, wenn man von mir ein gewisses Verhalten erwartet?

Jeder Mensch hat seine eigenen Grenzen, und wir allein sind dafür verantwortlich, anderen mitzuteilen, wo wir stehen und wo sie in Bezug zu uns sind – und ja, das gilt auch für die Familie. Aufgrund der langjährigen gemeinsamen Geschichte müssen Sie die Verantwortung dafür übernehmen, wie Sie jetzt und in Zukunft auftreten wollen, denn die Familiendynamik beruht in hohem Maß auf Gewohnheit und Annahmen. Wenn Sie wollen, dass man Sie anders sieht, müssen Sie sich stärker abgrenzen und eine klare Unterscheidung zwischen der Vergangenheit und der Gegenwart treffen. Wenn Sie so weitermachen wie bisher, werden Ihre Grenzen nicht deutlich sein, selbst wenn Sie innerlich fast explodieren. Auch wenn Sie schon tausendmal zu etwas Ja gesagt haben, mit dem Sie nicht glücklich sind, dürfen Sie Ihre Meinung ändern und Nein sagen. Niemand hat ein Recht auf ein schädliches Ja.

Ich bin mit einem bestimmten Menschen wirklich eng befreundet. Machen Grenzen und Neinsagen das nicht kaputt?

Wenn Sie nicht Nein sagen, wenn Sie nicht wirklich ehrlich sind und Ihre Gefühle und Gedanken zum Ausdruck bringen, sind Sie sich nicht so nahe, wie Sie denken. Keine Grenzen, keine echte Nähe. Dies ist ein guter Zeitpunkt zu überprüfen, was Sie mit Ehrlichkeit assoziieren. Warum glauben Sie, dass mehr Authentizität zu Problemen führt? Sie sind nur dann einander nah und miteinander vertraut, wenn Sie bereit sind, Dinge zu sagen und zu tun, die zu Konflikten führen können – und diese durchstehen.

10

REPARENTING

Als ich im August 2005 beschloss, nach meiner Schockprognose alternative Behandlungsmöglichkeiten auszuprobieren, verließ ich das Krankenhaus ohne einen Plan. In der U-Bahn auf dem Weg zur Arbeit erinnerte ich mich an eine Freundin, die von einem Fall in ihrer – riesigen irischen – Familie erzählt hatte. Eine ihrer vierzig Cousins und Cousinen hatte unter einer mysteriösen Krankheit gelitten, die alle Ärzte vor ein Rätsel gestellt hatte. Von einem Kinesiologen, der mithilfe von Muskeltests und anderen Methoden Ungleichgewicht in ihrem Körper aufspürte, bekam sie endlich Antworten und wurde wieder gesund. Weniger als eine Woche später saß ich in einer Praxis zu einem Gespräch, das mein Leben verändern sollte.

Mein Plan war, dass Sonia meine Allergien und Nahrungsmittelunverträglichkeiten feststellen würde (was sie auch tat) und ich dann wieder gehen könnte. Aber sie erkundigte sich nicht nur nach meiner Krankengeschichte und führte Muskeltests durch, sie untersuchte die Stressquellen in meinem Körper. Ich fühlte mich unwohl. Nicht in dem Sinn, dass sie übergriffig geworden wäre, sondern ich spürte, dass sie nach Dingen fragen würde, die ich vermied. Am liebsten wäre ich geflüchtet. »Ich, ähm, mir ist eingefallen, dass ich noch zu einem, äh, Kundentermin muss«, stammelte ich und konnte ihr angesichts meiner unverhohlenen Lüge nicht in die Augen sehen. »Ist schon okay«, sagte sie. Und dann fiel mir ein, dass ich nicht mit vierzig Jahren sterben wollte, und ließ sie weitermachen.

Die Belastungen, die sie aus bestimmten Phasen meiner Kindheit identifizierte, standen für schmerzhafte Lebensereignisse, die ich verdrängt hatte. Zum Beispiel, als ich zwölf Jahre alt war und mein kleiner Bruder geboren wurde. Als meine Mutter mit ihm aus dem Krankenhaus zurückkam, schnitt sie mir die Haare ab, weil sie angeblich brüchig gewesen wären und ich sie in den paar Tagen ihrer Abwesenheit nicht richtig gepflegt hätte. Oder als ich fünf Jahre alt war, lag ich nach einer Hauttransplantation nach der Entfernung eines möglicherweise bösartigen Muttermals sechs Wochen lang im Kinderkrankenhaus. Mein Vater besuchte mich nur ein einziges Mal, und ich drohte, mich aus dem Fenster zu stürzen, nachdem er gegangen war, woraufhin man mich ruhigstellen musste.

»Wie geht es dir mit all dem?«, fragte sie sanft.

»Gut«, sagte ich gespielt fröhlich.

»Wirklich?«, fragte sie.

Und dann brach ich zusammen.

Minuten später stellte Sonia die Frage, die mein Leben veränderte, die mich aufrüttelte und wegen der ich schließlich lernte, Nein zu sagen: »Findest du es fair, einer Zweieinhalbjährigen die Schuld an der Trennung ihrer Eltern oder an ihrem Verhalten danach zu geben?« Nein, fand ich nicht, aber in diesem Moment wurde mir klar, dass ich mit allem, was ich tat, meinem jüngeren Ich, der kleinen Nat, die Schuld gab.

> Wenn Sie sich den emotionalen Ballast hinter Ihren Reaktionen bewusst machen, können Sie Ihr inneres Kind erkennen und die schmerzhaften Erfahrungen akzeptieren.

Ich weiß nicht, was in Ihrem Leben passiert ist, aber es war sicher nicht wenig. Und auch wenn Sie sich vielleicht auf neuere Ereignisse konzentriert haben oder auf all die Male, von denen Sie dachten, dass Ihr erwachsenes Ich es hätte besser wissen müssen, so haben Sie doch durch Ihr People Pleasing Ihre Wut auf Ihr jüngeres Ich zum Ausdruck gebracht und gleichzeitig versucht, es davor zu schützen, so wie früher verletzt zu werden.

Wir denken, dass wir unser jüngeres Ich in der Kindheit zurücklassen, aber es ist immer noch da.

Stellen Sie sich vor, Sie wären eine Matrjoschka, eine russische Schachtelpuppe, mit einer Version von Ihnen für jedes Alter, jeden Moment, den Sie erlebt haben. Wenn Sie von sich selbst abgekoppelt sind, weil Ihre Außenpersönlichkeit so sehr im Widerspruch zu Ihrem Inneren steht und den Stress verstärkt, sind diese jüngeren Versionen von Ihnen verunsichert und ängstlich. Da Ihr Denken, Ihr Verhalten, Ihre Entscheidungen und Ihre Gefühle die Vergangenheit widerspiegeln, denken diese jüngeren Versionen von Ihnen, dass die Vergangenheit immer noch andauert. Ihr Unterbewusstsein weiß nicht, welche Zeit gerade herrscht, vergessen Sie das nicht. Wenn das bei Ihren erwachsenen Grenzen auch so ist, befinden Sie sich aus der Sicht Ihres Körpers immer noch in bedrohlichen Situationen.

In einer idealen Welt würden unsere Eltern und Bezugspersonen uns fördern, lieben und unterstützen und uns zu selbstständigen Erwachsenen erziehen. Sie würden sich würdevoll zurückhalten, aber auch wissen, wann sie da sein müssen. Alles würde reibungslos ablaufen, und es gäbe keine Konflikte, keine Kritik, keinen Stress, keine Enttäuschung, keinen Verlust und keine Ablehnung. Aber wir wissen alle, dass die Welt so nicht funktioniert. Ihr jüngeres Ich schreit nach Bestätigung, nach Unterstützung, nach Erfüllung seiner Bedürfnisse, nach emotionalem Frieden. Sie brauchen das, was Ihr jüngeres Ich brauchte, und deshalb müssen Sie sich selbst neu erziehen.

Dass wir in unseren zwischenmenschlichen Beziehungen weiterhin in der Rolle des Kindes denken, fühlen und handeln, ob bewusst oder unbewusst, ist das größte Hindernis für die Schaffung gesunder Grenzen und das Durchbrechen des Kreislaufs.

> Beim Reparenting geht es darum, Verbindung zu Ihrem jüngeren Ich und seinen Erfahrungen aufzunehmen, die für Ihren Pleaser verantwortlich sind, damit Sie sich endlich geben können, was Sie brauchen, die Leere füllen und nicht mehr die Fehler der Vergangenheit korrigieren wollen. Es geht darum, die Fähigkeit wiederzuerlangen, mit sich selbst über die eigenen Gefühle zu sprechen, indem Sie eine mitfühlendere, ehrlichere und präsentere Beziehung zu sich selbst aufbauen.

Unsere People-Pleaser-Muster zielen darauf ab, unerfüllte Bedürfnisse aus der Vergangenheit zu befriedigen und Lücken zu füllen. Dadurch können wir aber nicht erwachsen werden, weil wir Rollen spielen, um die Kindheitsfantasie zu erfüllen, endlich die ersehnte Aufmerksamkeit, Zuneigung, Anerkennung, Liebe und Bestätigung zu erhalten.

Anstatt darauf zu hoffen, dass sich ein Elternteil oder eine Bezugsperson (oder jemand anderes, der Ihre Kindheit entscheidend geprägt hat) ändert, damit Sie endlich die Fehler der Vergangenheit korrigieren können, übernehmen Sie Verantwortung für sich und Ihre eigene Erziehung.

Auch wenn die Vorstellung von Reparenting beängstigend erscheinen mag, sollten wir realistisch bleiben: Tatsächlich haben Sie sich bereits selbst erzogen, nur mit fragwürdigen Grenzen, Selbstkritik und Vorenthaltungen. Es war kein bewusster Prozess mit gesünderen Grenzen und der Möglichkeit, Nein zu sagen.

Im Erwachsenenalter wurden Sie zu Ihrer Hauptbezugsperson. Das bedeutet *nicht*, dass Ihre Eltern und Bezugspersonen im wörtlichen oder übertragenen Sinn aufhörten zu existieren und Sie niemanden mehr brauchten, aber es musste ein Machtwechsel stattfinden, um herauszufinden, wer Sie wirklich sind, damit Sie Sie selbst sein können.

Wenn Sie akzeptieren, dass Sie Ihre eigene Hauptbezugsperson sind, und sich ermächtigen, Nein zu sagen, dann können Sie nicht länger in der Rolle des Kindes bleiben. Sie erkennen an, dass Sie erwachsen sind und sich dies in Ihren Gedanken, Handlungen und Entscheidungen widerspiegeln muss, was wiederum Ihre Gefühle verändert.

Sie müssen sich um Ihr inneres Kind, Ihr jüngeres Selbst, in Ihnen kümmern, damit es nicht mehr auf ungesunde Weise Ihr Leben übernimmt und Sie dazu drängt, die Vergangenheit in Ordnung zu bringen. Wenn Sie diese Teile von sich – Ihre russischen Puppen – gut behandeln, wird sich Ihr jüngeres Selbst beruhigen, und Sie werden sich sicherer und geborgen fühlen.

Bei der Elternschaft geht es darum, jemandem eine Mutter oder ein Vater zu sein, und dazu muss man kein biologischer Elternteil sein. In Ihrem Leben gibt es Menschen, die Elternfiguren waren und sind, und das können Sie jetzt und in Zukunft für sich selbst sein. So wie Ihre Eltern nicht als Eltern geboren wurden, sind Sie es auch nicht. Während Sie sich der Herausforderung stellen, Ihre Beziehung zu sich selbst zu aktualisieren, lernen Sie, was Sie tun müssen.

Sie sind nicht mehr das Kind von früher, Sie müssen nicht mehr machtlos oder hilflos sein oder sich an überholte und falsche Regeln und Verpflichtungen halten. Das bedeutet, dass Sie sich die Grenzen erlauben, von denen Sie früher dachten, sie nicht haben zu dürfen und mit ihnen andere zu verärgern. Jetzt, da Sie sich selbst Eltern sind, müssen Sie sich nicht mehr anpassen und können einen anderen Weg wählen. Reparenting ist Selbstfürsorge, denn es ermöglicht Ihnen den Zugang zu den Beziehungen, Dingen, Ressourcen, Aktivitäten, Gewohnheiten und Gelegenheiten, mit denen Sie Ihre Bedürfnisse auf gesunde Weise erfüllen und mehr Sie selbst werden, anstatt sich Dinge vorzuenthalten oder sich auf ungesunde Weise selbst zu beruhigen.

ERKENNEN SIE, WENN SICH IHR INNERES KIND ZEIGT

»Welcher emotionale Ballast liegt dem Ganzen zugrunde?« Mit dieser Frage haben Sie den ersten Schritt getan, Ihr inneres Kind anzuerkennen und sich darum zu kümmern. Wenn Sie eine Rolle spielen und sich davor drücken, Nein zu sagen, fallen Sie in eine kindliche Rolle zurück, und Ihr inneres Kind zeigt sich auf irgendeine Weise. Das erkennen Sie daran, dass …

- Sie ähnlich wie in jungen Jahren fühlen, denken und sich verhalten.
- Sie nachgiebig sind, auf Autopilot, gehorsam und Regeln folgen, auch wenn es keinen Sinn ergibt oder Sie schädigt oder verletzt.
- Sie typische People-Pleaser-Gefühle (Angst, Ärger, Schuld, Überforderung) erleben, nachdem Sie einem klaren Nein aus dem Weg gegangen sind.
- Ihre Denkmuster – Ihre Überzeugungen – Ihre Kindheit und Perspektiven von früher widerspiegeln, die Sie nicht infrage gestellt oder auf den neuesten Stand gebracht haben.
- Sie eine unerklärliche Angst davor haben, Ärger zu bekommen, ignoriert zu werden, etwas Falsches zu tun, verletzt oder verlassen oder zurückgewiesen zu werden.
- Sie etwas auf dieselbe Weise tun, aber andere Resultate erwarten; Sie wollen die Ausnahme von den Verhaltensregeln anderer Menschen sein.
- Sie sich passiv-aggressiv verhalten, Frust und Ärger nach außen

hin mit Gefügigkeit überdecken oder Ihre wahren Gefühle durch – manchmal unterschwelliges – verschlossenes und widerständiges Verhalten zum Ausdruck bringen wollen.
- Sie sich danebenbenehmen, weil Ihr Ego die Führung übernommen hat, und damit versuchen, Aufmerksamkeit zu bekommen. Sie vergleichen sich mit anderen, machen andere nach, wollen gewinnen, recht oder die Macht haben, oder Sie wollen es jemandem – indirekt – heimzahlen.

Halten Sie einen Moment inne, und fragen Sie sich: »Was brauche ich? Was fühle ich? Wie kann ich mir selbst eine Hilfe sein?«

REPARENTING NACH PLEASER-TYPEN

Gute: Ihnen würde es vielleicht helfen, weniger strikt darauf bedacht zu sein, Regeln zu befolgen und sich um das nach außen abgegebene Bild zu sorgen.
Bemüher: Ihnen würde es vielleicht helfen, nicht ständig mithalten zu müssen, Leistung zu bringen oder sich zu beweisen.
Vermeider: Ihnen würde es vielleicht helfen, wenn Sie Fragen stellen und neugierig sein dürfen.
Retter: Ihnen würde es vielleicht helfen, wenn Sie um Hilfe bitten und Verantwortung abgeben können.
Leider: Ihnen würde vielleicht das Wissen helfen, dass Sie jemandem (Ihnen) wichtig sind und dass dieser jemand zuhört.

Unser inneres Kind, das unser früheres Ich repräsentiert, steht auch für unser eher kreatives, spielerisches Selbst. Wie können Sie darauf zurückgreifen? Jedes Mal, wenn Sie Ihre Grenzen ein wenig mehr herausbilden und zwischen der Vergangenheit und der Gegenwart differenzieren, haben Sie die Gelegenheit, sich um Ihr jüngeres Ich zu kümmern und es besser zu behandeln.

Erkennen Sie Ihre Rolle und Ihren gegenwärtigen Erziehungsstil und passen Sie ihn an gesündere Grenzen an. Allmählich haben Sie ein Gefühl für die Rollen, die Sie in Ihren zwischenmenschlichen Beziehungen spielen, sowie für Ihren People-Pleaser-Typ bekommen. Wie zeigen sich diese in der Art, wie Sie bisher für sich selbst Eltern gewesen sind? Gutsein könnte ein Hinweis auf eine Erziehung sein, bei der Gehorsam, brav zu sein und die Wahrung des guten Scheins im Zentrum stehen. Hinter übermäßigem Bemühen steht jemand, der Sie antreibt. Vermeiden und Leiden hat eine vorsichtige, bestrafende oder beschämende Komponente. Beim Retten spielen vielleicht Schuldgefühle eine Rolle.

Ein einfacher Weg, herauszufinden, was für Eltern Sie für sich selbst sind, ist ein Blick auf Ihre eigene Erziehung und was Sie daraus übernommen haben. Jetzt haben Sie die Gelegenheit zu bestimmen, was für Eltern Sie sein möchten.

Auch wenn Sie der Erziehung Ihrer Eltern oder Bezugspersonen negativ gegenüberstehen, achten Sie darauf, nicht in Extreme zu verfallen. Manchmal wollen wir uns so sehr von unseren Eltern und Bezugspersonen distanzieren, dass wir mit unseren Grenzen hadern oder uns Vorwürfe machen, wenn wir auch nur den Hauch einer Ähnlichkeit entdecken.

Notieren Sie folgende Fragen in Ihr Buch und forschen Sie Ihrem Erziehungsstil nach:

- Was für Eltern werden Sie sein?
- Welche Werte werden Sie vermitteln?
- Welches Beispiel werden Sie für Ihr inneres Kind abgeben?
- Wie werden Sie mit Wutanfällen und schlechtem Benehmen umgehen?
- Wie werden Sie Ihr inneres Kind trösten und unterstützen?
- Wie werden Sie ihm dabei helfen, zu lernen und sich weiterzuentwickeln, und wie werden Sie mit Fehlern umgehen?

- Wir werden Sie Ihr inneres Kind beschützen, ohne dass Sie beide hyperwachsam werden?
- Wie ermöglichen Sie Ihrem inneren Kind die Freiheit, die Welt zu entdecken und sich selbst auszudrücken?
- Wie können Sie sich und Ihrem inneren Kind einen guten Lebensstandard ermöglichen? Nicht »einfach irgendwie klarkommen«, aber auch nicht nur auf Materielles fokussiert sein?
- Wo haben Sie erkannt, dass Sie sich nicht gut um sich selbst gekümmert haben? Was können Sie dagegen tun? Was ist der erste kleine Schritt?

Unterscheiden Sie zwischen Ihrem inneren Kritiker und Ihrer inneren Stimme. Wir alle haben einen inneren Kritiker, dessen negative Kommentare wir fast schon als menschliche Stimme in uns hören und die wir als Rückmeldung auffassen, dass wir nicht okay sind oder etwas Falsches tun (oder es noch so kommen wird, wenn wir nicht darauf hören). Sie unterscheidet sich völlig von unserer inneren Stimme, die ruhig und respektvoll ist und sich nur mit der Gegenwart befasst.

Ihr innerer Kritiker wird alles tun, um Sie davon abzuhalten, Ihre Komfortzone zu verlassen. Er erinnert Sie an vergangene Fehler (und übertreibt sie), damit Sie nicht riskieren, sie erneut zu begehen, und er will letztlich das Unkontrollierbare kontrollieren, denn es ist, als müssten Sie wissen, was im Jahr 2099 passieren wird, damit er (und Sie) sich sicher fühlen können. Ihr innerer Kritiker glaubt, dass er hilfreich ist und Sie auf dem rechten Weg hält, aber stellen Sie sich seine Kommentare als Hintergrundmusik vor, die Stimmen aus früheren Erfahrungen abspielt, über die Sie Feedback, einschließlich Kritik, Regeln und Verpflichtungen verinnerlicht haben. Diese Stimmen laufen wie ein leises Radio oder Fahrstuhlmusik im Hintergrund und werden lauter, sobald Sie sich auch nur einen Millimeter aus Ihrer Komfortzone herausbewegen.

Sie haben Ihren inneren Kritiker versehentlich mit Ihrer inneren Stimme verwechselt und lassen ihn den Ton angeben. Deshalb sind Sie so geübt darin, sich selbst emotional zu erpressen und gesunde Grenzen zu vermeiden. Wie alles, was Sie mit sich herumgeschleppt haben, ist auch Ihr innerer Kritiker eine Gewohnheit. Er läuft automatisch mit und wird lauter in Kontexten, in denen er bereits gewohnt ist, dabei zu sein – wenn Sie Angst haben, kritisch sind und urteilen. Ihr innerer Kritiker hat weder »recht« noch überhaupt etwas mit den aktuellen Ereignissen zu tun – denken Sie daran, dass Ihr Unterbewusstsein nicht in der Gegenwart angesiedelt ist und dass die Amygdala, die für die Verarbeitung von Angst zuständig ist, manchmal ein wenig übertreibt –, also holt er das hervor, was sich bereits als wirksam erwiesen hat. Das ist der Grund, warum Ihr Unterbewusstsein, obwohl Sie erwachsen sind, alte Erinnerungen an damals wachruft, als Sie sich auf dem Spielplatz blamiert haben, oder als Sie sich aus Angst vor Ihren Eltern bei der Arbeit nicht gewehrt haben.

Ihre innere Stimme ist weder repetitiv, negativ noch emotional erpresserisch, noch klingt sie wie eine wichtige Person aus der Vergangenheit. Ihr Tonfall ist neutral, und sie wiederholt nichts von früher. Sie wird Ihnen nicht immer das sagen, was Sie hören wollen, aber sie wird Ihnen immer den Rücken stärken und sich auch nicht schämen, Ihnen wenn nötig ein paar Tritte in den Hintern zu verpassen. Aber sie *könnte* viel leiser sein als Ihr innerer Kritiker, weil Sie sich normalerweise nicht selbst zuhören. People Pleasing ist, als ob Ihr innerer Kritiker am Steuer säße.

Es ist auch wichtig zu erkennen, wo Sie Ihren inneren Kritiker als Ersatz- oder zusätzlichen Elternteil einsetzen, und Sie müssen sich Ihre Erziehungsberechtigung zurückholen. Indem Sie eine aktivere Rolle einnehmen, werden Sie Ihren inneren Kritiker beruhigen. Nein, Sie werden ihn nicht vertreiben können, denn er ist ein Schutzmechanismus, aber Sie werden neben ihm sitzen und sagen können: »Oh, hallo, alter Freund. Was für eine Überraschung, dass du aufgetaucht bist, um mich runterzumachen, wenn es mir gerade mal gut geht.« (Merken Sie, dass ich das zu mir selbst gesagt habe?)

Ihr innerer Kritiker ist die Angst, und er ist übereifrig. Sie wissen immer, dass er spricht, nicht Ihre innere Stimme, denn er ist ein widersprüchlicher, wankelmütiger Mistkerl. Wenn Sie tun, was er sagt, wechselt er die Seite und greift Sie an. Er ist nie zufrieden. Wenn Sie es ihm nicht mehr recht machen wollen, werden Sie authentischer, weil Sie sich erlauben, erwachsen zu werden. Sie werden auch feststellen, dass Ihr innerer Kritiker sich entspannt und nicht mehr so aggressiv ist, wenn Sie authentischer sind, denn er ist am aktivsten, wenn Sie mit Ihren Grenzen und Werten nicht im Einklang sind.

Sprechen und seien Sie freundlicher mit sich. Es ist an der Zeit, gnädiger mit Ihnen selbst umzugehen und Ihre Menschlichkeit anzuerkennen, anstatt die Angst Ihres inneren Kindes zu verstärken, dass Sie immer noch in der Vergangenheit leben.

Möchten Sie sich selbst oder ein kleines Kind so erziehen, wie Sie sich selbst behandeln und betrachten? Würden Sie mit einem geliebten Menschen so sprechen oder ihn so behandeln, wie Sie mit sich selbst umgehen? Wenn die Antwort darauf Nein lautet, und ich vermute, dass es so ist, wenn Sie in diesem Buch bis hierhergekommen sind, dann haben Sie kein Recht, sich so zu behandeln und zu betrachten, wie Sie es getan haben – als ob Sie nicht wichtig wären. Das kleine Kind lebt noch in Ihnen. Je nachdem, wie Sie sich selbst behandeln, könnte es denken, dass es immer noch von einer Tyrannin oder einem Missbrauchstäter belagert wird oder dass sich niemand kümmert oder dass jemand, der nicht »alles« weiß, sein Chef ist.

> Wo sind Sie ungeduldig und intolerant, wo mangelt es an Mitgefühl und Einfühlungsvermögen mit Ihnen selbst, während Sie andere nicht so behandeln, und was können Sie besser machen?

Um sich neu zu erziehen, muss man sich neben sich selbst setzen. Anstatt das innere Kind zu verurteilen oder zum Schweigen zu bringen, wenn es auftaucht, behandeln Sie es neugierig und beobachtend. Sie erkennen an, warum es sich meldet, und geben ihm dann Sicherheit. Wenn Sie sich innerlich aufgewühlt fühlen, ist es genau das, wonach Ihr jüngeres Ich sucht – die Gewissheit, dass es sich nicht um die Vergangenheit handelt, und die Bestätigung von Ihnen, dass es bei Ihnen sicher ist und dass Sie sich um sein Wohlergehen sorgen. Da Sie bereits allmählich erkennen, wo sich Ihr Ballast zeigt, verstehen Sie besser, was gerade passiert, anstatt ungeduldig, intolerant oder abschätzig gegenüber Ihrem jüngeren Ich zu sein.

Wenn ich mit anderen People Pleasern spreche, die selbst Eltern sind und Angst davor haben, ihre eigene Kindheit zu wiederholen, ermutige ich sie immer wieder, einen ständigen Dialog zu führen. Wenn ein Kind mit Ihnen über die kleinen Dinge sprechen kann, wird es sich auch mit größeren Dingen an Sie wenden, vor allem, wenn Sie ihm das Gefühl der Sicherheit geben oder eine nicht ideale Reaktion korrigieren können. Bei einem ständigen Dialog geht es aber auch darum, die Gewohnheiten Ihres Kindes zu erkennen und sich darauf einzustellen, damit Sie gegebenenfalls besonders wachsam sein oder einem Bedürfnis nachkommen können. Und dasselbe können Sie auch für sich selbst tun.

Führen Sie einen ständigen Dialog. Denken Sie daran, dass Ihre Eltern und Bezugspersonen nicht unfehlbar sind und auch Sie Fehler machen dürfen. Sie müssen sicher nicht die gleichen Fehler machen wie Ihre Eltern, aber selbst wenn, können Sie daraus lernen, weil Sie mittlerweile Erkenntnisse gewonnen haben, die Ihnen einen anderen Weg zeigen.

Beruhigen Sie sich auf gesunde Weise, wenn Sie sich durchs Neinsagen getriggert fühlen. Sie können Ihre Gedanken, Gefühle und Handlungen in verschiedenen Situationen bewusst oder unbewusst steuern. Das ist Selbstberuhigung, Ihre Fähigkeit, für sich selbst da zu sein und auf Ihre Bedürfnisse zu reagieren.

Ihr People-Pleaser-Verhalten war Ihre Art, Stress, Angst, Traurigkeit, Einsamkeit, Wut, Ablehnung und Unsicherheit zu lindern und zu versuchen, Ihre verschiedenen Bedürfnisse zu befriedigen, aber da es sich um eine schlecht angepasste Strategie handelt, ist sie zunehmend unwirksam geworden. Vorübergehend bringt sie Erleichterung, schafft aber letztlich mehr Probleme, als sie löst.

Wenn Sie anfangen, Nein zu sagen und sich mehr abzugrenzen, werden Sie ein Gefühl dafür bekommen, wann und warum Sie sich selbst trösten und unterstützen müssen. Bei der Selbstberuhigung geht es nicht darum, die – vermeintliche – Ursache des Problems zu beseitigen oder Ihre Gefühle zu unterdrücken. Sie sollen Ihre Gefühle spüren und dann mit etwas reagieren, das sie auf gesunde Weise beruhigt oder neutralisiert, sodass Sie sich anschließend besser fühlen oder in der Lage sind, Ihre nächsten Schritte zu überlegen.

Wenn ein Nein Sie verunsichert (oder Sie eines in Erwägung ziehen), verbinden Sie sich mit der Gegenwart und Ihrem Körper, indem Sie sagen: »Ich bin sicher, ich bin geborgen.« Wiederholen Sie das immer wieder. Damit geben Sie Ihrem Körper die Möglichkeit, die Umgebung zu registrieren, einschließlich des Jahres, in dem Sie sich befinden, sodass er sich nicht mehr in einer alten Situation wähnt. Ich habe auch festgestellt, dass ich, wenn ich dieses Mantra wiederhole, nicht lange über ein Nein nachdenke oder mir irgendetwas einrede.

Wenn das Neinsagen an sich oder die Reaktion darauf Sie gestresst oder verärgert hat, oder Sie eventuelle Folgen befürchten, dann kann ein Dialog mit Ihnen selbst sehr beruhigend sein. Reden Sie sich alles von der Seele, wie ein Kind, lassen Sie alles raus (oder schreiben Sie es in Ihr Buch). Danach wechseln Sie behutsam zu einer anderen Perspektive, die Ihre Gefühle und das Gesagte anerkennt, Ihnen aber auch aufzeigt, was gerade passiert oder was Sie vielleicht tun können. Sie müssen nicht alles bis ins kleinste Detail lösen. Wir Menschen wollen gesehen und gehört werden. Hauptsächlich suchen wir bei anderen danach und vergessen, dass wir uns das selbst auch geben können.

Beim Reparenting geht es darum, sich selbst zu geben, was man nicht bekommen hat oder was man immer wieder bei anderen sucht. Nicht, weil Sie keinen anderen brauchen, sondern weil Sie sich nicht mit weniger zufriedengeben werden, wenn Sie sich selbst mit Liebe, Fürsorge, Vertrauen und Respekt behandeln und betrachten, insbesondere in Situationen, in denen Sie in der Vergangenheit anders gehandelt hätten. Sie legen den Standard fest.

BEOBACHTEN SIE IHRE GEFÜHLE IN DER DRITTEN PERSON

Wenn es noch ungewohnt für Sie ist, Ihre Gefühle auszudrücken und zu benennen, kann ein Satz wie »Ich fühle mich überfordert, weil ich XY zugestimmt habe, weil ich nicht unfreundlich wirken wollte« beängstigend sein. Stattdessen könnten Sie sagen: »[Ihr Name] fühlt sich überfordert, weil er/sie XY zugestimmt hat, aus diesem und jenem Grund.« Dadurch können Sie Ihre Gefühle nicht nur besser beobachten, sondern sich durch die Ansprache in der dritten Person auch leichter selbst beruhigen und erden.[9]

GRENZEN SIND VERGEBUNG

Ein entscheidender Schritt auf meinem Weg des Reparenting, der ebenfalls in Sonias Sprechzimmer begann, war für mich die Erkenntnis, dass Eltern nicht unfehlbar sind. Sie waren selbst einmal Kinder und sind Menschen mit einem Innenleben und einer Vorgeschichte, bevor wir überhaupt gezeugt wurden. Eine unzureichende Erziehung, in welcher Form auch immer, ist nicht gleichbedeutend mit einem unzureichenden Kind.

Unsere Eltern und Bezugspersonen sind ebenfalls im Zeitalter des Gehorsams aufgewachsen. Auch wenn sie vielleicht etwas Besseres für uns wollten oder versuchten, mit den ihnen zur Verfügung stehenden Mitteln das Beste zu tun, weshalb sie uns vielleicht zu sehr antrieben, sich auf die falschen Dinge konzentrierten oder niedrige und begrenzte Erwartungen an uns hatten, wiederholten sie letztendlich, was sie selbst gelernt hatten, ohne einen Bruchteil des Bewusstseins und der Ratschläge, die uns heute zur Verfügung stehen.

Die Menschlichkeit unserer Eltern und Bezugspersonen anzuerkennen soll nicht den Schwerpunkt von unseren Erfahrungen verlagern. Was geschehen ist oder was gefehlt hat, soll nicht gerechtfertigt werden. Wenn wir unsere Erfahrungen verleugnen, weil wir glauben, dass andere dadurch besser dastehen, weil wir nicht illoyal sein wollen, weil wir beweisen wollen, dass wir dankbar sind, oder weil wir der Wahrheit nicht ins Auge sehen wollen, verstärkt das unseren Schmerz und macht den unverarbeiteten emotionalen Ballast nur noch größer.

Die Freude am Neinsagen, an der Möglichkeit, Grenzen zu setzen, bedeutet, dass wir uns selbst vergeben. Grenzen sind Vergebung, denn wenn wir sie entwickeln, unterdrücken wir nicht länger unsere Bedürfnisse, Erwartungen, Wünsche, Gefühle und Meinungen, sondern vergeben unserem jüngeren Selbst. Vergebung erlaubt uns zu wachsen.

Der Mensch hat jedoch eine komplizierte Beziehung zur Vergebung, nach allem, was wir vielleicht durch die Religion gelernt haben, durch die Botschaften, die wir in unserer Kindheit erhalten haben, und wie wir glauben, Vergebung bisher praktiziert zu haben: »Sag Entschuldigung.« – »Ärger dich nicht länger.« – »Mach weiter!« Vergebung wird oft als etwas angesehen, das wir anderen gewähren, und wir gelten als nachtragend und unnachgiebig, wenn wir es nicht tun. People Pleasing überzeugt uns, dass wir sehr gut vergeben können. In Wirklichkeit lassen wir andere schnell wieder zur Tagesordnung übergehen, während wir uns insgeheim Vorwürfe machen, weil wir die ganze Schuld und Schande auf uns genommen haben.

Vergebung ist die Entscheidung loszulassen, indem wir dazulernen und einen anderen Blickwinkel einnehmen. Diesen bekommen wir, wenn wir eine Situation ehrlicher betrachten. Das sind Grenzen.

Vergebung bedeutet nicht, dass Sie das Handeln einer anderen Person gutheißen. Es bedeutet nicht, dass Sie einem anderen Menschen wieder vertrauen oder im gleichen Umfang Kontakt mit ihm haben müssen wie zuvor, insbesondere wenn er Sie ausgenutzt oder sogar missbraucht hat. Das bedeutet nicht, dass Sie nicht vergeben haben – es bedeutet, dass Sie sich weiterentwickelt und Ihre Grenzen entsprechend angepasst haben. Vergebung bedeutet weder, dass Sie den Reset-Knopf drücken, noch dass Sie jemanden zwingen, sich zu ändern.

Die Kindheitserlebnisse, die zu Ihrem People Pleasing beigetragen haben, sind nicht Ihre Schuld, aber als Erwachsener haben Sie die Verantwortung, wie sich ihr Erbe in Ihren (fehlenden) Grenzen zeigt.

Wer sich für Grenzen entscheidet, entscheidet sich für Vergebung. Sie funktionieren auf zweifache Weise: Wenn Sie anerkennen, was Sie für sich selbst tun müssen, sind Sie einer Situation nicht mehr auf dieselbe Weise ausgesetzt wie früher, weil Sie eine andere Grenze gezogen haben und dazulernen wollen. Dadurch lassen Sie auch andere Menschen für ihr Verhalten einstehen, ob sie es nun wollen oder nicht, weil Sie es sich nicht durch People Pleasing zu eigen machen und ihnen damit die Verantwortung für ihr Handeln und die Auswirkungen auf die Beziehung abnehmen.

Wir People Pleaser haben alle irgendwann uns selbst und unser Nein verloren. Einige von uns konnten nicht die Kinder sein, die wir eigentlich hätten sein sollen, oder sie bekamen nicht die nötige Zuwendung, Liebe und Fürsorge, das Vertrauen und den Respekt von unseren Eltern und Bezugspersonen. Einem Nein nicht mehr aus dem Weg zu gehen bedeutet zu akzeptieren, dass die Vergangenheit abgeschlossen ist, und um das Kind zu trauern, das wir nicht sein durften, um die Menschen, die unsere Eltern oder Bezugspersonen nicht waren, aber auch darum, wie hart wir mit uns selbst umgegangen sind.

Ich stelle Ihnen eine ähnliche Frage wie die, die Sonia mir vor all den Jahren gestellt hat: *Halten Sie es für fair und vernünftig, einem kleinen Kind die Schuld für das zu geben, wofür Sie sich selbst kritisiert, verurteilt und sogar gehasst haben?* Vergeben Sie sich und der Vergangenheit so gut wie möglich mit der Entscheidung, gesündere Grenzen zu ziehen und Nein zu sagen.

GESUNDE GRENZEN SETZEN

- Anstatt die Vergangenheit noch einmal zu durchleben und irrtümlich alles und jeden in eine Version Ihrer Eltern und Bezugspersonen zu verwandeln, von denen Sie Bestätigung und einen Neuanfang erwarten, treten Sie beim Reparenting in einen mitfühlenderen, neugierigeren und umsorgenderen Dialog mit Ihnen selbst und kümmern sich mithilfe von Grenzen liebevoll um die vernachlässigten Teile Ihres Selbst.
- Grenzen spiegeln Ihre Werte wider, wobei beide als inneres

Leitsystem fungieren, das auf Ihre Bedürfnisse, Wünsche, Erwartungen, Gefühle und Meinungen hinweist. Gesündere Grenzen als früher zu haben und sie weiterzuentwickeln hilft Ihnen, Entscheidungen zu treffen und andere Menschen und Situationen richtig einzuschätzen und vorherzusagen. People Pleasing stört, unterbricht und hemmt Ihr inneres Leitsystem.
- Wenn Sie Grenzen setzen, verfügen Sie über die Reife und emotionale Intelligenz, um mit Beziehungen und Situationen außerhalb Ihrer bisherigen Komfortzone umzugehen. Sie haben keine Angst, sich zu verlieren, weil Sie sich besitzen.
- Das Unkontrollierbare können wir nicht kontrollieren, aber wir können die Kontrolle über uns selbst übernehmen.
- Sie fragen sich vielleicht, warum ein Elternteil sich bei jemand anderem so oder so verhält, bei Ihnen aber nicht. Es ist eine andere Person, eine andere Dynamik, andere Rollen, andere Grenzen, *auch wenn* Sie im selben Haus aufgewachsen sind und vieles gemeinsam erlebt haben. Wenn Ihr Vater oder Ihre Mutter sich Ihnen gegenüber so verhalten, sehen sie oft etwas von sich selbst in Ihnen und stellen andere Erwartungen an Sie oder fürchten die Unterschiede. Eltern verhalten sich außerdem anders gegenüber Menschen, die nicht ihre Kinder sind!
- Grenzen lassen Beziehungen wachsen, weil diese dadurch ehrlicher und umsorgender werden.

PRAKTISCHE HILFE

Wie kann ich schnell und einfach mit meinem jüngeren Ich in Kontakt treten?

Sehen Sie sich alte Fotos an, oder wenn Sie keine haben, versuchen Sie sich vorzustellen, wie Sie damals waren. Tun Sie Dinge, die Sie als Kind gerne getan haben oder zu denen Sie keine Gelegenheit hatten. Nehmen Sie Ihr inneres Kind mit auf einen

Ausflug und führen Sie es herum, oder gönnen Sie ihm etwas Leckeres, von dem Sie wissen, dass es ihm Freude bereiten würde. Beziehen Sie Ihr inneres Kind in das ein, was Sie tun. *Mein achtjähriges Ich hätte das toll gefunden!* Nehmen Sie wahr, wenn Sie etwas voller Freude tun. Wenn ich tanze, fühle ich mich wie ein Teenager, der in den Discos von Dublin tanzt, und bin eins mit der Musik. Es ist das reinste Glück.

Ich habe das Gefühl, dass ich mich mein ganzes Leben lang um mich selbst gekümmert habe, und ich bin müde. Ich glaube, ich schaffe das nicht.

Ich kann Sie verstehen. Wenn Sie vernachlässigt, verlassen oder misshandelt wurden, oder wenn Sie die Erwachsenen oder Kinder um Sie herum erziehen mussten, obwohl Sie selbst ein Kind waren, fühlen Sie sich früh alt. Sie sind so müde, dass Sie endlich einmal selbst umsorgt werden möchten, und vielleicht möchten Sie den Menschen, die sich zu wenig um Sie gekümmert haben, die Chance geben, das nachzuholen. Wenn Sie anfangen, sich um sich selbst zu kümmern, haben diese vielleicht nicht das Bedürfnis, den Antrieb oder die Schuldgefühle dafür. Sie befürchten, dass Sie sie aus der Verantwortung entlassen. Vielleicht glauben Sie insgeheim auch nicht, dass Sie es verdienen, Ihre eigenen Bedürfnisse und Wünsche zu befriedigen, Ansprüche zu stellen und Ihren Gefühlen und Gedanken einen Wert beizumessen.

Allerdings sind Sie Ihre Hauptbezugsperson, und zwar seit Sie erwachsen sind, unabhängig von Ihren Erfahrungen in der Kindheit. Das bedeutet nicht, dass Sie alles allein machen müssen, sondern dass Sie Ihr Leben nicht auf Rache oder Bestrafung ausrichten. Wie wäre es, sich selbst vom Haken zu lassen? Sich Selbstfürsorge durch Nein und Grenzen vorzuenthalten kommt einer lebenslangen Gefängnisstrafe gleich. Das haben Sie nicht verdient. Reparenting bedeutet, die Ressourcen, die Unterstützung und die Grenzen zu nutzen, die Ihnen genug Energie geben, um für sich selbst zu sorgen und mit denen Sie gesündere Entscheidungen treffen und gesündere Beziehungen führen können.

Ich habe bei meinen Kindern schon Fehler gemacht, wie soll ich mich neu erziehen, wenn ich bei ihnen versagt habe?
Wer hat denn bei seinen Kindern noch keine Fehler gemacht? Wenn Sie das nicht täten, würde ich mir Sorgen machen. Ich weiß, dass es eine Unmenge von Erziehungsratgebern gibt, aber kein Handbuch kann das Lernen in der Praxis ersetzen. Sie haben Ihre Kinder mit dem Wissen erzogen, das Sie zu diesem Zeitpunkt hatten, und ja, wie alle Eltern ertappen Sie sich irgendwann dabei, so zu sein, wie Sie nie sein wollten. Anstatt sich vor diesen Fehltritten zu verstecken, die zum Elternsein dazugehören, oder sich selbst dafür zu verdammen, sollten Sie sie dahingehend betrachten, welchem Ballast Sie sich stellen müssen. Fragen Sie sich: »Womit kann ich mich durch diese Erfahrung beschäftigen?« Wenn Sie sich erlauben, das zu sehen, was Sie vorher über sich selbst und frühere Erfahrungen nicht sehen konnten, können Sie heilen, wachsen und lernen.

Durch Reparenting können Sie die Dynamik der Beziehung zu Ihrem Kind/Ihren Kindern verändern.

Als eines meiner Kinder während der Pandemie mit Angstzuständen und Panikattacken zu kämpfen hatte, machten mich Scham und Angst übervorsichtig. Ich lief wie auf rohen Eiern, was die Situation nur noch verschlimmerte. Als ich erkannte, was da hochkam (das Gepäck, das dahintersteckte) und auch, was die Angst meiner Tochter widerspiegelte, wurde mir klar, dass ich Angst vor mir selbst hatte, weil ich in ihrem Verhalten eine jüngere Version von mir selbst sah, die ich völlig vergessen hatte. Danach konnte ich nicht nur anfangen, mich um diesen Aspekt von mir selbst zu kümmern, sondern auch für sie da sein, und unser beider Angst besserte sich.

Wenn ich versuche, gesündere Grenzen zu setzen, habe ich das Gefühl, als würde ich die jeweilige Person verletzen und zurückweisen. Wenn sie zu den Grenzen, die ich brauche, nicht fähig ist, liebe ich die Person dann nicht unter Vorbehalt oder setze mich noch mehr Drama aus?

Das Vermeiden von Grenzen ist keine Liebe. Daraus spricht das kindliche Denken, bei dem wir uns vorstellen, dass Eltern im Idealfall nie Nein sagen oder dass sie spontan so werden, wie wir uns das wünschen, damit wir glücklich bis ans Ende unserer Tage leben können. Grenzen zeigen, dass man sich selbst und anderen mit Liebe, Sorgfalt, Vertrauen und Respekt begegnet und sich Beschränkungen bewusst ist. Ironischerweise haben wir mit Grenzen *mehr* Freiheit, nicht *weniger*, weil wir (und andere) die Freiheit und Flexibilität besitzen, wir selbst zu sein. Ohne Grenzen verleugnen Sie die Realität und weigern sich, den anderen so zu akzeptieren, wie er ist. Bedingungslose Liebe bedeutet, jemanden in guten und in schlechten Zeiten zu lieben. Aber nicht, jemanden zu lieben, egal was er Ihnen antut. Hüten Sie sich vor Bevormundung und davor, das Verhalten der anderen erst zu ermöglichen. Es liegt nicht an Ihnen, zu entscheiden, zu welchen Grenzen jemand fähig ist; entscheiden Sie selbst und leben Sie Ihre. Solange Sie nicht konsequent Grenzen setzen, werden Sie die Beziehung nicht richtig kennen.

Es geht nicht darum, andere zu ändern oder zu beherrschen; man kann mehr Grenzen setzen, unabhängig davon, ob andere sie haben oder nicht. Man kann eine gesunde Beziehung zu jemandem haben, indem man eine gesunde Einstellung zu demjenigen hat. Es geht darum, die Tatsache anzuerkennen und zu respektieren, dass Sie zwei Individuen sind, dass Ihr Gegenüber Ihnen nichts zu sagen und dass es nur so viel Macht hat, wie Sie ihm zugestehen. Das bedeutet nicht, dass Sie beide eine gesunde Beziehung zueinander haben, aber Sie respektieren sich selbst und Ihr Gegenüber mit gesunden Grenzen, auch wenn der andere nicht vernünftig genug ist, das Einfühlungsvermögen oder sogar den Charakter hat, das Gleiche zu tun.

Ich habe versucht, einer bestimmten Person gegenüber Grenzen zu setzen, aber sie wird so aggressiv, wütend und ausfallend. Ich habe das Gefühl, dass ich den Kontakt beenden muss, aber es fällt mir so schwer.

Manche Menschen sind aufgrund ihres eigenen Ballasts und nicht wegen Ihrer berechtigten Grenzen nicht in der Lage, eine auch nur annähernd gesunde Beziehung zu irgendjemandem zu führen, geschweige denn zu sich selbst. Ich weiß, dass es der richtige Weg zu sein scheint, an der Person festzuhalten, keine Grenzen zu setzen oder sie dazu bringen zu wollen, dass sie Sie nicht mehr schlecht behandelt und verletzt, damit Sie sich besser fühlen, oder ähnliche Anstrengungen zu unternehmen, und dass Sie sie vielleicht nicht verletzen, verärgern oder aufgeben wollen. Aber ohne Grenzen, auch solche, die eine gesunde Distanz oder Abstand bedeuten, erlebt die Person nicht die Konsequenzen ihres Handelns. Sie übernehmen ständig die Verantwortung für das Verhalten der Person, sie schiebt Ihnen ihre Verantwortung zu, und Sie übernehmen keine Verantwortung für sich selbst. Natürlich ist das hart. Sie haben mit dieser Person eine Menge durchgemacht, aber verwechseln Sie nicht den Versuch, etwas zurückzubekommen und sie dazu zu bringen, sich zu ändern, mit einem Grund, zu bleiben oder mit Liebe und Fürsorge für sie da zu sein.

Erkennen Sie den Ballast, der da hochkommt, sowie die Ähnlichkeiten zwischen dieser und einer anderen wichtigen Person aus Ihrer Vergangenheit. Wenn wir uns ändern wollen, dabei aber das Gefühl haben, illoyal zu sein oder etwas falsch zu machen, ist das ein Muster, das wir in unserer Kindheit gelernt haben.

Nehmen wir an, Sie müssen den Kontakt zu jemandem beenden, weil sich die andere Person nicht an gesunde Grenzen hält. Für welche anderen Beziehungen könnte das Platz machen? Wofür öffnen Sie die Tür? Nur wenn Sie Ihre Vorstellungen loslassen, wie Beziehungen sein *sollten,* und akzeptieren, wer die Person ist und war, können Sie erkennen, ob Sie die Beziehung ganz loslassen und den Kontakt zu diesem Menschen beenden müssen.

Ich habe mich immer für Typ X gehalten und das Gefühl, dass Grenzen mir dabei im Weg stehen.

Gesunde Grenzen drücken aus, wer Sie sind. Ich höre oft von Menschen: »Natalie, ich bin ein nervöser oder sehr spontaner Mensch, und ich habe das Gefühl, dass ich mich verstelle.« Sie sind ein Mensch, und deshalb hängen Sie an bestimmten Eigenschaften und Qualitäten als Teil Ihrer Identität, aber was ist, wenn Sie mehr sind als das, worüber Sie sich definieren wollen? Wenn Sie wirklich glauben, dass Sie ein gewisser Typ sind, können Sie das *mit* Grenzen sein, die es Ihnen *und* den Menschen in Ihrem Umfeld ermöglichen zu wachsen, anstatt Sie kleinzuhalten und in Gewohnheiten festzustecken, die Ihnen nicht guttun.

11

IST ES KEIN WUNSCH, IST ES EIN NEIN

Als wir bei der Beerdigung meines Vaters den Verwandten zuhörten, wie sie erzählten, wie er alles stehen und liegen gelassen hatte (einschließlich seiner Frau und seiner Kinder), um ihnen zu helfen, egal zu welcher Tageszeit, wurde mir und meinem Bruder klar, dass wir nie eine Chance gehabt hatten. Kein Wunder, dass Dad nicht der Vater gewesen war, den wir gebraucht oder gewollt hätten – er hatte nicht die Kapazitäten und steckte in seinem eigenen People-Pleaser-Kreislauf fest. Da ich wusste, was es ihn gekostet hatte (darunter Alkoholismus und entfremdete und belastete Beziehungen), schwor ich mir an diesem Tag, nicht mehr aus Schuldgefühlen heraus zu handeln.

Wenn wir uns bewusst werden, wie wir unsere Kapazitäten nutzen, wenn wir verstehen, wo und warum unser Ballast sich meldet, und wenn wir uns nach und nach selbst erziehen, indem wir allmählich mitfühlender und mehr auf uns bedacht agieren, wissen wir besser, wann wir Nein sagen und entschlüsseln müssen, was wir tun müssen oder wollen.

Natürlich wollten wir unser ganzes Leben lang bis zu einem gewissen Grad anderen Menschen gefallen und gaben daher den Bedürfnissen, Wünschen, Erwartungen und Gefühlen und Meinungen anderer Menschen Vorrang, weshalb diese Veränderung fremdartig und beunruhigend sein kann. Wir wissen nicht genau, was uns das Recht gibt, Nein zu sagen, und was unsere Gefühle uns darüber sagen, was wir tun oder nicht tun wollen, weil wir gelernt haben, ihnen zu misstrauen und nicht auf sie zu hören. Und was ist mit unseren Verpflichtungen und dem, was andere von uns erwarten?

So können wir uns in einem Spagat zwischen zwei gegensätzlichen Problemen wiederfinden: Wir wollen nicht ständig Dinge aus den falschen Gründen tun oder Dinge, die uns ein schlechtes Gefühl für uns selbst und unsere Beziehungen geben, aber wir wollen auch nicht unsere Beziehungen kaputtmachen und allein sein.

Noch mal: Wenn wir nicht authentisch Ja sagen, sagen wir es mit Groll, Angst oder ausweichend, und das führt zu weit mehr Problemen, als wenn wir von vornherein Nein gesagt hätten. Das bedeutet, dass *wir Nein sagen müssen, wenn es kein Wunsch ist.* Aus der Kluft zwischen dem, was wir tun wollen, und unseren Verpflichtungen oder den Erwartungen anderer Menschen entstehen Spannungen, Reibungen und Ärger.

> Beobachten Sie, was Sie vor einer Sache fühlen und denken. Hat man Sie darum gebeten, oder erwarten Sie es von sich selbst oder haben beschlossen, es zu tun? *Fühlt es sich wie ein Wunsch an oder wie eine Verpflichtung oder Regel?*

Der wichtigste Anhaltspunkt ist, wie Sie fühlen und denken. *Sollten* Sie etwas tun? Machen Sie sich Sorgen, wie Sie auf andere wirken? Dabei geht es nicht darum, was Sie tun wollen.

Denken Sie an etwas, das Sie gerne getan haben. Was haben Sie dabei empfunden? Selbst wenn Sie ein wenig nervös waren, was haben Sie gedacht? Orientieren Sie sich an diesem Beispiel, wie es sich anfühlt, etwas zu wollen. Verpflichtungen, Regeln oder emotionale Erpressung fühlen sich anders an. Wenn Sie sich fügen, anstatt zuzustimmen, fühlt es sich anders an.

Denken Sie daran: Je mehr Zeit, Energie, Mühe und Emotionen Sie damit verbringen, unauthentisch Ja zu sagen, desto weniger Ressourcen haben Sie. Ein sorgfältiger gewähltes Ja bewahrt Ihr Wohlbefinden, denn Sie verstehen die Verbindung zwischen Ja und Nein, anstatt sie voneinander getrennt zu betrachten.

Bei Verpflichtungen geht es *theoretisch* um das, wozu wir uns moralisch und rechtlich verpflichtet fühlen, doch dank des Zeitalters des Gehorsams geht unser Pflichtgefühl weit darüber hinaus. Wir neigen dazu, uns in der Nähe von Personen, die wir als Autorität wahrnehmen, verpflichtet zu *fühlen*, so zu *denken* und uns so zu *verhalten*, wenn unser Pleaser aktiviert wird.

Da People Pleasing bedeutet, dass wir uns selbst emotional dazu erpressen, etwas zu tun, fühlen wir uns oft verpflichtet, wenn wir die Bedürfnisse, Erwartungen, Wünsche, Gefühle und Meinungen anderer Menschen wahrnehmen. Vieles von dem, was wir für Verpflichtungen halten, ist allerdings nur Schein. Oft handelt es sich um Regeln, die wir für selbstverständlich halten, egal wie willkürlich, unangemessen oder irrelevant sie auch sein mögen. Dadurch entsteht ein Gefühl der moralischen Verpflichtung, weil wir glauben, dass sie unserem Charakter entsprechen, und wir fürchten, uns selbst (oder andere) zu enttäuschen und in Schwierigkeiten zu geraten.

Wir benutzen Regeln (unsere eigenen und die anderer Menschen), um uns sicher zu fühlen und uns davor zu schützen, dass sich die Vergangenheit wiederholt, doch sie führen nur zu noch mehr Schuld und Angst. Wenn wir die Regeln auf diese Weise befolgen, leben wir in der Angst, »falsch« zu sein oder verletzt zu werden, und so bleiben wir in der Vergangenheit stecken. Wir fühlen uns ständig wegen etwas schuldig, weshalb wir glauben, wir hätten mehr Schlechtes getan, als es tatsächlich der Fall war, oder dass wir Menschen mit unserem Nein verletzen.

Die Sache ist die: *Jedes Mal,* wenn Sie etwas aus einem Gefühl der Schuld, der Angst oder der Verpflichtung heraus tun, ärgern Sie sich hinterher. Vielleicht nicht heute, vielleicht nicht morgen, aber bald.

Ärger ist die emotionale Folge der Annahme, dass wir gezwungen wurden oder von uns erwartet wurde, etwas gegen unseren Willen zu sein oder zu tun. Selbst wenn Ihr Gegenüber Sie nicht gezwungen, emotional erpresst oder unter Druck gesetzt hat, am Ende ärgern Sie sich immer und fühlen sich betrogen, wenn Sie etwas tun, weil Sie glauben, dass es von Ihnen erwartet wird, und nicht, weil Sie es genuin wollen.

> Wenn es kein Wunsch ist, müssen Sie Nein sagen, denn eine Verpflichtung ist zu nahe am Kindsein und der Zeit in Ihrem Leben, als andere Menschen Autorität über Sie hatten und Ihre Sicherheit und Geborgenheit in ihren Händen lag. Wenn Sie sich nicht bewusst dafür entscheiden, was Sie tun oder nicht tun wollen, erkennt Ihr Nervensystem nicht den Unterscheid zwischen der Vergangenheit und der Gegenwart.

Wenn Sie Dinge aus einem Zwang heraus tun, anstatt bewusst zuzustimmen, handeln Sie so, als hätten Sie keine Macht, kein Mitspracherecht, als wären Sie immer noch das kleine Kind. Und so verletzen Sie Ihre Grenzen und Ihre Ressourcen, indem Sie Dinge tun, die Sie ausbeuten oder dazu führen, dass Sie nicht mit Ihren Werten, Ihrem Charakter und wie Sie Ihr Leben leben wollen im Einklang sind.

Manchmal fürchten Sie sich davor, Nein zu sagen, weil Sie völlig überzeugt davon sind, dass Sie exakt so fühlen und es Ihnen fast egoistisch vorkommt, diese Gefühle zu respektieren und jemanden zu enttäuschen. Wenn Sie zu sehr auf die Gefühle anderer Menschen ausgerichtet sind, interpretieren Sie eine an Sie herangetragene Bitte als eine Verpflichtung, die Sie erfüllen müssen.

Wie wir in Kapitel 2 gelernt haben, bedeutet Gefügigkeit, dass man übermäßig dazu neigt, anderen zu gehorchen. Sie sind auch dann gefügig, wenn es unnötig ist, Sie es nicht wollen oder nicht sollten. Das verursacht Schmerz und Probleme, denn wenn Sie es Menschen ständig recht machen wollen, tun Sie das nicht nur bei denen, die Ihnen schaden würden oder ein Problem mit Ihren Grenzen haben; Sie agieren in Ihrer Rolle und sind oft zu Menschen und Situationen hingezogen, die dieser entsprechen.

Zwischen Gefügigkeit oder Nachgiebigkeit und Zustimmung besteht ein himmelweiter Unterschied. Wenn Sie zustimmen, sagen Sie bewusst und eigenständig Ja. Sie wissen, worauf Sie sich einlassen und warum. Nachgiebigkeit bedeutet zwar, dass Sie durch Unterlassung der direkten Zustimmung oder durch Schweigen oder Untätigkeit »zustimmen«, aber das ist letztendlich Gehorsam. Sie haben sich auf etwas eingelassen, als hätten Sie kein Mitspracherecht, oder Sie haben auf Autopilot in etwas eingewilligt und erst später die Auswirkungen registriert.

Wenn Sie reagieren, anstatt zu antworten, fühlen und verhalten Sie sich auf einer gewissen Ebene so, als seien Sie für die Stimmungen, Gefühle und Probleme anderer Menschen verantwortlich. Das ist Co-Abhängigkeit. Sie machen Ihre Selbstdefinition und Ihre Sicherheit zu sehr von dieser Person abhängig und können nur schwer Ihre Verantwortung erkennen. Sie haben Ihre Bedürfnisse, Wünsche, Erwartungen, Gefühle und Meinungen mit denen Ihres Gegenübers verschmolzen, indem Sie Ihre eigenen unterdrückt und verdrängt haben, um die Gefühle und das Verhalten des anderen in den Mittelpunkt zu stellen.

Andere Menschen können keine Grenze erkennen, die Sie nicht selbst setzen, auch wenn Sie denken, dass sie das »sollten«. Indem Sie sich bewusst dafür entscheiden, das zu tun – auch wenn es vielleicht nicht Ihre absolute Lieblingsbeschäftigung ist –, werden Sie erwachsen und erkennen an, wo Sie aufhören und andere anfangen.

KÖNNEN SIE LEIDENSCHAFTLICH ZUSTIMMEN?

Marie Forleo, Unternehmerin und Autorin von *Everything Is Figureoutable,* ist bekannt für ihren Spruch: »Wenn es kein verdammtes Ja ist, dann ist es ein verdammtes Nein!« In manchen Fällen trifft das zu, doch dann wieder gilt unser Ja Dingen, die uns nur mäßig interessieren. Nicht alles kann ein inbrünstiges Ja *sein.* Manchmal fällt es mäßig aus, vielleicht weil wir nicht wissen, was es beinhaltet, weil wir nicht viel Kapazität übrig haben oder weil wir einfach nur mit etwas einverstanden sind. Der Schlüssel liegt darin, auch zu bemerken, wie sich ein Nein anfühlt, und diese Informationen zu nutzen, um Ihrer Intuition und Ihren Grenzen zu vertrauen, damit Sie sich selbst den Rücken stärken können.

Wenn Sie das Bedürfnis, den Wunsch oder die Erwartung einer anderen Person wahrnehmen oder in Erwägung ziehen, etwas zu sein oder zu tun, stellen Sie sich folgende Fragen:

Was fühle ich?

Wovor habe ich Angst?

Was denke ich gerade?

Versuche ich zu kontrollieren,
wie andere mich wahrnehmen?

Achten Sie auf Ihre Gefühle und erkennen Sie, wo Ihr Pleaser sich meldet, auch wenn Sie etwas vielleicht wirklich gern tun wollen. Wegen ihm haben Sie sich manchmal selbst Schuldgefühle gemacht, obwohl Sie es ohne Scham oder Drohungen sowieso getan hätten. Daher sind Sie vielleicht so sehr daran gewöhnt, Dinge aus einem Gefühl der Schuld heraus zu tun, dass sich Ihr Blick getrübt hat. Sie möchten gern für Ihre Liebsten da sein, haben aber vielleicht ein so unverhältnismäßiges Pflichtgefühl, dass die Erwartungen anderer Menschen anstrengend und belastend sein können, selbst wenn Sie etwas wirklich tun wollen.

Wenn Sie selbstkritisch sind und sich selbst von etwas überzeugen, sich durch Drohungen und Beschimpfungen zu etwas drängen wollen; wenn Ihre Gedanken darum kreisen, was jemand über Sie sagen könnte, wenn Sie es nicht tun; wenn Sie sich Katastrophen ausmalen, sich darüber aufregen, dass andere Sie um etwas bitten oder etwas von Ihnen erwarten; wenn Sie Kontrolle ausüben, gewinnen, Recht haben oder nicht verlieren wollen, dann halten Sie inne. Das sind alles Ihre eigenen Botschaften dafür, dass Sie Nein sagen müssen. Wenn Sie jetzt weitermachen, wäre das aus den falschen Gründen.

Ich treffe so viele Menschen, die sich bereit erklären, zu helfen, zusätzliche und/oder unbezahlte Arbeit zu leisten und an Dingen mitzuwirken, die sie gar nicht tun wollen. *Sie alle machen* sich Gedanken darüber, was andere von ihnen halten könnten, wenn sie Nein sagen, und erpressen sich emotional, Hilfe aus den falschen Gründen zu leisten. Dabei bedenken sie nicht die Auswirkung, die Bedeutung und die Folgen einer solchen Zustimmung, einschließlich der negativen Selbstwahrnehmung und der Tatsache, dass sie sich selbst ausbeuten.

Was Sie denken, fühlen und tun, reicht völlig als Berechtigung, Nein zu sagen, denn sonst würden Sie Dinge aus den falschen Gründen tun, auch wenn es sich um eine vermeintlich »gute Sache« handelt.

Ist es kein Wunsch, ist es ein Nein.

> Üben Sie, die Dinge zu erkennen, die Sie nicht machen möchten. »Vergesst es!«, sage ich mir dann und kichere vor mich hin.

ERKENNEN SIE EINEN WUNSCH ANHAND IHRES PLEASER-TYPS

Gute: Achten Sie darauf, wo Sie glauben, dass sich die Leute gut fühlen oder gut von Ihnen denken, wenn Sie Ja sagen, und schauen Sie darüber hinaus auf das, was Sie wirklich wollen.
Bemüher: Achten Sie darauf, was Sie tun würden, selbst wenn niemand in der Nähe wäre, um es anzuerkennen, und wobei Sie sogar schon beim bloßen Gedanken strahlen.
Vermeider: Achten Sie darauf, wo Sie dem anderen den Vortritt lassen möchten. Halten Sie inne und überlegen Sie, was Sie selbst entscheiden würden.
Retter: Achten Sie darauf, wo etwas wirklich für beide Seiten von Vorteil ist und Sie nicht wieder in der gebenden Rolle landen.
Leider: Achten Sie auf die Dinge, durch die Sie sich nicht quälen müssen – und folgen Sie diesem Gefühl öfter.

SO BEKOMMEN SIE PFLICHTGEFÜHL UND ÄRGER IN DEN GRIFF

Was *will* ich tun, und wozu fühle ich mich *verpflichtet?*

Die Verpflichtung kann insofern real sein, als dass Sie jemand darüber informiert hat, aber es kann auch sein, dass Sie sich verpflichtet fühlen, weil Sie *denken,* etwas tun zu müssen.

Besteht zwischen Ihrem Wunsch und Ihrer Verpflichtung ein Unterschied, kann daraus für Sie Ärger resultieren. Tun Sie Folgendes:

- Schließen Sie die Lücke, indem Sie sich dem nähern, was authentisch ist (dem Wunsch).
- Wandeln Sie die Verpflichtung in einen Wunsch um.

- Geben Sie zu verstehen, dass Sie etwas für eine Verpflichtung halten.
- Oder Sie müssen Nein sagen.

Nehmen wir an, Ihre Eltern erwarten von Ihnen, dass Sie jeden Tag anrufen – das betrifft viele meiner Klientinnen und Klienten. Wenn Sie abwägen zwischen dem, was Sie tun möchten, und der Verpflichtung (jeden Tag anzurufen), und wenn Sie sich eingestehen, dass Sie vielleicht zwei- oder dreimal in der Woche mit Ihren Eltern sprechen möchten oder wenn Ihnen danach ist, ist es ein Problem, wenn von Ihnen erwartet wird, sich täglich zu melden. Sie tun das Doppelte von dem, womit Sie sich wohlfühlen. Sie sind kein böses/schlechtes/undankbares Kind, weil Sie weniger engen Kontakt wollen; Sie machen diese Anrufe aus den falschen Gründen und setzen sich über Ihre Grenzen hinweg.

Finden Sie eine gesunde Motivation für die Fortsetzung der täglichen Anrufe, die nichts mit der Aufrechterhaltung einer Identität oder einem Hintergedanken zu tun hat, oder sagen Sie Nein zu der Verpflichtung und schalten Sie einen Gang zurück. Fangen Sie zum Beispiel an, einen Mittelweg zu finden, oder setzen Sie sich selbst Grenzen, wie viel Zeit Sie mit diesen Anrufen verbringen. Handeln Sie aus einem Wunsch heraus, nicht weil Sie sich verpflichtet fühlen.

Etwas vergessen People Pleaser oft: Die meisten Menschen wollen nicht das Gefühl haben, dass Sie etwas aus Schuld- oder Pflichtgefühlen getan haben, *selbst wenn* – und ich weiß, dass das absurd ist – sie Ihnen die Schuldgefühle überhaupt erst gemacht oder Sie zu etwas gezwungen haben. Und ich sage »die meisten«, weil es manchen Menschen egal ist, wie unglücklich Sie sind. Sie wollen, dass Sie sich fügen, und nutzen nur zu gern Ihre Gewissenhaftigkeit und Ihre Angst aus. Diesen Menschen gegenüber müssen Sie wirklich gute Grenzen setzen. Wenn Ihr Gegenüber allerdings Grenzen respektiert (oder respektieren würde, wenn er Ihre sehen könnte), dann ist das eine Beleidigung für Ihre Beziehung zu ihm. Wenn Sie Dinge aus einem Gefühl der Verpflichtung heraus tun, nehmen Sie die Rolle eines Kindes ein und führen eine unreife Beziehung. Sie werden mit passiv-aggressivem Verhalten reagieren, zum Beispiel zu spät kommen, launisch sein oder schlecht über etwas reden.

Das bedeutet nicht, dass Ihr Gegenüber begeistert ist, wenn Sie Nein sagen oder etwas nicht tun können oder wollen, aber das ist in Ordnung. Sie sind auch nicht begeistert, wenn jemand Nein zu Ihnen sagt! Aber besser, als wenn Menschen denken, dass Sie sich mit ihnen nur einlassen oder etwas für sie tun, weil Sie sich dazu *verpflichtet* fühlen.

Handeln Sie aus dem Wunsch heraus, sich selbst *und* andere mit Würde zu behandeln. Seien Sie gnädig zu ihnen, indem Sie nicht das Schlimmste annehmen (es sei denn, es sind solche Menschen), und vertrauen Sie darauf, dass sie mit ihren eigenen Gefühlen zurechtkommen werden.

PRÜFEN SIE IHRE BEWEGGRÜNDE

Wenn ich etwas tun würde und nicht die erhoffte oder erwartete Reaktion und Belohnung bekäme, würde ich es dann immer noch tun wollen? Wenn die Antwort Nein lautet, müssen Sie Ihre Beweggründe dahingehend ändern, dass sie einen Wunsch ausdrücken, eine bewusste Entscheidung, ohne die Erwartung, etwas zurückzubekommen, oder Sie müssen der Person Ihre Erwartungen mitteilen, damit Sie beide emotional verantwortungsbewusst fortfahren können. Wenn Sie beides nicht tun können, müssen Sie Nein sagen.

Versuche ich, etwas zu bekommen oder zu vermeiden? Wenn die Antwort Ja lautet, seien Sie so ehrlich wie möglich mit sich selbst, ob

Sie mit Grenzen an das Ganze herangehen oder Ihr People Pleaser aus Ihnen spricht, der nicht zu verletzlich sein will.

Die folgenden vier Schritte helfen Ihnen, selbstbewusst zu reagieren, wenn Sie erkennen, dass Sie Nein sagen müssen.

1. **Finden Sie heraus, was Sie wollen oder was das Gegenüber von Ihnen wohl erwartet oder ob sich ein generelles Pflichtgefühl meldet.** Achten Sie auf die Botschaften Ihres Körpers, Ihrer Gedanken und auch Ihres Handelns, die darauf hindeuten, dass Sie etwas nicht tun wollen oder dass ein weiteres Gespräch oder eine weitere Aktion erforderlich ist. Geben Sie sich selbst den Raum, ein Gespür für Ihre Gefühle zu bekommen.
2. **Finden Sie heraus, was Sie tun wollen und wie Sie das kommunizieren müssen.** Das bringt Sie aus einer passiven Rolle (in der Sie sich Ihres Unbehagens oder Ihrer wahren Gedanken und Bedürfnisse bewusst sind, aber entweder nichts dagegen tun oder nur Andeutungen machen) in eine aktive.
3. **Finden Sie heraus, wie selbstbewusst Sie auftreten und was Sie damit vermitteln möchten.** Ich sage zum Beispiel: »Ich möchte das nicht tun.« Oder ich kommuniziere gegenüber einem Freund: »Ich werde XY tun«. Sie könnten in einem wöchentlichen Meeting eine Idee einbringen oder darüber sprechen, was Sie stört, oder um Hilfe bitten.
   Dabei darf es nicht darum gehen, die Gefühle und das Verhalten anderer Menschen kontrollieren zu wollen! Wenn Ihr Ziel ist, dass jemand X sagt, Y denkt oder Z tut, dann geben Sie Ihre Macht und Ihre Grenzen auf – und betreiben People Pleasing.
4. **Kommunizieren Sie, was Sie wollen oder wie Ihr Standpunkt aussieht.** Aber seien Sie deutlich. Sie müssen Ihre Botschaft nicht in eine Menge Entschuldigungen und eine ausschweifende Erklärung verpacken. Sonst wird sie überhört! Die Leute wollen einfach nur wissen, wo sie stehen (und wo Sie stehen). Drücken Sie sich knapp und klar aus und gehen Sie erst dann

ins Detail. (Lesen Sie dazu auch den Abschnitt über ein hartes und ein weiches Nein in Kapitel 12.) Wenn Sie sich nicht sicher sind, was Sie wollen, dann können Sie das genau so sagen. Zwingen oder erpressen Sie sich nicht emotional, etwas zuzustimmen, und lassen Sie auch nicht zu, dass jemand anderes das mit Ihnen macht.

DIE MACHT DER PAUSE

Wir können nicht alles Unvermeidliche im Leben kontrollieren, aber wir können entscheiden, wie wir damit umgehen. Jeder Tag, jede Entscheidung ist eine Gelegenheit, eine neue Entscheidung zu treffen. Sich Zeit für selbst eine winzige Pause zu nehmen unterbricht langjährige Denk- und Verhaltensmuster. Eine Pause erlaubt Ihnen, Ihre Umgebung wahrzunehmen, zu erkennen, wo Sie gerade sind, sich zu erinnern, dass Ihr Boss nicht Ihre Mutter oder Ihr Vater, dass Ihre Partnerin oder Ihr Partner nicht der Feind ist oder dass Sie nicht mehr das Kind von damals sind. Sie müssen auch eine Pause einlegen, wenn Sie merken, dass Sie aus Gewohnheit gleich Ja zu etwas sagen werden. Vereinbaren Sie mit sich selbst, dass Sie mindestens zehn Sekunden innehalten und nachspüren, wie es Ihnen gerade geht, wenn jemand Sie um etwas bittet oder Sie sich zwingen wollen, etwas zuzustimmen. Wenn ein Ja sich nicht gut anfühlt, muss es entweder noch warten, oder Sie sagen sofort Nein.

»Ich melde mich bei dir/Ihnen«, ist ein magischer Satz, der Ihnen den Raum verschafft, in sich hineinzuhorchen. Wenn Sie dazu tendieren, aus einem Reflex heraus Ja zu sagen oder eigentlich in Wirklichkeit Nein meinen, nehmen Sie sich für die nächste Zeit vor, zuerst diesen Satz zu antworten und dann zu überprüfen, ob Sie die Kraft und die Kapazität dafür haben, und was Sie wirklich wollen. Nehmen Sie sich die Zeit, um Ihre Gedanken, Ihre Bedenken und Gefühle zu betrachten, die Sie normalerweise schnell mit einem Ja beiseitedrängen. Werden Sie achtsamer. Wenn jemand sofort eine Antwort möchte, dann sagen Sie Nein. Fertig. Manche Menschen wollen einen überrumpeln. Und manche glauben, sie können nicht warten und wollen sofort die Erfüllung ihres Wunsches. Das finden Sie aber nur heraus, indem Sie innehalten.

HINWEIS FÜR DEN GUTHERZIGEN GEBER

Eine große Angst von uns People Pleasern ist, dass ein Nein uns zu kaltherzigen, egoistischen, unsympathischen Arschlöchern macht und dass niemand mehr etwas mit uns zu tun haben will. People Pleasing ist so sehr Teil unserer Identität, dass wir fürchten, ohne es nichts zu sein, selbst wenn wir damit ziemlich unglücklich sind.

Nein zu sagen wird Sie nicht umbringen, und Sie können immer noch all das sein, worauf Sie bei sich stolz sind. Sie können immer noch all die guten Eigenschaften haben, die Ihnen wichtig sind, aber *mit* Grenzen, sonst entsprechen Sie Ihrem Ideal nicht so sehr, wie Sie glauben.

Das ist der Deal (und halten Sie sich fest): Wenn Sie sich unwohl fühlen, nachdem Sie gegeben oder geholfen haben, dann ist es kein Geben und Helfen. Wenn Sie für keine zwei Cent Selbstwertgefühl haben, obwohl Sie der einfühlsamste, mitfühlendste, gewissenhafteste und gutherzigste Mensch aller Zeiten sind, dann haben Sie nichts gegeben.

Beim Geben wird etwas vollständig übertragen.

Wenn Sie eine Erwartung haben, was die andere Person sein,

tun, denken oder fühlen sollte, dann ist es kein Geben. Sie haben eine versteckte Absicht und opfern sich selbst, um die Gefühle und das Verhalten des anderen zu kontrollieren in der Hoffnung, mit dem Ersehnten belohnt zu werden. Das ist ein Vertrag, und wenn Sie erwarten, dass etwas *im Austausch* für Ihre Leistung passieren sollte, muss das Gegenüber darüber informiert sein, damit Sie beide emotional verantwortungsbewusste Entscheidungen darüber treffen können, wie Sie fortfahren wollen.

Jetzt sagen Sie vielleicht: »Also, Natalie, das ist schon ein bisschen hart. Erwarten nicht alle eine Gegenleistung für das, was sie tun?« Ja, schon. Aber auch nein.

Wir Menschen möchten für unsere Bemühungen Anerkennung, Bestätigung und Wertschätzung erhalten. Sie sind Teil unserer emotionalen Bedürfnisse. Aber wenn wir etwas tun, um diese Bedürfnisse zu befriedigen, und gleichzeitig erwarten, etwas zurückzubekommen, überschreiten wir Grenzen.

So unangenehm es für Sie und alle People Pleaser, mich eingeschlossen, auch sein mag, eine versteckte Absicht ist Manipulation. Und Menschen, Sie eingeschlossen, mögen es nicht, wenn sie das Gefühl haben, manipuliert zu werden, sei es durch missbräuchliches, gewaltsames Verhalten oder durch passive und passiv-aggressive Mechanismen von People Pleasern.

> Wir bleiben uns treu, wenn wir etwas aus einem Wunsch heraus tun und es nicht als Verpflichtung oder gar Opfer betrachten.

Aber was ist mit Opfern für geliebte Menschen? Selbst wenn etwas ein Opfer ist, weil wir uns zurücknehmen und etwas anderem den Vortritt überlassen, ist es kein Opfer mehr, wenn wir es bewusst und mit Grenzen tun; wir geben von uns selbst aus. Wir sind uns bewusst, wer und was wir sind, was wir tun und geben, und deshalb kennen wir unsere Grenzen und unsere Ressourcen.

Wir zählen nicht mit. *Sich selbst* zu opfern ist kein Geben, sondern Selbstverletzung. Es gibt keinen Grund, dass wir in jeder Hinsicht pleitegehen, nur um anderen zu helfen. Das ist zu viel verlangt, und es ist definitiv keine Verpflichtung. Es dürfen auch nicht immer nur Sie Opfer bringen und geben. Wenn Sie immer die oder der Gebende sind, sind alle anderen Nehmerinnen und Nehmer.

GESUNDE GRENZEN SETZEN

- Jedes Mal, wenn Sie eine Rolle spielen, passen Sie sich entweder der Rolle einer anderen Person an oder Sie versuchen, die Person dazu zu bringen, sich zu ändern. Dann ärgern Sie sich, weil Sie das Gefühl haben, zu kurz gekommen zu sein, oder weil die andere Person ihren Teil der Verpflichtung nicht erfüllt und nicht zu dem wird, was Sie sich wünschen.
- Wenn Sie sich nicht mehr darauf konzentrieren, was Sie dafür zurückbekommen, werden Sie überrascht sein, wie viele »Verpflichtungen« und »Regeln« plötzlich wegfallen. Wenn Sie sich nicht an dem orientieren, was Sie zurückbekommen, handeln Sie als Sie selbst.
- Eine allgemeine Faustregel für die überwältigende Mehrheit aller Situationen lautet: Wenn Sie in Situationen, in denen Sie für sich selbst einstehen müssen, nicht aktiv reagieren und Ihre Grenzen geltend machen, wird Ihr Schweigen/Ihre Nachgiebigkeit/Untätigkeit als Ja gewertet. Seien Sie sehr vorsichtig mit dem, was Sie mitunterzeichnen.
- Auch wenn Sie manchmal »Nein, auf gar keinen Fall, niemals« sagen, bedeutet das meistens eher »Nicht jetzt«. Es gibt keinen Grund, sich so zu verhalten, als würden Sie Ihr Gegenüber mit einem Nein für immer ablehnen. Es ist einfach ein Nein.
- Sie müssen nicht von dem abkommen, was Sie wollen, nur weil jemand anderes etwas anderes will.

- Nur weil Sie spüren oder wissen, dass jemand ein Bedürfnis hat, heißt das nicht, dass Sie verpflichtet sind, es zu erfüllen. Es ist nicht *Ihr* Bedürfnis.
- Wenn Sie in Zukunft leichter Nein sagen wollen, fangen Sie jetzt damit an. Ihr Nein muss nicht perfekt sein. Ihr Nein kann noch so legitim sein, und Sie können es noch so nett sagen, irgendjemand könnte trotzdem etwas dagegen haben. Machen Sie trotzdem weiter.

PRAKTISCHE HILFE

Wie schaffe ich es, dass ein geliebter Mensch mir keine Schuldgefühle mehr vermittelt und ich deshalb Dingen zustimme?
Ob ein geliebter Mensch uns dazu zwingt, etwas zu tun, ob er so tut, als hätten wir ihn verletzt, weil wir X nicht getan haben, oder ob er uns so behandelt, als wären wir für seine Gefühle verantwortlich – es ist unangenehm, wenn einem Schuldgefühle gemacht werden, und ein Garant für Ärger. Mit dem folgenden Skript können Sie mitteilen, was gerade passiert, wie Sie es empfinden, was aufhören oder geschehen muss und was Ihnen wichtig ist. Passen Sie es an Ihre Bedürfnisse an.

»Wenn du [nicht mehr als drei konkrete und möglichst wortgetreue Beispiele einfügen] sagst oder [nicht mehr als drei kurze und konkrete Beispiele einfügen] machst, fühle ich mich, als würdest du mir Schuldgefühle machen, und das mag ich nicht. Wenn du möchtest, dass ich etwas tue, frag mich. Du brauchst nicht auf mein Gewissen abzuzielen. Wenn ich es tun kann oder will, dann sage ich es, und wenn nicht, dann sage ich es auch. Ich weiß, dass das vielleicht hart klingt, aber ich will mich nicht am Ende ärgern. Mir ist unsere Beziehung wichtig, und ich möchte das Gefühl haben, dass [ich gerne Zeit mit dir verbringe (zum Beispiel)], und deshalb sage ich dir das.«

Müssen wir nicht manchmal »lächeln und durchhalten«? Wir können doch nicht zu allem Nein sagen, was wir nicht tun wollen, oder?
Ab und zu müssen wir einfach Dinge tun, auf die wir nicht gerade scharf sind, so ist das Leben. Manchmal erledigen wir bestimmte Aufgaben nicht gern, aber sie erleichtern andere Aspekte unseres Lebens und helfen uns, unsere Bedürfnisse auf gesunde Weise zu erfüllen. Wir tun sie für uns und unsere Prioritäten. Wir haben die Energie und die Kraft dafür. Wenn wir uns dagegen ungewollt selbst quälen, indem wir Menschen gefallen wollen, bedeutet das, dass wir immer »lächeln und durchhalten«. Wenn wir weniger People Pleasing betreiben, haben wir mehr Kapazitäten für Dinge, die nicht nur ganz oben auf der Liste stehen. Dinge, die ganz unten oder gar nicht auf der Liste stehen sollten, machen wir gar nicht erst.

Heißt das, dass ich nichts für meine Familie tun darf? Denn das ist ganz schön hart.
Nein. Unseren Familien müssen wir gelegentlich helfen, aber wir können das mit Grenzen tun, indem wir die Verpflichtung anerkennen und ihr bereitwillig nachkommen. Mein Bruder hatte zum Beispiel eine psychische Krise und tauchte unerwartet bei uns zu Hause auf, fast zweihundert Meilen von seinem Wohnort entfernt. Auch wenn meine Töchter am nächsten Tag ihren ersten Schultag nach den Ferien hatten, stand ich morgens um sechs Uhr auf und fuhr ihn nach Hause. Passte mir das? Nein. War ich müde? Sicher. Aber ich tat es, weil ich es konnte und weil ich es wollte. Ich achtete auf extra Selbstfürsorge und passte meine Verpflichtungen in den folgenden Tagen an, damit ich das Geschehene nicht einfach beiseiteschob.

Manchmal habe ich keine Lust, etwas zu tun, aber ich zwinge mich dazu. Manchmal habe ich Spaß, manchmal auch nicht. Woher weiß ich, wann ich es will?
Es hat zwar zweifellos seinen Wert, wenn wir uns gelegentlich dazu drängen, auszugehen, wenn wir eigentlich gar nichts tun

wollen, aber es hat wenig Sinn, wenn wir uns am Ende über die Menschen um uns herum ärgern und uns selbst noch mehr ablehnen. Wir müssen die Grenze kennen zwischen der Ermutigung, unsere Komfortzone zu verlassen, und dem Ignorieren der eigenen Wünsche. Deshalb ist es wichtig, sich Zeit zu nehmen, um die eigenen Ressourcen und Absichten zu verstehen. Versuchen Sie, den Unterschied zwischen den Dingen, die Sie genießen, und denen, die Ihnen keinen Spaß bereiten, zu erkennen. Sammeln Sie Informationen. Ich habe meinen jetzigen Ehemann auf einer Veranstaltung kennengelernt, zu der ich eigentlich nicht gehen wollte, weil sie sich nicht verlockend anhörte – sie war dann großartig –, weil meine Freundin mich bat, sie zu begleiten. Ich ging nicht widerwillig hin. Mir wurde klar, dass ich es wollte. Aber manchmal weiß ich, dass ich supermüde bin und gereizt und immer angespannter werde, und sage klipp und klar ab, auch wenn man mich wirklich gern dabeihaben wollte. Letztendlich geht es nach dem Trial-and-Error-Prinzip. Manchmal verpasst man etwas, manchmal wünscht man sich, man hätte etwas nicht mitgemacht, und manchmal ist man so froh, dass man angenehm überrascht wurde.

Ich weiß, dass ich Nein sagen muss, aber ich fühle mich so schuldig, dass ich am Ende doch Ja sage oder einen Rückzieher mache, nachdem ich Nein gesagt habe. Warum fühle ich mich so schuldig?
Ehrlich gesagt: Sie fühlen sich schuldig, weil es eine riesige Überraschung für Sie ist, dass Sie mal kurz an sich selbst gedacht haben. Weder sind Ihre Grenzen falsch noch machen Sie etwas falsch; Sie befinden sich auf unbekanntem Terrain. Ihr Körper sagt Ihnen, dass er nur sehr wenige Informationen darüber hat, wie Sie gesund und authentisch mit Ihren Bedürfnissen umgehen. Die Schuldgefühle spiegeln nicht die tatsächliche Situation wider; sie sind eine Gewohnheit. Es ist das Gefühl, auf das Ihr Körper in

solchen Situationen trainiert ist. Nehmen Sie es als ein Gefühl an, das nicht der tatsächlichen Situation entspricht, und machen Sie weiter. Sagen Sie Nein, wo Sie können, und beruhigen Sie sich selbst, wie wir es im Kapitel übers Reparenting besprochen haben. Bald werden Sie merken, dass es Ihnen gut geht.

Ich habe ein schlechtes Gewissen, wenn ich wegen Krankheit, Mutterschutz, Burn-out, Trauerfall und so weiter nicht arbeiten kann oder nicht in der Lage bin, etwas zu tun. Woher weiß ich, ob es Zeit ist, wieder einzusteigen?
Wenn dieselbe Stimme, die Sie in der Vergangenheit dazu überredet hat, Dinge zu tun, die nicht in Ihrem besten Interesse waren, auch heute noch Schuldgefühle in Ihnen weckt, ist es noch *nicht* an der Zeit. Oder Sie müssen versuchen, sich auf das zu besinnen, was Sie tun wollen. Es ist in Ordnung, eine Auszeit zu nehmen. Sie sind weder eine Last noch faul. Im Allgemeinen müssen People Pleaser sich mehr Zeit nehmen, als ihnen lieb ist, damit sie ihrem inneren Kritiker nicht mehr nachgeben und sich mehr auf ihre Bedürfnisse und ihre Ressourcen einstellen können.

Woran erkenne ich, dass eine Bitte oder Erwartung unfair und unangemessen ist?
Wenn etwas zu tun, zu sein, zuzustimmen oder sich damit abzufinden nicht dazu führt, dass Sie noch mehr Probleme bekommen, weil es sich negativ auf Sie auswirkt, dann machen Sie nur.

Das Richtige, Gesunde und Mitfühlende in einer bestimmten Situation ist nicht immer das, was die andere Person oder sogar Sie selbst wollen. Sagen Sie Nein zu Unfairness und Unvernunft, denn manchmal ist das, was Sie von sich selbst erwarten, auch Ihnen gegenüber *nicht* respektvoll. Manchmal ist alles, was jemand in einer Situation braucht, ein klares Nein – dann wissen Sie beide, woran Sie sind.

12

MACHEN SIE WENIGER ANDEUTUNGEN

In den achtzehn Monaten zwischen meiner Verlobung und der Hochzeit hatte ich eine Reihe von unangenehmen Gesprächen und Treffen mit meinem Vater, bei denen ich Andeutungen wegen der Hochzeit machte und hoffte, etwas Bestimmtes von ihm zu hören. Als er nach einem Jahr voller bedeutungsschwangerer Pausen wie im Reality-Fernsehen und dem Gefühl, dass mein Herz bei jedem Mal ein wenig mehr brach, immer noch nichts sagte, entschied ich mich, dies als *seine* Andeutung zu verstehen, dass er wusste, dass mein Stiefvater, der mich großgezogen hatte, seit ich sechs Jahre alt war, mich zum Altar führen würde. Ich nahm an, dass es ihm nicht wichtig genug war, das unangenehme, aber notwendige Gespräch zu führen und reinen Tisch zu machen. Einen Monat vor der Hochzeit erkundigte sich meine Tante nach dem Hochzeitsanzug meines Vaters, und die unangenehme, wenn auch offensichtliche Wahrheit über die Rolle meines Stiefvaters kam ans Licht, was sofort für großen Aufruhr sorgte und alle Themen, die die ganze Familie vermieden hatte, aufwirbelte.

Wenn Sie wollen, dass jemand tut, was Sie wollen, Ihnen gibt, was Sie brauchen, oder bestimmte Erwartungen erfüllt, haben Sie verschiedene Möglichkeiten, das zu erreichen. Sie können Gefallen tun und Zugeständnisse machen, damit das Gegenüber sich möglicherweise verpflichtet fühlt, so zu reagieren, wie Sie es wollen, brauchen oder erwarten. Sie können auch manipulativ, dagegen und freundlich sein, gute Taten vollbringen, sich ausnutzen lassen oder gekränkt aussehen, um nur einige zu nennen. Wenn Sie so etwas tun, beschränken sich Ihre Möglichkeiten auf Andeutungen oder unklares Verhalten.

Wissen Sie, was wir mit dem People Pleasing machen? Wir zeigen anderen Menschen, wie sie sich verhalten sollen, indem wir durch »Gutsein« mitteilen, was wir brauchen, wollen, erwarten, fühlen und denken, ohne es klar und deutlich auszusprechen. Wir versuchen aber auch, anderen vorzumachen, wie sie sich verhalten »sollten«, damit sie ihre Gefühle und ihr Verhalten ändern. Es handelt sich um Andeutungen, die, wenn sie nicht gerade Hinweise für ein Spiel oder eine (lustige) Überraschung liefern, eine Form der passiven und passiv-aggressiven Kommunikation sind, bei der wir etwas sagen wollen, ohne es auszusprechen, um Verwundbarkeit und alles zu vermeiden, was zu Ablehnung führen könnte. Dieses People Pleasing schafft eine Schuld, von der wir erwarten, dass andere sie begleichen, und das schließt unsere unausgesprochenen Worte ein.

Um die Wahrheit zu sagen: Irgendwie hatte ich gehofft, dass mein Vater die fast fünfunddreißig Jahre, in denen ich seine Abwesenheit und seinen mangelnden Einsatz entschuldigt hatte, dazu nutzen würde, mir zu ersparen, dass ich ihm extra mitteilen müsste, dass mein Stiefvater mich zum Altar führen würde. Ich wollte, dass er mir sagte, dass er wüsste, wie schmerzhaft und schwierig sowohl seine Abwesenheit als auch die Entscheidung für mich waren, und dass er gerne in irgendeiner Weise an der Hochzeit beteiligt wäre. Und wissen Sie was? Ich habe ganz bestimmt nicht zu viel erwartet, doch es war trotzdem unrealistisch vor dem Hintergrund, wie mein Vater eben war. Außerdem hatte ich mich vor meiner eigenen Verantwortung gedrückt und meine Integrität verletzt.

ANDEUTUNGEN NACH PLEASER-TYPEN

Gute: Sie machen Andeutungen, indem Sie sich weiterhin »gut benehmen«, um ein gutes Beispiel abzugeben, auch wenn Sie sich innerlich über mieses Verhalten ärgern.
Bemüher: Sie machen Andeutungen, indem Sie mit Ihrem Einsatz das »Richtige« sagen und tun wollen, oder indem Sie zeigen, wie anstrengend Ihre Bemühungen doch sind.
Vermeider: Sie machen Andeutungen mit »subtiler« passiver Aggression, während Sie gleichzeitig sagen, dass alles in Ordnung ist.
Retter: Sie machen Andeutungen, indem Sie Opfer bringen, indem Sie helfen und unterstützen und dann zeigen, wie viel Kraft es Sie gekostet hat.
Leider: Sie machen Andeutungen, indem Sie leiden, um auf Ihre Bedürfnisse aufmerksam zu machen, und dann zeigen, wie sehr Sie leiden, weil man Sie schlecht behandelt hat.

Warum machen Menschen Andeutungen? Weil wir glauben, dass es weniger beängstigend ist, wenn wir nicht alles sagen. Wir wollen keine Gefühle verletzen, und wir hoffen, dass die Menschen herausfinden, was wir denken, fühlen, brauchen, uns wünschen und erwarten, ohne dass wir uns selbst offenbaren müssen. Deshalb erzählen wir lieber irgendeine Geschichte und drucksen herum, sagen aber, dass »alles okay« ist, während wir beten, dass das Gegenüber herausfindet, dass wir eigentlich lieber ablehnen wollen. Das ist der Grund, warum wir nicht direkt sind, oder wenn, dann mit einer Heidenangst.

Tatsächlich wollen wir mit unserem People Pleasing einen Punkt erreichen, an dem wir uns genug bemüht haben und endlich dafür belohnt werden. Die Menschen fühlen sich so zufriedengestellt, schuldig oder verpflichtet, dass sie uns endlich das geben, was wir brauchen, wollen und erwarten.

Wir betrachten Andeutungen oft als eine Voraussetzung, um in dieser Welt zurechtzukommen, vor allem, wenn wir – je nachdem, wie wir sozialisiert und konditioniert wurden – gelernt haben, dass es unhöflich oder aggressiv oder unweiblich oder irgendeinen anderen Blödsinn ist, für sich selbst einzustehen und direkt zu sein. Wir haben Kommunikationsstile gelernt, die zu unseren Rollen passen, ohne zu merken, wie passiv unsere Kommunikation ist und wie sie unser Nein verwässert oder auslöscht, selbst wenn wir uns herablassen, es zu äußern.

Aber wir machen Andeutungen nicht nur als Teil unseres Kommunikationsmusters: Wir gehen damit auch Konflikten und Kritik aus dem Weg, während wir gleichzeitig leise (so glauben wir zumindest) unseren Schmerz, unsere Frustration und unsere Verbitterung zum Ausdruck bringen.

Alle Menschen legen ein passiv-aggressives Verhalten an den Tag. Schauen Sie mich nicht so an – es stimmt! Jedes Mal, wenn wir sagen, dass es uns »gut geht« oder »okay«, wir aber dann das Gesicht verziehen, uns mürrisch verhalten, uns weiter beschweren, wortkarge Nachrichten schicken, mit dem Staubsauger im Haus herumlärmen und seufzen, in der Hoffnung, dass unsere Familien ihren Hintern hochkriegen und beim Aufräumen helfen (*hüstel*), verhalten wir uns passiv-aggressiv.

Das Zeitalter des Gehorsams hat uns gelehrt, Masken zu tragen, also sind wir natürlich passiv-aggressiv. Wir haben gelernt, Gehorsam vorzutäuschen und dabei unsere wahren Gefühle zu verbergen. Wir sind geübt darin, unser Verhalten nicht mit unseren wahren Gefühlen in Einklang zu bringen.

Passive Aggression bedeutet, dass wir unsere versteckten Gefühle von Ärger, Verletzung und Frustration verbergen und sie dann auf subtile und nicht ganz so subtile Weise durch unser widersprüchliches Verhalten zum Ausdruck bringen – das wir leugnen, wenn wir darauf angesprochen werden –, während wir möglicherweise gleichzeitig auf unsere guten Taten hinweisen.

Wie auch immer unsere Andeutungen aussehen, wenn Menschen nicht so reagieren, wie wir es uns erhofft haben, verstärkt das den Eindruck, dass Ehrlichkeit keinen Sinn hat oder dass Grenzen falsch sind. Weniger Andeutungen sind wichtig, weil es zu einer klareren Kommunikation mit Grenzen führt und wir nicht mehr erwarten, dass andere Menschen Gedanken lesen können oder wir denken, dass wir sie nach unserem Willen beeinflussen können.

ORIENTIERUNGSPUNKTE FÜR KOMMUNIKATION MIT GRENZEN

Setze ich Grenzen richtig? Darf ich diese bestimmte Grenze haben? Habe ich das Richtige gesagt/getan? Während wir herauszufinden versuchen, wie wir Nein sagen können und uns klarer über unser Ja werden, können uns die Sorge, ob wir die Grenzen »richtig« setzen, sowie falsche Kommunikation im Weg stehen. Ein Orientierungspunkt ist ein leicht erkennbares Merkmal, das uns zeigt, wo wir uns befinden. Orientieren Sie sich an folgenden Wegweisern, um weniger Andeutungen zu machen und sich sicherer in den von Ihnen gesetzten Grenzen und in Ihrem Nein zu fühlen.

Mitgefühl. Hier schließt sich der Kreis: Wir sind wenig mitfühlend, wenn wir uns selbst nicht so behandeln. Das erfordert Verletzlichkeit, Einfühlungsvermögen und Freundlichkeit. Wenn wir unsere Grenzen mit Mitgefühl setzen, erkennen wir unsere Menschlichkeit und die der anderen an und sehen das Bedürfnis, der Situation oder Beziehung gerecht zu werden. Mitgefühl verhindert, dass wir unsere Gefühle für etwas ignorieren und dann unseren überlogischen Verstand benutzen, um uns einzureden, dass wir das Problem sind.

Kongruenz. Es geht darum, dass wir mit dem übereinstimmen, was wir sagen, wer wir sind, was wir zu kommunizieren versuchen, und mit unseren Absichten, sodass wir weniger unklare Signale an uns und andere senden. Je mehr wir dies tun, desto erfolgreicher werden wir sein. Es geht darum, zu erkennen, wo wir innerlich nicht einverstanden sind, uns sträuben und schimpfen, während wir nach außen nachgiebig wirken oder von anderen erwarten, dass sie das tun, wozu wir selbst nicht bereit sind. Wir müssen das sein, wonach wir suchen.

Klarheit. Anstatt sich darauf zu verlassen, dass andere herausfinden, was wir meinen, bemühen wir uns, klarer und direkter zu sein, sowohl verbal als auch in unserem Handeln, und wenn wir merken, dass wir nicht deutlich genug waren, achten wir beim nächsten Mal noch mehr darauf. Klarheit setzt Verletzlichkeit und die Übernahme von Verantwortung für unsere Gefühle voraus. Deshalb müssen wir auch bereit sein, bei Bedarf Fragen zu stellen, anstatt zweideutig zu bleiben oder den Kopf in den Sand zu stecken. Wenn Sie zum Ausdruck bringen, was Sie wollen und was nicht, müssen Sie durch Ihr Auftreten vermitteln, wie Sie sich fühlen und wie sich das Verhalten des anderen auf Sie auswirkt (diesen Teil lassen wir oft aus).

Eigenverantwortung. Es geht darum, als Erwachsene zu kommunizieren, was bedeutet, dass wir uns unserer Verantwortung bewusst sind. Wir müssen auf uns selbst achten, anstatt unsere Gefühle zu verleugnen oder weiter ohne Grenzen zu agieren und andere dazu bringen zu wollen, sich zu ändern, damit wir uns besser fühlen können. Das, was wir über jemanden sagen oder behaupten, muss auf Wissen basieren und nicht auf der Projektion der Vergangenheit oder eigener Gefühle und Gedanken, und darauf, dass wir mit »Ich«-Botschaften arbeiten, anstatt den Fokus auf unser Gegenüber zu verlagern.

Gnade. Das bedeutet, dass wir unsere Gefühle, Überzeugungen und Ideen und die Wahrheit (oder unsere Wahrheiten) mit Respekt zum Ausdruck bringen. Es bedeutet, Grenzen als einen Weg zu betrachten, um eine Beziehung aufzubauen, und nicht als Mittel, um andere zu beherrschen. Der zweifache Ansatz stellt sicher, dass wir bei uns bleiben und nicht versehentlich (oder absichtlich) die Aufmerksamkeit unseres Gegenübers suchen oder ihm die Schuld zuschieben, indem wir automatisch davon ausgehen, dass es uns schaden wird, wenn wir Nein sagen.

ZWEI ARTEN VON NEIN

Nachdem wir festgestellt haben, dass Nein kein böses Wort ist, müssen wir darüber reden, dass es zwei verschiedene Arten von Nein gibt.

> Ein »hartes« Nein ist ein klares, eindeutiges Nein, ein »weiches« ist alles, was man als indirektes Nein auffassen kann, oder Formulierungen, mit denen man dem Gegenüber eine freundliche Absage erteilt.

Ein hartes Nein ist in der Regel klar und deutlich und kann unangenehm sein, nicht weil es »schlecht« ist, sondern weil es auf den Punkt kommt und realistisch ist. Den Empfänger könnte es überraschen, weil dieser vielleicht eine völlig andere Reaktion erwartet. Es ist das, was man oft braucht, aber fürchtet oder vermeidet, weil man nicht hart/grob/schwierig/selbstsüchtig/gemein/kalt/nicht teamfähig erscheinen und all die anderen Urteile vermeiden will, die man über sich selbst gefällt hat, wenn man sich emotional erpresst und das eigene Handeln hinterfragt. Hart ist nicht gleichbedeutend mit »brutal«, aber es könnte strafend, brüsk oder feindselig klingen, wenn es in Verzweiflung nach übermäßigem Gebrauch von Ja oder weichem Nein ausgedrückt wird.

Ein sanftes Nein ist zwar nicht zwangsläufig weitschweifig, in der Regel aber etwas ausführlicher und diplomatischer, weil Sie – bewusst oder unbewusst – das Gefühl haben, Ihr Nein begründen zu müssen. Das ist in Ordnung, *solange* Sie selbst- und nicht schuldbewusst sind. Beides führt zu unterschiedlichen Ergebnissen. Stellen Sie sich ein sanftes Nein als etwas vor, das Sie für Menschen verwenden, von denen Sie wissen, dass sie es sofort respektieren werden. Sie werden es aber auch verwenden, wenn Sie Angst davor haben, bei jemandem (oder generell) selbstbewusst aufzutreten.

Sie können auch ein sanftes Nein als Taktik verwenden, um Zeit zu gewinnen, bis Sie (hoffentlich) den Mut aufbringen, Nein zu sagen und/oder eine Ausrede zu finden. Das kann manchmal wie ein halbes Nein klingen, bei dem man zwar irgendwie Nein meint, aber der Person sagt, dass man darüber nachdenkt oder sie einen zurückrufen soll (und man dann vielleicht nicht ans Telefon geht). Je undeutlicher oder ausführlicher Ihr Nein ist, desto mehr klingt es wie ein Vielleicht. Oder es klingt unehrlich.

Reagieren Sie mit einem harten Nein, wenn …

- die Situation oder die Person Klarheit und Knappheit erfordert. Braucht Ihr Gegenüber Ihre Lebensgeschichte oder die Einzelheiten Ihres Terminkalenders?
- das Gegenüber klare Kommunikation bevorzugt oder ungern das Gefühl hätte, Ihnen mit seiner Bitte unangenehme Schuldgefühle zu bereiten.
- Sie Erfahrung mit weichen Neins bei dieser bestimmten Frage oder diesem bestimmten Thema haben und bereits die Auswirkungen auf Ihr Wohlbefinden kennen und sich den Stress ersparen wollen.
- die Anfrage unangemessen und unzumutbar ist oder Sie bereits

mit einem weichen Nein geantwortet haben und das Gegenüber nicht aufgeben will. Ein weiches Nein (oder People Pleasing) würde nur vorübergehende Erleichterung von der Angst bringen und das unausweichliche Nein hinauszögern.

Antworten Sie mit einem weichen Nein in Freund- und Partnerschaften, Familien, bei Kolleginnen und Kollegen und überall dort, wo Ihre Grenzen respektiert werden, oder in Situationen, in denen Sie darauf vorbereitet sind, falls nötig, ein hartes Nein hinterherzuschieben.

- Vielleicht entscheiden Sie sich für ein sanftes Nein, weil Sie es mit genügend Details abfedern wollen, damit die Person Sie weiterhin schätzt oder damit das Nein die Beziehung oder die Aussichten, etwas zu bekommen, nicht gefährdet. Das ist okay! Wir alle tun es! Es ist wichtig, dass Sie Ihre Absichten, Ihr »Warum« kennen, denn wenn das Folgende nicht Ihre Grenzen widerspiegelt, müssen Sie an Ihrem Nein arbeiten, damit es klarer wird.
- Wenn Sie nach drei oder vier Sätzen immer noch nicht zu Ende gesprochen haben, ist Ihr Nein nicht nur weich. Es ist schlaff. Halten Sie kurz inne. Nehmen Sie die Person wahr, zu der Sie Nein sagen.
- Wenn Sie Ewigkeiten brauchen, um eine vielleicht zweizeilige Antwort zu verfassen und umzuschreiben, ist Ihr Nein weich. Sie haben Angst vor etwas oder versuchen zu kontrollieren, wie Sie wahrgenommen werden.
- Wenn Sie Ihr weiches Nein in weniger Sätzen sagen können, tun Sie das. Die Leute brauchen oder wollen kein Füllmaterial.
- Ein weiches Nein wird missbraucht und falsch interpretiert, wenn es mit so vielen Details, Entschuldigungen, Rechtfertigungen und sogar Dramen aufgefüllt wird, dass diese die wahren Gründe und Ihre Grenzen verschleiern. Kennen Sie Ihre

Absichten? Versuchen Sie, die Person dazu zu bringen, ihre Bitte zu bereuen, damit sie es nicht wieder tut? Gehen Sie noch mal in sich, oder Ihre Sprache und Ihr Verhalten zeigen womöglich, dass Sie sich schuldig fühlen und verhandlungsbereit sind. Menschen mit schlechten Absichten reiben sich bei Letzterem die Hände.

- Wenn Sie nicht bewusst und mit Grenzen mit weichen Neins umgehen und sich stattdessen darauf verlassen, dass Sie kontrollieren, wie andere Sie wahrnehmen, haben sie den gegenteiligen Effekt. Wenn Sie Freude am Neinsagen oder an den Folgen haben wollen, wählen Sie bewusst so oft wie möglich ein Nein.

Wenn Ihnen ein hartes Nein immer noch unangenehm ist, versuchen Sie, ein weiches Nein zwischen zwei harte zu schieben. Sie können zum Beispiel sagen: »Danke, dass Sie an mich gedacht haben, aber ich werde nicht kommen können. Ich habe im Moment einen ziemlich vollen Terminkalender, deshalb achte ich auf meine Freizeit. Ich weiß die Einladung zu schätzen und hoffe, dass es gut läuft, aber ich werde es nicht schaffen.«

Wenn Sie einige harte Neins in Ihr Vokabular aufnehmen, werden viele sie akzeptieren, und Sie ersparen sich eine Menge Überlegungen und langwierige oder unangenehme Gespräche. Es erspart Ihnen auch, Ihr Telefon zu meiden oder in Deckung zu gehen, weil Sie befürchten, erneut gefragt zu werden. In Fällen, in denen noch einmal gefragt wird, können Sie dann ein paar Details hinzufügen.

Sehen Sie ein Nein nicht als Enttäuschung (und bemühen Sie sich nicht, die Person sanft und nicht »hart« zu enttäuschen), sondern bringen Sie Menschen genug Respekt entgegen, um sie wissen zu lassen, woran sie sind.

»WAS GENAU MEINST DU/MEINEN SIE DAMIT?«

Diese magischen Worte sind ein selbstbewusster Realitätscheck, mit dem Sie Unbehagen oder Unsicherheit in Bezug auf etwas erkennen und Klarheit gewinnen. »Was meinst du/meinen Sie damit, wenn du sagst/Sie sagen [wiederholen Sie das Gesagte so wortwörtlich wie möglich]? Was hast du/haben Sie gemeint, als du/Sie [kurze sachliche Beschreibung der Sache, die XY getan hat, einfügen]?« In engen Beziehungen, die Ihnen wichtig sind, verhindert diese Frage, dass Sie voreilige Schlüsse ziehen, und fördert eine größere Nähe. Wenn Sie wiederholen, was jemand gesagt oder getan hat, hilft es dem Gegenüber, die Realität zu sehen und wie es wahrgenommen wird, nicht wie es seiner Meinung nach gewirkt hat. Das bedeutet auch, dass jemand, der sich darauf verlässt, seinen Willen zu bekommen und nicht infrage gestellt zu werden, zugeben muss, was er gesagt oder getan hat, oder klarstellen, was er gemeint hat.

FAKTEN WERDEN MIT SCHWIERIGEN MENSCHEN FERTIG

Egal, ob Sie es andeuten, bunt anmalen oder klar und »nett« sagen, es gibt Menschen in Ihrem Leben, die nicht daran interessiert sind, für ein gesundes Verhältnis zwischen Ihnen zu sorgen, indem sie ihr eigenes Verhalten ansprechen. Viele Menschen tappen in die Falle, dass sie immer wieder versuchen, an die emotionale Seite und das Gewissen der anderen Person zu appellieren, ohne zu merken, dass sie sich dadurch weiterem Schaden aussetzen. Genauso gut könnten sie ihren Eimer in einen leeren Brunnen hinablassen und sich wundern, warum sie ihn leer wieder hochziehen. Beenden Sie den Wahnsinn, und bleiben Sie bei den Fakten.

Für die unehrlichen und narzisstisch veranlagten Menschen sind Fakten wie Knoblauch und Tageslicht für Vampire. Nutzen Sie Fakten, um weniger anfällig für Gaslighting zu sein, aber auch, um zu erkennen, wann Ihr Gegenüber Mobbing und Zwangs- und Missbrauchstaktiken anwendet. Lassen Sie sich nur auf Fakten ein.

- Du hast/Sie haben gesagt …
- Du hast/Sie haben … getan (beschreiben Sie sachlich, was Ihr Gegenüber getan hat).
- Beschreiben Sie das Problem samt der Auswirkungen oder Folgen.
- Nennen Sie konkrete Termine.
- Halten Sie Vereinbarungen in einer E-Mail fest.
- Wenn Ihr Gegenüber mit einem anderen Streitpunkt von dem Gespräch ablenken will, alte Geschichten aufwärmt oder die Tatsachen verdreht, glauben Sie es nicht und halten Sie sich an die Fakten.

Ein paar Beispielsätze:

- »Wenn du mich anschreist und beschimpfst, ist das nicht nur wirklich unangemessen, um deinen Standpunkt zu vertreten, sondern ich fühle mich auch entmutigt und verärgert.« Sie könnten auch hinzufügen: »Eine Beziehung mit gegenseitigem Respekt ist mir sehr wichtig. Sosehr ich dich auch liebe und mag, kann ich diese Beziehung nicht fortsetzen, wenn du mich bei jeder Meinungsverschiedenheit anschreist und beschimpfst.«
- »Wir haben uns für halb acht verabredet, nicht für halb neun, weshalb ich jetzt weniger Zeit habe, weil ich für zehn schon die nächste Verabredung habe.«

- »Wenn du zu spät kommst, muss ich warten, und das ist sehr frustrierend.«
- »Sie sagten, Sie würden um drei Uhr anrufen, und jetzt ist es vier Uhr. Wir können daher jetzt nur kurz reden, da ich eine Besprechung habe.« Und dann machen Sie weiter.
- »Ich bin mir nicht sicher, wie ernst du es meinst, weil du dein Wort nicht gehalten und nicht getan hast, worauf wir uns geeinigt hatten.«

Weitere Tipps:

- Vermeiden Sie, »Du … immer« oder »Du … nie« zu sagen, denn Ihr Gegenüber wird das aufgreifen und Ihnen sofort den Wind aus den Segeln nehmen, indem es etwas erfindet oder entgegnet, dass Sie damals 1982 doch selbst dies und jenes getan haben, was Ihren Vorwurf entkräftet.
- Auch wenn Sie verständlicherweise verärgert sind, wenn Sie sich nur darauf konzentrieren und nicht von den Tatsachen ausgehen, wird man Ihnen das Gegenteil beweisen oder Ihnen vorwerfen, wie verletzt man wegen Ihrer Vorwürfe sei. »Bei dir fühle ich mich so unzulänglich. Warum bin ich nicht gut genug für dich? Was habe ich falsch gemacht?«, sagt zum Beispiel nicht konkret: »Du hast mich in Bezug auf XYZ angelogen, und du nimmst dir alle Freiheiten, indem du ABC machst.«

Wenn Sie sich bei Faktenhassern an Fakten halten, werden diese sich Ihrer Grenzen bewusst und erkennen, dass sie Sie ernst nehmen müssen.

Sie sollen nicht gefühllos werden, aber Sie müssen aufhören, so zu tun, als wären Sie beide gleich reflektiert oder als wollten Sie beide das Gleiche.

KAPUTTE SCHALLPLATTE

Als People Pleaser kann es uns sehr unangenehm sein, wenn unser erstes oder auch fünftes Nein nicht ernst genommen wird. Es zermürbt und führt dazu, dass wir schließlich doch Ja sagen, um unsere Ruhe zu haben. Natürlich verursacht diese Art von Ja nur Schmerz und Probleme. Mit der Kaputte-Schallplatte-Strategie, einer verbreiteten Durchsetzungsmethode, kommunizieren Sie auf ruhige, respektvolle Art und Weise Ihren Standpunkt.

Formulieren Sie so ruhig und entspannt wie möglich, was Sie zu sagen haben. Man soll Ihnen zuhören, Ihre Antwort akzeptieren und sich dann zurückziehen.

Betrachten Sie das folgende Gesprächsbeispiel:

Arbeitskollege: Uff, bei diesem Projekt brauche ich Hilfe [und fährt mit einer Erklärung fort, bei der Ihnen klar wird, dass es zu viel für Sie wäre].

Sie: Ich verstehe, dass du feststeckst, aber angesichts dessen, was erledigt werden muss, werde ich dir diesmal nicht helfen können.

Arbeitskollege: Ich weiß, das hört sich viel an, aber du bist so klug und superschnell, dass es für dich sicher nicht zu viel wäre. Wir werden viel Spaß zusammen haben, und ich bin sicher, dass es [dem Chef] gefallen wird. Komm schon, ja? Bitte?

Sie: Danke, aber ich kann wirklich nicht. Ich habe selbst viel zu tun, und ich kann unmöglich das alles noch zusätzlich machen. Ich möchte mich nicht übernehmen und dich oder eines meiner anderen Projekte im Stich lassen.

Arbeitskollege: Das kann ich mir bei dir nicht vorstellen. Das wird bestimmt kein Problem.

Sie: Ich habe mich offensichtlich nicht klar genug ausgedrückt, aber ich kann das wirklich nicht übernehmen.

An diesem Punkt können Sie eine andere Person vorschlagen oder antworten: »Wie ich schon sagte, kann ich das auf keinen Fall übernehmen, und ich weiß es zu schätzen, dass du so viel Vertrauen in meine Fähigkeiten hast. Wenn du immer noch überlastet bist, wenn ich meine eigenen Sachen erledigt habe, kann ich dir bei X und Y helfen [bestimmte Teile des Projekts und nicht das gesamte Projekt].«

Wenn die Anfrage von einer respektvollen Person kommt und nach genauerer Diskussion die Bedürfnisse und Erwartungen beider Seiten berücksichtigt werden können, dann finden Sie möglicherweise eine Lösung, mit der Sie beide leben können.

Es ist verständlich, dass Sie nervös sind, vor allem wenn Sie es nicht gewohnt sind, Nein zu sagen, oder wenn die Person aufdringlich, hartnäckig oder sogar gereizt reagiert. Wenn Sie Ihren Standpunkt wiederholen und verdeutlichen, legt sich die Nervosität oft, nicht zuletzt deshalb, weil Sie sich der Situation bewusst sind und dass Ihr hartnäckiges Gegenüber vor dem Hintergrund des eigenes Ballasts handelt und nicht, weil Ihr Nein nicht berechtigt wäre. Ihre Antwort wird daher jedes Mal lauten, dass Sie der Bitte unter der Beachtung Ihrer Grenzen nicht nachkommen können, egal was Ihr Gegenüber sagt oder tut.

GESUNDE GRENZEN SETZEN

- Haben Sie realistische Erwartungen an Ihr Nein. Ihre Grenzen gelten in erster Linie Ihnen selbst und sind kein Versuch, andere zu beherrschen. Ganz gleich, wie berechtigt Ihr Nein ist, wie nett Sie es sagen, es wird nicht immer so aufgenommen werden, wie Sie es sich wünschen. Andere Menschen müssen nicht »gut« darauf reagieren, und wenn sie es nicht tun, hat es eher mit ihrem Ballast zu tun und möglicherweise damit, dass sie es nicht gewohnt sind, von Ihnen ein Nein zu hören.

- Manchmal müssen Sie mehr als einmal Nein sagen, obwohl die Leute theoretisch wissen sollten, wenn sie zu viel erwarten oder zu weit gehen. Aber das tun sie nicht, weil sie Menschen sind, und selbst wenn sie es wissen, es sind Ihre Grenzen, also müssen Sie kommunizieren, was Sie machen können und was nicht.
- Bereiten Sie sich auf den Erfolg vor, nicht auf den Misserfolg. Feuern Sie nicht aus allen Rohren und denken und handeln Sie nicht, als würden Sie überfahren werden. Erinnern Sie sich daran, dass es absolut okay ist, Nein zu sagen, und dass es darum geht, Ihr Leben in der Hand zu haben, und nicht, dass immer alles nach Ihren Wünschen läuft.
- Atmen Sie bei Bedarf ein paarmal tief durch. Manchen hilft es, bis zehn zu zählen und dann wieder zurück bis eins, um sich zu beruhigen.
- Konzentrieren Sie sich nicht darauf, andere sanft zu enttäuschen, weil dann Ihr Pleaser ins Spiel kommt und Sie versuchen, die Verantwortung für die Gefühle und das Verhalten des Gegenübers zu übernehmen. Außerdem wird dadurch die Überzeugung gestärkt, dass ein Nein die Gefühle der Menschen verletzt. Das tut es nicht – die Dynamik aber schon.
- Die meisten Menschen, auch wenn sie es erst im Nachhinein erkennen, wissen gerne, wo sie stehen. Nur wer daraus Kapital schlagen möchte, dass Sie nicht wissen, wo *Sie* stehen, hat ein Problem damit.

PRAKTISCHE HILFE

Ich habe gemerkt, dass mich etwas stört, aber ich fühle mich nicht bereit, es der Person zu sagen oder mich mit ihren Gefühlen auseinanderzusetzen. Was soll ich sagen, wenn man mich fragt, ob etwas nicht stimmt?
Ich kann das nachempfinden, und es ist durchaus möglich, dass Sie mit der Zeit bereiter sind. Möglicherweise ist das eine Grenze, auf die Sie achten müssen. Aber warten Sie nicht, bis Sie sich hundertprozentig bereit fühlen, denn die meisten Menschen haben es nicht eilig, einen Konflikt oder Kritik zu riskieren, es sei denn, sie sind der Typ, der sich mit einer Papiertüte prügeln würde. Wenn die betreffende Person Sie direkt darauf anspricht, sollten Sie es nicht leugnen*, denn das wäre Gaslighting, was alle Menschen von Zeit zu Zeit machen. Wenn Sie die Realität eines anderen Menschen leugnen, zweifelt dieser an sich selbst. Sagen Sie ihm also nicht, dass alles in Ordnung ist, wenn Sie zum Beispiel SMS und Anrufe ignoriert haben oder kurz davor sind, die Beziehung zu beenden. Das heißt aber nicht, dass Sie Ihr Herz ausschütten müssen. »Du hast recht. Ich habe [bestätigen Sie, was der anderen Person aufgefallen ist]. Ich mache im Moment einiges durch und brauche Zeit, um das zu verarbeiten. Können wir nächste Woche reden?« Wenn Sie bisher eine Konfrontation vermeiden wollten, sagen Sie jetzt so gut wie möglich, was los ist.

Ich habe die Andeutungen gelassen und geradeheraus gesagt, was mich stört, und es hat sich nichts geändert. Was bedeutet das?
Gut, dass Sie etwas gesagt haben. Das war sicher nicht leicht. Dass sich nicht sofort etwas geändert hat, bedeutet nicht, dass es Zeit-

* Wenn diese Person Sie missbraucht und Sie um Ihre Sicherheit fürchten, ist das ein legitimer Grund, nichts zu sagen, damit Sie sich sicher aus der Situation befreien können, ohne dass die Person gewalttätig wird oder Sie mit ihrem Charme zum Bleiben überredet.

verschwendung war. Sie sind für sich eingestanden. Sie bemühen sich, ehrlicher zu sein. Machen Sie weiter. Es ist absolut in Ordnung, jemandem mitzuteilen, wenn Sie etwas stört, aber das bedeutet nicht, dass das Gegenüber sich verpflichtet fühlt oder in der Lage ist, es zu ändern. Es sieht seine Absichten und Handlungen vielleicht nicht mit denselben Augen wie Sie. Anstatt sich in erster Linie darauf zu konzentrieren, dass die Person ihr Verhalten ändert und anpasst, damit Sie sich besser fühlen, machen Sie so weiter und kümmern sich selbst darum, dass es Ihnen besser geht. Auf diese Weise bekommen Sie ein klareres Gefühl dafür, wie Sie vorgehen wollen, und Sie können Ihre Seite der Grenze selbst bestimmen. Achten Sie darauf, dass Sie, wenn Sie etwas ansprechen, auch erklären, was sich ändern muss oder was Sie brauchen oder wollen. Das wird nämlich oft nicht kommuniziert.

Ich bin oft verwirrt, wenn ich weiß, dass ich Nein sagen muss. Was ist da los?

Viele People Pleaser sind in Situationen, in denen sie Nein sagen müssen, wollen oder sollten, verwirrt. Dafür ist nicht nur eine Fight-Flight-Freeze-Reaktion verantwortlich, sondern auch die Angewohnheit, die aufkommenden Gefühle zu bewerten. Wir müssen darauf achten, wo wir uns angewöhnt haben, Verwirrung auszudrücken, um unserem Unbehagen oder der Wahrheit über das, was die andere Person tut, nicht ins Auge sehen zu müssen.

Ein Mensch, der mir sehr viel bedeutet, hat mich wirklich enttäuscht. Wir haben darüber gesprochen, aber ich merke ständig, dass er es immer noch nicht verstanden hat. Was übersehe ich?

Das Problem taucht immer wieder auf, denn obwohl Sie einige oder sogar viele Punkte Ihrer Verärgerung klar zum Ausdruck gebracht haben, gibt es etwas, das Sie aus Angst, seine Gefühle zu verletzen, oder vor negativen Konsequenzen, nicht deutlich gesagt haben. Sie haben sich vor etwas gedrückt, oder es ist nicht klar, was Sie als Nächstes brauchen oder wollen. Und dann ärgern Sie sich, wenn Sie das Gefühl haben, dass Sie Ihr Gegenüber verschont haben und dieses trotzdem unsensibel ist. Sagen Sie, was gesagt werden muss, damit Sie es beide verstehen. Zu Nähe gehört es, Konflikte zuzulassen. Sie müssen nicht ständig anderer Meinung sein, aber Sie müssen wissen, dass Sie es, wenn nötig, können und werden. Erlauben Sie sich, gesehen und gehört zu werden, damit Sie aus dieser Erfahrung lernen können.

Ein Elternteil redet bei jedem Gespräch davon, dass ich noch nicht verheiratet bin und es Enkelkinder will, und hört einfach nicht damit auf, obwohl ich mich dabei ganz offensichtlich unwohl fühle. Wie kann ich reagieren?
Sie könnten Folgendes sagen: »Wenn wir uns unterhalten und du dich vor allem darauf konzentrierst [zu fragen, warum ich keine Beziehung habe oder noch nicht verheiratet bin, oder wann ich dir ein Enkelkind schenken werde, oder mich mit den erwachsenen Kindern deiner Freunde zu vergleichen], habe ich das Gefühl, dass du kein Interesse an mir hast und dass ich dich enttäusche. Das tut mir weh, und ich will mich auch nicht vor deinen Anrufen fürchten oder nervös sein, wenn ich Zeit mit dir verbringe, und mich ständig verteidigen. Auch wenn es nicht deine Absicht ist, du musst aufhören, mir Schuldgefühle einzureden, damit ich so werde, wie du mich haben willst. Andernfalls wird sich das negativ auf unsere Beziehung auswirken. Du bist mir wichtig, und ich möchte [gern Zeit mit dir verbringen], und deshalb sage ich dir das alles.«

Ein Elternteil beschwert sich ständig bei mir über meine Schwester/meinen Bruder oder erwartet von mir, dass ich Partei ergreife. Was soll ich tun?
Wenn Eltern sich in die Beziehungen zwischen Geschwistern einmischen und sie manipulieren, überschreiten sie Grenzen. Schuldgefühle, Scham und Differenzen sind die Folge. Ihr Eltern-

teil sollte sich jemand anderen suchen, bei dem er sich auslassen kann, vor allem, wenn er will, dass Sie Partei ergreifen, oder wenn es Ihre Beziehung zu Ihrer Schwester/Ihrem Bruder beeinträchtigt. Geschwister dürfen sich beieinander über die Eltern beschweren, aber Eltern können das aufgrund ihrer Autorität und Position nicht bei ihren Kindern tun, auch nicht bei erwachsenen. Sie können auch sagen: »Mama/Papa, ich verstehe, dass es zwischen dir und [Geschwisterkind] schwierig ist, aber ich kann mich da nicht einmischen.« Versuchen Sie es mit der Kaputte-Schallplatte-Strategie und antworten Sie: »Ich möchte das nicht diskutieren/dabei mitmachen.« Denken Sie daran, dass auch andere Menschen Ballast mit sich herumschleppen, und oft verhält sich ein Elternteil so, weil er es aus seiner eigenen Familiendynamik kennt.

Fordere ich nicht noch mehr Konflikte heraus, wenn ich direkter bin?

Dass wir Direktheit mit Konflikten assoziieren, liegt an unserer sozialen Konditionierung. Wegen ihr schalten wir unsere Gefühle ab und fürchten, ungehorsam zu sein, weshalb wir Unbehagen bei potenziellen Konflikten und Kritik schlecht aushalten. Dies führt zu unrealistischen Erwartungen an das Ja- *und* Neinsagen. Wenn Sie immer (indirekt) Ja sagen, auch wenn Sie eigentlich Nein meinen, befinden Sie sich in einem ständigen inneren Konflikt mit sich selbst, bei dem es Ihnen nicht besser geht. Warum sollten Sie so tun, als würden Sie den Frieden bewahren, wenn Sie im Stillen einen Krieg mit sich selbst führen?

13

VON AUSBRÜCHEN UND HÜRDEN LERNEN

Wenn ich Geschichten aus dieser siebzehnjährigen (und noch immer andauernden) Zeit meines Lebens erzähle, in der ich mich aus dem Kreislauf des People Pleasings befreit habe, nehmen viele oft fälschlicherweise an, ich hätte mein Happy End gefunden, als ich in den ersten acht Monaten meinen jetzigen Mann kennengelernt und danach zwei Kinder mit ihm bekommen habe. Diese Annahmen beruhen auf der weit verbreiteten falschen Vorstellung, dass wir einfach nur etwas an uns selbst arbeiten oder unsere Grenzen bekannt geben müssen, und wenn wir dann bekommen, was wir wollen, sei die Sache erledigt.

Was ich in diesen ersten acht Monaten gelernt und getan habe, war wie ein Crashkurs, und ich dachte: »Okay, das alles kann ich jetzt also, und ich habe einen Vorgeschmack darauf bekommen, wie viel besser es mir damit gehen kann. Ich weiß zwar nicht, was vor mir liegt, aber ich werde mich auf den lebenslangen Intensivkurs einlassen und sehen, wohin er mich führt.«

Dadurch habe ich so viel Freude erlebt *und* wurde gleichzeitig auf eine harte – manchmal sehr harte – Probe gestellt.

Als Mutter und Partnerin wurde ich damit konfrontiert, dass ich unter anderem meine Bedürfnisse oft automatisch (und unnötigerweise) zurückstellte und nicht oft genug um Hilfe bat. Die

Selbstständigkeit warf ein grelles Licht auf meinen Perfektionismus und mein People Pleasing und zwang mich, mir selbst Grenzen zu setzen und mich mit meiner Angst vor Ablehnung und Versagen zu beschäftigen.

Doch einen Wendepunkt gibt es, der den Beginn eines mehrjährigen Wegs der Prüfungen markierte: die Hochzeit und schließlich die Entscheidung, dass sowohl mein Vater als auch mein Stiefvater mich zum Altar führen sollten.

So schön dieser Tag auch war, er bedeutete das Ende der Täuschung, dass die Abwesenheit meines Vaters und dass er mich verlassen hatte, mich und uns nicht am Boden zerstört hätte. Erst nach ein paar Monaten wurde mir klar, dass mein Vater und der größte Teil seiner Familie sich von mir distanziert hatten, und das setzte tief vergrabene Trauer und Wut frei, die ich in den nächsten vier Jahren mit verschiedenen Therapien und durch mein tägliches Leben und die Bewältigung anderer Ausbrüche und Hürden bearbeitete.

Immer wenn ich das Gefühl hatte, dass das Leben jetzt wieder in ruhigeren Bahnen verlief, kam etwas anderes, wie der Konflikt mit meiner Schwiegermutter, oder dass meine Mutter ein Jahr nicht mehr mit mir redete, als meine Grenzen nicht ihren Erwartungen entsprachen. Oder als einer meiner Brüder und mein Schwager zur gleichen Zeit schwer erkrankten, während ich mich in der Zeit zwischen dem Verkauf eines Hauses und dem Kauf eines neuen mit einem rassistischen Vermieter herumschlagen musste. Ich wollte weiterkommen, fühlte mich aber nicht anerkannt und hatte zeitweise einen so schlimmen Tinnitus und war so frustriert deswegen und wegen mir, weil ich ihn nicht loswerden konnte, dass ich depressiv wurde. Oder der Anruf meiner Stiefmutter, dass mein Vater an Krebs erkrankt war, das Wiedersehen mit ihm und dass ich seine Hand hielt, als er zehn Monate später mit einem breiten Grinsen auf dem Gesicht starb. Oder als ich mir nach seinem Tod ein paar Monate Auszeit nahm und versuchte, zur »Normalität« zurückzukehren, nur um dann festzustellen, dass ich dafür nicht genug Kraft hatte. Ich musste langsamer machen, viel weniger tun, und fühlte mich mehr als zwei Jahre lang »verloren«, nur um währenddessen noch mehr Freude zu finden. Und so geht es weiter.

Es gibt ein paar nur allzu verbreitete Fallen, in die wir bei unserer Heilung tappen können:

- Wir erwarten, dass bei manchen Dingen ein einziges Nein reicht.
- Wir erwarten, für ein paar Monate oder während einer schwierigen Phase gezielt Grenzen zu setzen und dann nicht mehr weiter daran arbeiten zu müssen.
- Wir erwarten, dass Menschen uns unendlich dankbar sind, dass wir endlich Klartext reden, nachdem wir uns zurückgehalten haben, oder dass wir auf etwas hinweisen, anstatt zu erkennen, dass sie Unbehagen empfinden und vor dem Hintergrund ihres eigenen emotionalen Ballasts reagieren.
- Wir erwarten keinen Widerstand, wenn wir etwas nett gesagt oder gefragt haben oder unsere Grenze gerechtfertigt ist.
- Wir glauben, dass wir wegen der Arbeit an uns selbst nicht auf alte Probleme und Herausforderungen stoßen oder dass diese dann einfacher zu bewältigen sind. Wenn dies nicht so ist, fühlen wir uns wie eine Versagerin oder ein Versager oder bezweifeln die Wirksamkeit unserer Grenzen.
- Wir überschreiten Grenzen, indem wir von anderen Menschen erwarten, dass sie sich verändert haben und bereit sind, aufgrund unserer eigenen Entwicklung mehr Grenzen zu setzen.
- Wir denken, dass wir alles unter Kontrolle haben, und sind dann verletzt, wenn trotz unserer besseren Grenzen etwas passiert.
- Wir erwarten nicht, dass Menschen Nein sagen.

Auch wenn Sie Ihr absolut Bestes getan haben, um ein guter Mensch zu sein, oder auch wenn Sie besser Nein sagen können, werden Sie Hürden zu überwinden haben und manchmal auch Ausbrüche erleben. Ob währenddessen oder in der Zeit danach oder sogar in den darauf folgenden Monaten oder Jahren, Sie werden aus diesen Hürden lernen, manchmal bereitwillig und manchmal schreiend und zähneknirschend, weil Sie weiter alles richtig machen wollen oder dass die Dinge wie früher sind.

Manchmal treffen Sie in Sekundenbruchteilen die Entscheidung, eine Abkürzung zu nehmen, um etwas zu bekommen oder zu vermeiden. Und vielleicht vergessen Sie sogar, dass Sie diese Entscheidung getroffen haben, aber Ihre Grenzen tun das nicht, und Sie werden es merken. Das ist keine Bestrafung. Unsere Handlungen und Absichten, sowohl die bewussten als auch die unbewussten, haben Konsequenzen. Wie ich bereits gesagt habe, ist die Art und Weise, wie wir eine Sache tun, beispielhaft dafür, wie wir viele Dinge tun. Es ist eine Metapher dafür, wie wir das Leben angehen. Wenn wir dazu neigen, unsere eigenen Grundbedürfnisse wie Toilettenbesuche, regelmäßige Mahlzeiten, Schlaf und Ruhe zu vernachlässigen, dann deshalb, weil wir uns selbst vernachlässigen. Ausbrüche und Hürden zwingen uns, die kleinen Dinge nicht zu vernachlässigen, aus denen sonst richtig große Sachen werden können.

LERNEN SIE AUS AUSBRÜCHEN UND HÜRDEN ANHAND IHRES PLEASER-TYPS

Gute: Sie müssen sich mit den Grenzen Ihres Selbstbildes auseinandersetzen und lernen auszuhalten, dass Sie nicht immer beliebt sind oder recht haben.

Bemüher: Sie müssen sich mit den Grenzen Ihrer Ressourcen auseinandersetzen und lernen, sich damit zufriedenzugeben, weniger zu tun.

Vermeider: Sie müssen sich damit auseinandersetzen, dass Sie nicht immer allem aus dem Weg gehen können, und lernen, sich selbst und anderen Unannehmlichkeiten zuzumuten.
Retter: Sie müssen sich mit Ihrer Selbstverleugnung auseinandersetzen, um für andere da zu sein, und Sie werden lernen müssen, sich selbst an die erste Stelle zu setzen.
Leider: Sie müssen sich damit auseinandersetzen, dass Sie sich immer auf die Opferrolle stützen, und lernen, sich selbst Glück zuzugestehen.

MIT AUSBRÜCHEN UMGEHEN UND SIE VERARBEITEN

Sich selbst zu unterdrücken und zu verdrängen ist wie ein Druckkochtopf, den man zu lange angelassen hat. All Ihre unausgesprochenen Gefühle, Ihre Wut über alte Verletzungen und Verluste werden nach innen oder auf eine andere Person oder sogar eine Gruppe von Menschen gerichtet, was für Ihr Wohlbefinden und Ihr direktes Umfeld äußerst schädlich ist.

> Ausbrüche – wenn Sie oder Ihr Leben *implodieren,* Sie also eine innere Krise durchmachen und Ihr Körper Sie ausbremst oder alles in Ihrem Leben auf einmal oder in relativ kurzer Zeit zusammenzubrechen scheint, oder wenn Sie *explodieren,* Sie also Ihre Wut herauslassen oder sich uncharakteristisch verhalten – geschehen, weil Sie Ihre Bedürfnisse, Wünsche, Erwartungen, Gefühle und Meinungen zu lange unterdrückt und verdrängt haben. Sie können sich nicht länger zurückhalten, und der Ausbruch ist eine Vollbremsung an einem Punkt, an dem Sie nicht innehalten oder weniger tun konnten.

Der Ausbruch ist die Folge davon, dass Sie zu viele rote Ampeln überfahren haben. Ihr Körper, Ihr Leben, versucht Sie zunächst auf subtile Weise zu warnen und wird dann immer lauter, um Ihre Aufmerksamkeit zu erregen. Und wenn Sie sich weiterhin selbst ignorieren, kommt es zu einem Ausbruch. Sie stürzen ab.

Das ist ähnlich wie bei Schmerz und Krankheit, was ich durch eine chronische Krankheit (Sarkoidose) und den mehrere Jahre andauernden Kampf mit Tinnitus begriffen habe. Mein Fünf-Elemente-Akupunkteur und wunderbarer Weiser und Mentor, der mittlerweile verstorbene Silvio Andrade, erklärte mir, als ich wieder einmal aus Frust über meinen Körper bei ihm weinte, dass der Ort, an dem wir Schmerz oder Krankheit erleben, nicht unbedingt ihr Ursprung ist, sondern eine Reaktion auf ein Ungleichgewicht im Körper. Bevor wir den Schmerz spürten (keine Verletzung) oder wir uns unwohl fühlten, hatte unser Körper kleinere Anzeichen und Warnungen gemeldet, dass etwas nicht in Ordnung war; vielleicht waren wir so beschäftigt, so gefangen in den Angelegenheiten anderer Leute, dass wir es nicht bemerkten oder ignorierten.

So wie im Sommer 2003, als ich einen harten Knoten in meinem Finger entdeckte und ihn verdrängte, weil ich meine Verlobung gelöst hatte, eine neue Stelle angetreten hatte und nun in eine Affäre mit einem Arbeitskollegen verwickelt war, der eine Freundin hatte. Nachdem ich ein Leben lang unter emotionalem Stress gelitten hatte, der sich in verschiedenen anderen Krankheiten manifestiert hatte, war dieses Symptom ein Zeichen dafür, wie sehr mein Immunsystem in der Krise steckte. Ein paar Monate später konnte ich auf einem Auge kaum noch sehen und hörte auf Ärzte, die das nicht ernst nahmen, bis es schließlich so schlimm wurde, dass ich im Krankenhaus landete. Tests und Röntgenaufnahmen zeigten, dass ich von Knoten und anderen Symptomen übersät war. Und man sollte meinen, dass all das ausgereicht hätte, aber sieben Monate später hatte ich an einem Freitagabend auf einer der belebtesten Straßen im Zentrum Londons eine schreckliche Panikattacke. Der Mann, mit dem ich eine Affäre hatte, machte mir wegen männlicher Kollegen, die mit mir sprachen, die Hölle heiß, und die Erfahrung und die Nachwirkungen waren so traumatisch, dass allein die Nähe zu ihm Panik in mir auslöste und ich keine andere Wahl hatte, als ihm fernzubleiben. Der Körper rief, ich hörte nicht zu, und so zwang er mich – immer wieder.

Bei einem Ausbruch machen viele den Fehler, sich selbst die Schuld zu geben und sich zu schämen. Sei es, dass sie emotional, menschlich und körperlich nicht mehr in der Lage sind, ihr Leben zu meistern, und eine Depression oder einen Zusammenbruch erleiden; sei es, dass sie nicht mehr in der Lage sind, die Erwartungen anderer Menschen zu erfüllen, und das Gefühl haben, alle im Stich zu lassen und eine Last oder ein Versager zu sein; sei es, wie sie sich anderen gegenüber verhalten oder ihre Wut ausgedrückt haben – sie haben das Gefühl, dass alles ein Beweis dafür ist, dass Grenzen falsch sind, dass Menschen nicht mit Durchsetzungsvermögen umgehen können und dass ihr Körper sie im Stich lässt. Sie machen sich dann weiter Vorwürfe, halten sich selbst davon ab, die notwendige Unterstützung in Anspruch zu nehmen oder sich auszuruhen und zu erholen, und ziehen sich in sich selbst zurück. Und so setzt sich der Kreislauf des People Pleasings fort.

Selbst wenn einige über das Geschehene hinwegzukommen scheinen, weil sie den Ausbruch als Versagen oder schambehaftet betrachten, fürchten sie, dass es erneut passieren könnte. Sie haben das Gefühl, sich strikt an ihre Selbstfürsorgeroutine halten zu müssen, weil sie befürchten, dass sie, wenn sie einen Tag oder ein Element auslassen, schnell wieder mitten in einem Ausbruch stecken. Oder sie gehen auf Zehenspitzen um sich selbst und andere herum, weil sie sich vor ihrem Nein fürchten und zu viel nachdenken und sich Katastrophen ausmalen. Sie haben vielleicht Angst davor, etwas zu wollen oder sich der Gefahr auszusetzen, verletzt zu werden, falls sie damit nicht zurechtkommen, weshalb sie Beziehungen aus dem Weg gehen oder einen Job annehmen, bei dem sie sich nicht zu sehr beansprucht fühlen. Eine Zeit lang ist das in Ordnung, weil es vielleicht genau das ist, was sie brauchen, aber wenn es zu einer Art Fegefeuer für den alten Ausbruch wird und sie sich verstecken, ist es ungesund.

Auch wenn Sie Scham empfinden – das Gefühl, ein schlechter Mensch zu sein und dass das, was Sie fühlen, denken, tun oder erleben, bedeutet, dass Sie es nicht wert sind, Verbundenheit mit anderen Menschen zu empfinden, dass Ihre Bedürfnisse erfüllt werden oder dass Sie eine andere Perspektive haben –, lassen Sie sich nicht darauf ein. Füttern Sie sie nicht. Selbst wenn Sie sich nicht in der Lage fühlen, viel für sich selbst zu tun, gehen Sie zurück zu Schritt 2 und fragen Sie sich: »Was für ein Ballast steckt dahinter??« Und dann fragen Sie sich: »Was brauche ich?« Sehen Sie, was Ihnen in den Sinn kommt. Dann können Sie allmählich herausfinden, wie Sie dieses Bedürfnis authentisch erfüllen können, sei es, dass Sie es buchstäblich für sich selbst tun, es einer vertrauenswürdigen Person gegenüber äußern oder dass Sie sich Zugang zu Ressourcen und Unterstützung verschaffen.

Dieser Ausbruch, so furchtbar er sich auch anfühlen mag, hilft Ihnen, sich lebendiger zu fühlen. Vielleicht passen Sie nicht mehr in Ihr altes Leben und haben Schwierigkeiten, so weiterzumachen wie bisher. Geraten Sie nicht in Panik. Geben Sie sich Zeit. Erkennen Sie aber auch, dass vielleicht nicht alles nötig war, und geben Sie sich die Chance zu entdecken, wer Sie sein könnten, wenn Sie sich erlauben, weniger zu tun und Hilfe, Unterstützung und Nähe zu erhalten.

Sie müssen fühlen, um zu heilen, und wenn Sie sich nicht erlauben zu fühlen, kommt es zum Ausbruch. Nutzen Sie ihn, um sich wieder mit sich selbst zu verbinden, um Ihr Nein wiederzugewinnen und zurückzufordern, damit Sie sich selbst zurückgewinnen können.

Folgende Fragen können Ihnen weiterhelfen:

- Worauf kann ich jetzt verzichten, damit ich die nötigen Ressourcen habe, um für mich da zu sein und weitere negative Auswirkungen von [was auch immer passiert ist oder gerade passiert] zu vermeiden? Womit muss ich aufhören oder was muss ich auf Eis legen, während ich das alles durchmache und die Dinge in den Griff bekomme?
- Wo habe ich meine Grenzen und meine Kraft bei dem Versuch, für alles und jeden da zu sein, weit überschritten?
- Wo habe ich mich im Nachhinein und ausgehend von der derzeitigen Situation selbst ausgebeutet (oder es anderen erlaubt)?
- Wo habe ich mich an eine Identität, eine Rolle, eine schmerzhafte oder nicht erfüllende Beziehung oder Situation geklammert, weil ich Angst vor meinem Potenzial hatte und davor, wer ich sein könnte?
- Wo hasse ich mich selbst, weil ich nicht meinem perfekten, idealisierten Selbstbild entspreche, und wie kann ich auch nur ein kleines bisschen freundlicher zu mir sein und anerkennen, dass ich ein Mensch bin?
- Womit habe ich mich gegen die Auswirkungen meines People Pleasings und meiner Aversion gegen das Neinsagen betäubt (zum Beispiel Alkohol, Essen, Sport, Arbeit, Shopping, Glücksspiel, Aufmerksamkeit über Dating-Apps, Affären)? Und was sagt mir das über meine Bedürfnisse?
- Welche Konsequenzen eines früheren Jas mag ich nicht und ärgere mich deshalb über mich selbst, möglicherweise weil ich mich der anderen Person gegenüber machtlos fühle oder glaube, versagt zu haben, und wie kann ich von der Schuld wegkommen und Verantwortung übernehmen?

> Erkennen Sie Ihre Trauer an und halten Sie sie aus, anstatt sie schnell hinunterzuschlucken oder sich dafür zu verurteilen. Suchen Sie sich Hilfe und entwickeln Sie Strategien zur Bewältigung. Sie sind verwundet und müssen sich an erste Stelle setzen und Hilfe von anderen Menschen zulassen, wozu gehört, dass Sie die »Last« sind, vor der Sie sich so fürchten, damit Sie Ihre alte Rolle abstreifen können und nicht länger so tun müssen, als hätten Sie keine Bedürfnisse.

Ausbrüche rücken ungetrauerte Trauer, unverarbeiteten emotionalen Ballast in den Mittelpunkt, indem sie alten Schmerz, Ihre Ängste und Schuldgefühle so an die Oberfläche holen, dass Sie keine andere Wahl haben, als sich ihnen zu stellen. Obwohl Sie es nicht wollen und es unglaublich unangenehm und schmerzhaft sein kann, reißt die Eruption Sie weit auf und zwingt Sie dazu, Ihren emotionalen Ballast auszupacken, zu entrümpeln und aufzuräumen, damit Sie einen Teil Ihrer Kraft und sich selbst zurückgewinnen können.

Wut ist ein berechtigtes Gefühl, das Sie darauf aufmerksam macht, wo Ihnen Unrecht widerfahren ist (oder wo Sie das Gefühl haben, ungerecht behandelt worden zu sein). Manchmal sind andere Menschen für das Unrecht verantwortlich, manchmal Sie selbst. Wut kann viele Formen annehmen, darunter Irritation, Frustration und sich als Opfer zu fühlen, außerdem Furcht, das Gefühl, bedroht zu sein, das Sie dazu veranlasst, sich zu schützen, indem Sie kämpfen, fliehen oder erstarren.

Viele Menschen sind so sozialisiert, dass sie sich nicht nur für ihre Wut, sondern generell für ihre Gefühle schämen. Wut wird oft mit Schlechtigkeit oder ihrer stärksten Ausprägung, Tobsucht, assoziiert, bei der wir unserer Vorstellung nach auf ein Umfeld oder einen anderen Menschen losgehen. Unser People Pleasing hingegen ist die stille Wut unseres vergrabenen Selbst, die wir unter Kontrolle halten, bis es nicht mehr geht.

Wut ist jedoch ein berechtigtes und notwendiges Gefühl. Sie ist eins von vielen, wobei keins wichtiger oder akzeptabler ist als das andere. Es sind einfach Gefühle. Alle haben nützliche Informationen, die Sie über Ihren inneren Zustand und über das, was möglicherweise um Sie herum passiert, in Kenntnis setzen. Durch sie können Sie erkennen, was Sie brauchen – emotionale Intelligenz also.

Wenn Sie Ihre Gefühle immer wieder spüren, können Sie dadurch die Gefühle anderer Menschen und Ihre eigenen erkennen, sich orientieren und handeln und verstehen, was vor sich geht.

People Pleasing betäubt Ihre Gefühle. Wenn Sie sich Ihre Gefühle als eine dieser alten Telefonzentralen vorstellen, tun Sie so, als könnten Sie sich die angenehmen, sozial akzeptablen und sofort befriedigenden Gefühle herauspicken und den Rest ignorieren. Doch People Pleasing und die damit verbundene Vermeidungshaltung ist das Äquivalent zum Umlegen des Hauptschalters, um alle Gefühle auszuschalten.

Wenn Sie Ihre Gefühle heruntergefahren (betäubt) oder ausgeschaltet (abgestumpft) haben, können Sie Ihre Grenzen nicht spüren, weshalb Sie Ihre Bedürfnisse nicht wahrnehmen und darauf reagieren können und auch keine echte ehrliche Bindung zu und Einschätzung Ihrer Wünsche, Erwartungen und Gedanken haben. Wenn Sie Gefühle wahrnehmen, auch wenn Sie nicht wissen, was sie sind, sind sie oft intensiver, weshalb Sie vielleicht vorschnell abblocken oder ihnen eine falsche Bedeutung und Geschichte zuschreiben. Es ist, als ob sie nicht glauben können, dass sie sich Luft machen und hochkommen dürfen. Sie werden auch unbewusst Dinge tun, um sich vorübergehend lebendig zu fühlen, die sich als selbstzerstörerisch erweisen und Herausforderungen verschlimmern oder schaffen können.

Gefühle sind auch der Weg zu einer Wechselbeziehung, das

heißt, zu einer gesunden Unabhängigkeit, die es ermöglicht, von anderen abhängig zu sein, ohne sich selbst zu verlieren. Im Gegensatz dazu steht die Co-Abhängigkeit, bei der man nicht weiß, wo man aufhört und wo die anderen anfangen, oder bei der man so viel Angst hat, verletzt zu werden, dass man sich abkapselt.

Sie haben geglaubt, nicht verwundbar zu sein, indem Sie vermeiden, zu viel zu fühlen, und alles tun, um Konflikte, Kritik, Enttäuschungen, Verluste und Ablehnung zu begrenzen oder ganz zu umgehen. Doch dabei umgeht man auch das Leben. Diese Dinge sind unvermeidlich und gehören zum Leben dazu. Sie passieren nicht ständig, aber wir sollen sie erleben, und ohne sie können und werden wir keine Freude empfinden. *Um uns zu erlauben, Freude zu empfinden, müssen wir bereit sein, Nein* zu *sagen und auch ein Nein anzunehmen; es bedeutet, im Leben präsent zu sein.*

> Gestehen Sie sich, wenn möglich, mehr Zeit zu, um sich von einem Ausbruch zu erholen, als Sie eigentlich möchten. Sie werden es sonst bereuen, wenn Sie sich in Ihrem normalen Alltag nicht mehr zurechtfinden und merken, dass es noch zu früh ist.

MIT HÜRDEN UMGEHEN UND SIE VERARBEITEN

Als trockener People Pleaser, der gewohnheitsmäßig alles, was passiert, mit etwas in Verbindung bringt, was man getan oder nicht getan hat, oder der will, dass alles glattläuft, werden Sie auf Hürden selbstkritisch reagieren und sie für unfair und ungerechtfertigt halten. Sie werden sich wahrscheinlich denken: »Das ist nicht fair. Ich habe alles richtig gemacht. Ich bin ein guter Mensch. Ich habe nichts falsch gemacht. Ich kann nicht glauben, dass XY das gesagt oder getan hat, obwohl ich …« Manchmal raubt eine Herausforderung einem wirklich den letzten Nerv, und man möchte schreien, weil man die Kontrolle verloren hat oder mehr Kontrolle hat, als einem in diesem Moment lieb ist.

Hürden sind Situationen, gewollte und ungewollte, die Ihren Charakter, Ihre Denk- und Verhaltensmuster und Ihre Ressourcen auf die Probe stellen.

Herausforderungen, so frustrierend, ärgerlich und unangenehm sie auch sein mögen, sind Gelegenheiten, die eigenen Grenzen zu erweitern und auf sich selbst aufzupassen.

Mit der Zeit werden Sie die Herausforderungen in Ihrem Leben weniger persönlich nehmen und sich ein wenig mehr mit sich selbst auseinandersetzen. Sie werden mit Dingen konfrontiert, von denen Sie nicht einmal wussten, dass Sie sie in Angriff nehmen mussten, oder von denen Ihnen nicht klar war, dass Sie sie vermieden hatten, und so werden Sie in gewisser Weise heilen, wachsen und lernen, auch wenn Sie sich dessen erst bewusst werden, wenn Sie irgendwann zurückblicken. Durch die Hürden werden Sie Dinge erkennen, die Sie sein, tun, sagen oder haben müssen, und Sie werden im Lauf der Zeit eine Lösung dafür finden.

Manche Ereignisse werden Sie aber so mitnehmen, dass Sie alle Gefühle zulassen und trauern müssen, auch wenn Sie durch Ihr Nein schon näher bei sich selbst sind. Ja, oft erkennen wir im Nachhinein, dass etwas ein versteckter Segen war oder ist. Aber manchmal ist etwas einfach richtig schlimm, auch wenn wir mehr wir bei uns selbst sind, als wir uns je haben vorstellen können. Und es ist in Ordnung, das auch so zu sagen.

Ich glaube von ganzem Herzen an Dankbarkeit, die Wertschätzung dessen, was man hat, und die Erkenntnis, dass etwas Unerwünschtes einem auch etwas gegeben hat, was man haben möchte oder was man zu schätzen weiß, manchmal mit zusammengebissenen Zähnen. Aber wenn etwas Schlimmes passiert und man sofort sagt: »Für irgendetwas ist es gut, es ist eigentlich ein Segen, und ich bin ja so dankbar«, dann übergeht man seine ganz realen Erfahrungen und Gefühle. Klar, vielleicht sind Sie später dankbar, aber zuerst müssen Sie stinkwütend sein. Sie müssen sich nach und nach erlauben, alle möglichen Emotionen zu durchleben.

Wenn Sie die Gefühlsskala betrachten, können Sie nicht von Wut direkt zu Freude übergehen.[10] Während Sie Ihre Gefühle spüren und manchmal versuchen, sie wieder zu verdrängen und dann erneut zu fühlen, und während Sie Nein *und* Ja sagen, werden Sie unter anderem Zweifel, Sorge, Überforderung, Frustration, Langeweile, Hoffnung und Begeisterung erleben. Sie können und werden sich wieder aufrappeln, aber lassen Sie sich Zeit.

Es ist in Ordnung, Probleme mit Herausforderungen zu haben. Sie können sehr triggern, und manchmal hat man das Gefühl, als käme alles Schlag auf Schlag, und man möchte sich einfach nur noch zusammenrollen und warten, bis alles vorbei ist. Vielleicht verunsichert es Sie, nicht zu wissen, was auf Sie zukommt; vielleicht hassen Sie es, keinen Plan zu haben oder nicht zu wissen, welchen Weg Sie einschlagen sollen, und wollen, dass andere Ihnen sagen, was Sie tun sollen. »Was ist, wenn ich Ja oder Nein zu den falschen Dingen sage? Woher soll ich wissen, was ich ablehnen soll, wenn ich nicht einmal weiß, was ich eigentlich will?«

Newsflash: Man soll gar nicht immer wissen, was man will, nicht zuletzt aufgrund von Sozialisierung und Konditionierung. Sie wurden darauf programmiert, bestimmte Dinge zu wollen, auch wenn sie nicht zu Ihnen passen, und das, was man Ihnen als erreichbar beigebracht hat, spiegelt eine viel frühere Phase Ihres Lebens wider. Deshalb tun sich so viele Menschen so schwer mit der Erkenntnis, dass ihr Job, ihre Karriere, ihr Unternehmen, das, was sie für den richtigen Weg hielten, nicht das Richtige ist. Sie suchen oft nach einer anderen Struktur, einer anderen Schublade, in die sie hineinpassen. Vor allem, wenn man vor den Neunzigerjahren geboren wurde, hat man ständig gehört, man müsse die Karriereleiter hinaufklettern und einen guten, stabilen Job haben. Man hatte die Einstellung, nichts an einer Situation zu ändern, selbst wenn sie nur minimale Vorteile bietet, außer es passiert etwas wirklich Schlimmes. Etwa so, wenn Menschen sagen, dass sie ihre Beziehung beenden wollen, und ihre Bekannten fragen: »Schlägt er dich? Betrügt er dich?«

Wir sind auch darauf konditioniert worden zu glauben, dass wir bis zur Rente schuften müssen und *dann* zu bestimmten Dingen Nein sagen und unser Leben genießen können. Wir bedenken jedoch nicht, dass wir, nachdem wir wie Maschinen gelebt und gearbeitet und uns um alle anderen gekümmert haben, vielleicht nicht mehr die Gesundheit oder Energie haben, um unser Leben zu genießen. Wie wäre es, wenn wir noch ein bisschen bewusster und mit mehr Grenzen leben und unser Leben jetzt genießen würden?

Wie wir das Problem sehen, ist das Problem und die Herausforderung. Wir denken, dass wir in diesem speziellen Fall kein Problem haben dürften und/oder dass wir angesichts dessen, wer wir sind und was wir denken, getan zu haben, kein Problem haben sollten. Herausforderungen und Probleme sollen uns zeigen, wo es einen Fehler in unserem Denken, unserer Einstellung oder unserem Handeln gibt, aber uns auch helfen, uns weiterzuentwickeln. Ich weiß, dass das manchmal lästig ist. Wir wollen in Ruhe gelassen werden und uns nicht mehr anstrengen müssen. Und wir können ausweichen, aber irgendwann müssen wir unser Nein erkennen, damit wir uns für unser glückliches Ja öffnen können.

Folgende Fragen können Ihnen weiterhelfen:

- Wofür ist diese Hürde eine Metapher? Wo habe ich sonst noch ähnlich gefühlt, gedacht und gehandelt? Ist die Art und Weise, wie ich mit dieser speziellen Sache umgegangen bin, ein Beispiel dafür, wie ich mit anderen Dingen umgehe?

- Was versuche ich zu erreichen oder zu vermeiden? Welche Rolle spiele ich in dieser Dynamik?
- Wo vermeide ich es, direkt zu sein, und versuche, meine Verantwortung auf mein Gegenüber abzuwälzen?
- Wo habe ich nicht auf mich gehört? Was habe ich verleugnet, rationalisiert, verharmlost und entschuldigt?
- Wo bin ich auf ein altes Nein zurückgefallen, weil ich gelangweilt, einsam, geil, hungrig, müde oder was auch immer war?
- Wo habe ich meine Erwartungen an mich oder andere auf das Bild in meinem Kopf gestützt, statt auf die Realität? Wo erwarte ich, dass andere genauso denken oder Dinge genauso tun wie ich, obwohl sie nicht ich sind?
- Wer versteht etwas trotz meines Neins nicht, und was bedeutet das? Wo muss ich gegebenenfalls noch deutlicher werden?
- Inwiefern zeigt mir diese Hürde womöglich, wo ich mich kleingemacht und unterschätzt habe?
- Spiegelt das, was ich in diesem Fall getan habe, mein tatsächliches Ich wider oder eine Identität, die ich darzustellen versuche, und inwiefern bereitet mir das Probleme?
- Will ich XY wirklich, und wenn ja, wozu muss ich dann Nein sagen, auch wenn das vielleicht bedeutet, dass ich mich eine Zeit lang sehr unwohl und unsicher fühle?
- Wie sieht die Grenze aus, die mir diese Hürde als Botschaft vermittelt und die ich setzen muss?

> Was müssen Sie loslassen?
>
> Wozu dürfen Sie Ja sagen, wenn Sie sich erlauben, Nein zu sagen?

Vergessen Sie nicht: Wenn Sie Nein sagen, werden Sie sich und der Situation vergeben, weil Sie über bessere Grenzen als zuvor verfügen.

Wiederkehrender Frust weist auf einen Ablauf, eine persönliche Regel oder etwas hin, das Sie festlegen oder tun können, um Ihr Leben einfacher zu machen. Das hilft Ihnen, sofort Ihre Grenzen zu kommunizieren, ein Nein auszusprechen oder Ihre Ressourcen zu überblicken. Zum Beispiel:

- Passen Sie die Abläufe am Arbeitsplatz oder zu Hause so an, dass nicht mehr alles bei Ihnen zusammenläuft.
- Richten Sie eine automatische E-Mail-Antwort ein, in der die Stunden stehen, in denen Sie E-Mails beantworten.
- Reservieren Sie unterbrechungsfreie Zeit in Ihrem Kalender.
- Richten Sie Ihr Telefon so ein, dass es jeden Abend automatisch auf »Bitte nicht stören« gestellt wird.
- Machen Sie es sich zur Regel, bestimmte Anfragen nicht mehr anzunehmen oder damit aufzuhören, sobald Sie in einen alten Modus zurückfallen.
- Nutzen Sie ein Dokument, ein Video oder eine Seite auf Ihrer Website, wo Sie Ihre Arbeitsweise erklären und die Erwartungen sowie die verfügbaren und nicht verfügbaren Leistungen kommunizieren.

GESUNDE GRENZEN SETZEN

- Obwohl Ausbrüche währenddessen und danach sehr unangenehm sein können, sind sie unsere Wendepunkte. Die Dinge werden sich ändern müssen, und wir werden uns dadurch verändern, und wir werden trauern, weil wir denken, dass wir nur so sein können, wie wir waren – aber wir sind so viel mehr.

- Enttäuschungen sind dazu da, Sie wissen zu lassen, was möglich ist, damit Sie gesündere Erwartungen an sich selbst und andere haben.
- Wenn Sie People Pleasing bemerken, sehen Sie die Warnsignale, wo Sie über gelbe und rote Ampeln fahren. Wenn Sie darauf achten, wo Sie dies tun, können Sie bewusst eingreifen und Anpassungen vornehmen. Sie können fragen: »Was ist mit mir los? Was passiert hier gerade?«
- Je klarer Sie sich darüber sind, wer Sie sind und sein wollen, was Ihnen wichtig ist und wie Sie sich jetzt und weiterhin fühlen wollen, desto leichter fällt es Ihnen, einverstanden zu sein mit dem, was Sie loslassen, weil Sie verstehen, was Sie gewinnen.
- Zu erkennen, dass etwas nicht funktioniert, und Nein zu sagen ist kein Versagen, sondern ein Erfolg. Ein »Misserfolg« wäre es, so zu tun, als ob alles in Ordnung wäre, weiterhin zu versuchen, etwas zurückzubekommen, und sich selbst leiden zu lassen. Dabei hindert man sich selbst daran, das Ersehnte zu bekommen und mit der gewonnenen Erkenntnis etwas zu ändern.
- Die richtige Entscheidung fühlt sich nicht immer sofort gut an, vor allem, wenn man es gewohnt ist, Ja zu sagen und dabei zu ignorieren, wie beschissen man sich fühlt oder wie falsch es ist. Seien Sie nett zu sich selbst, und hüten Sie sich vor Katastrophendenken und davor, was Sie sich einreden, wie andere reagieren werden oder was Ihre Gefühle bedeuten.
- Sie werden manchmal mit einem Nein auf Widerstand stoßen, nicht weil es falsch ist, sondern weil es die Orientierungspunkte verfeinert (Mitgefühl, Kongruenz, Klarheit, Gnade und Eigenverantwortung) und auch um sicherzustellen, dass Sie es ernst meinen mit dem, was Sie Ihrer Aussage nach sind und wollen. Wenn Sie nur unter perfekten Bedingungen, unter denen alle einwilligen, Nein sagen können und dies auch einhalten, werden Sie schneller einknicken als ein kaputter Gartenstuhl, sobald Sie auch nur den Hauch einer Abkürzung, der

unvermeidlichen Dinge des Lebens oder von Angst oder Stress verspüren.
- Schaffen Sie Grenzen, anstatt Mauern zu errichten. Sich in sich selbst zurückzuziehen und zurückhaltend und defensiv zu werden, ist nur allzu leicht, wenn man mit Ausbrüchen und Herausforderungen konfrontiert wird, aber das sind Mauern, die die Vergangenheit abwehren und zum Ausdruck bringen, wo man sich selbst noch nicht verziehen hat. Das ist in Ordnung, aber finden Sie die Grenze, finden Sie das Nein, damit Sie mit Liebe, Fürsorge, Vertrauen und Respekt statt mit Misstrauen weitermachen können.
- Viele Menschen nutzen Ihre Verwundbarkeit und, ja, Ihre Schwächen nicht aus, weil sie sich dabei unwohl fühlen und sich ihrer eigenen Grenzen bewusst sind. Sie sehen, welche Probleme Sie mit Grenzen haben, und behandeln Sie trotzdem mit Liebe, Fürsorge, Vertrauen und Respekt. Sagen Sie Nein und erlauben Sie sich mehr Grenzen, damit Sie enge Beziehungen eingehen und genießen können.

PRAKTISCHE HILFE

Ich habe angefangen, Nein zu sagen, und jetzt habe ich das Gefühl, dass ich nur noch fühle, und das ist so unangenehm und schmerzhaft. Wird das so bleiben?

Verdrängte Gefühle verschwinden nicht, sie richten Schaden an. Verwechseln Sie jedoch nicht den anfänglichen Ansturm mit dem generellen Fühlen von Gefühlen. Natürlich sind Ihre Gefühle gerade sehr akut, wenn Sie sie zuvor verdrängt haben. Aber wenn Sie nicht mehr länger die Geisel Ihrer Gefühle sind, wird es erstaunlich schnell besser. Ihr momentanes Ringen ist keine endgültige Aussage über die Zukunft. Es wird einen Wetterumschwung geben, und Ihre Gefühle werden sich ändern und aufkommen und abebben.

Ich möchte ein schmerzhaftes Ereignis wirklich durch gesündere Grenzen hinter mir lassen, aber ich komme nicht davon los. Warum?
Wenn Sie sich immer noch schlecht fühlen, dann gehen Sie nicht ehrlich mit dem Geschehenen um. Sonst ginge es Ihnen mittlerweile besser. Wenn Sie sich selbst die Schuld geben und sich schämen, wenn Sie sich einreden, dass Sie nicht gut genug sind, sind Sie noch nicht ehrlich zu sich selbst. Seien Sie vorsichtig damit, Misserfolge oder Verletzungen als Ausdruck von etwas Unveränderlichem zu betrachten. Sie können nur den unmittelbar vor Ihnen liegenden Abschnitt eines sehr viel längeren Wegs sehen. Gehen Sie sanft mit sich um.

Ich habe etwas getan, das meinem wahren Ich entspricht, anstatt mitzumachen, um mit allen auszukommen, und das hat den Leuten nicht gefallen. Jetzt muss ich doch sicher mein Handeln überdenken?
Orientieren Sie sich bei der Beurteilung der Gültigkeit eines Neins oder Ihrer Grenzen nicht nur an der Reaktion anderer Menschen, denn das kann ganz schön irreführend sein. Wenn ich die Entscheidung, ob ich Nein sagen und Grenzen setzen sollte oder nicht, von einer einzigen Reaktion abhängig gemacht hätte, hätte ich mich vielleicht nicht noch einmal bemüht und entschieden, dass mein Umfeld nicht damit umgehen kann und dass es den Stress nicht wert war. Aber ich habe wieder Nein gesagt, und was ist passiert? Entweder gab es keine Gegenwehr, oder mein Nein war immer noch berechtigt. Außerdem können andere Ihre Grenzen und Sie selbst nicht ernst nehmen, wenn Sie sie ständig ändern. Stehen Sie immer wieder für sich ein, damit andere wissen, wen und was sie zu erwarten haben, und sich allmählich darauf einstellen können.

Was soll man tun, wenn man merkt, dass man etwas anders hätte machen können?

Jetzt, da Sie sich selbst viel besser kennen und wissen, wann Sie Angst hatten oder sich nicht in der Lage fühlten, mit Konflikten und anderen Herausforderungen umzugehen, werden Sie vielleicht etwas bedauern. Sie werden Trauer darüber verspüren, was Sie nicht gewusst haben und wer Sie hätten sein können, *wenn doch nur* ... Vielleicht sind Sie noch nicht da, wo Sie jetzt schon zu sein dachten. Es ist in Ordnung, wenn Sie darüber traurig sind, aber verlieren Sie sich nicht darin. Stehen Sie zu dem, was Sie gelernt haben, damit Sie sich mit Grenzen weiterentwickeln können, anstatt noch mehr zu bedauern, dass dieselbe Sache in verschiedenen Formen durch neue Herausforderungen immer wieder zu Ihnen zurückkommt. Damals waren Sie anders, und was Sie nicht wussten, konnten Sie auch nicht wissen. Ihr Bedauern wird weniger werden, wenn Sie sich gut um Ihr jüngeres Ich kümmern und ihm mit Mitgefühl und Empathie begegnen, indem Sie jetzt und in Zukunft bessere Entscheidungen treffen und Grenzen setzen.

Jemand in meinem Leben bittet um eine zweite Chance, und ich bin mir nicht sicher, ob ich sie gewähren will, aber ich habe das Gefühl, dass ich es tun sollte, vor allem, weil ich jetzt gesündere Grenzen habe.

Vergessen Sie das »Sollen« und geben Sie zu, dass Sie sich nicht sicher sind oder es nicht wollen. Geben Sie auch zu, was Sie sich davon versprechen, wenn überhaupt, zurückzubekommen oder zu vermeiden, wenn Sie zustimmen. Wenn dieser Mensch keine gesunden Grenzen hat und von Ihnen erwartet, dass Sie den Kontakt auf Basis Ihrer früheren Grenzen beibehalten, ist es nur eine Frage der Zeit, bis es zu Verletzungen und Problemen kommt. Ihre Absicht mag es sein, ihm eine weitere Chance zu geben, Unterstützung zu zeigen, aber das Ergebnis ist, dass dieser Mensch es als grünes Licht interpretieren wird, um das gleiche Problem erneut zu verursachen. Ob Sie es wahrhaben wollen oder nicht, wenn Sie es immer wieder versuchen, werden Sie immer wieder dieselben unerwünschten Reaktionen bekommen, weil Sie sich zu sehr darauf konzentrieren, wie Sie selbst und andere wirken sollen.

Ich habe zu jemandem Nein gesagt, dem ich normalerweise nichts abschlage, und dieser Mensch hat mich beschimpft/den Kontakt zu mir abgebrochen/versucht, mir ein schlechtes Gewissen zu machen. Was soll das?

Wenn jemand wütend war, weil Sie Nein gesagt haben oder weil Sie sich um Ihre eigenen Grenzen kümmern und Ihre Verantwortung kennen, ist das ein Zeichen dafür, dass Ihr Nein überfällig war. Das Ja-Büfett ist offiziell geschlossen.

SCHLUSSWORT

Wenn Sie nicht Nein sagen wollen (oder nicht erkennen, dass Sie es tun müssen), wird das Leben Sie trotzdem dazu bringen. Die Grenzen anderer Menschen oder viele verschiedene vermiedene Entscheidungen und Neins werden sich zu einem sehr ungünstigen Zeitpunkt ballen und Sie zwingen, etwas zu ändern.

Das Leben, oder wie ich es gerne nenne, Professor Leben, scheint einen anzusehen und zu sagen: »Hmm, wie kommt [Ihr Name] eigentlich voran? Ist sie/er authentischer? Na, sieh mal einer an. Hier, hier und hier sagt sie/er immer noch nicht Nein, obwohl es dringend nötig oder auch beabsichtigt wäre. Okay, wie können wir alles ein bisschen aufrütteln, damit sie/er ihr/sein wahres Leben, ihr/sein wahres Selbst für sich beanspruchen kann? Was müssen wir [Ihr Name] mit auf den Weg geben, damit sie/er genug lernt, um vorwärts zu kommen und aus diesem Muster auszubrechen?« Und wenn bestimmte Lektionen immer wieder durch Herausforderungen auftauchen und Sie sie immer wieder aufschieben oder ihnen ausweichen, brechen sich diese ganzen Neins, denen Sie ausgewichen sind, irgendwie Bahn.

> Wenn Ihnen das, was Sie gern hätten, verwehrt bleibt, sind Sie gezwungen, endlich Nein zu sagen, um dann auch Ja sagen zu können.

Manchmal ringt man gemeinsam mit dem Nein, so wie wir alle während der Pandemie. Wir hätten langsamer werden, unser Leben reflektieren, Nein sagen müssen, aber wir hatten immer etwas anderes zu tun. Und dann kam die Pandemie, und plötzlich wurde alles auf den Kopf gestellt, als für einen großen Teil der Welt der Lockdown begann. Das war ein harter Einschnitt. Viele von uns – auch wenn es uns im Grunde genommen gut ging, weil wir weder unseren Arbeitsplatz noch unsere Gesundheit oder einen geliebten Menschen verloren hatten und sogar einige Aspekte der Entschleunigung genossen – fanden es schwierig. Diejenigen von uns, die in ihrem Alltag einem Nein aus dem Weg hatten gehen können, hatten vielleicht kein Fitnessstudio, keine Bar, keine Arbeit und keine anderen Dinge mehr, in die sie sich flüchten konnten. Und selbst wenn wir nicht von zu Hause aus hätten arbeiten müssen, hätte der Lockdown unsere Kontakte oder Aktivitäten eingeschränkt. Einige von uns waren erleichtert, auch wenn sie es erst nach einer Weile merkten. Endlich hatten wir einen Ausweg aus all dem Jasagen. In anderen Fällen machte die Pandemie Aspekte unseres Lebens so unerträglich, so unhaltbar, dass wir schließlich Nein sagten und uns von dem trennten, mit dem wir nicht glücklich waren. Die Pandemie hat uns gezwungen, unser Verhältnis zu Gehorsam und Nachgiebigkeit zu hinterfragen, und damit werden wir sicher noch einige Jahre beschäftigt sein.

Aus den vielfältigen Erfahrungen werden Sie lernen, wann Sie Nein sagen müssen – bei Geburt, Tod, Verlust, Mobbing und Belästigung, in den Wechseljahren, bei Behinderungen, Kindern, die heranwachsen und dann das Nest verlassen, dem Beginn einer neuen Beziehung, Verlobung, Heirat, Trennungen, Krankheit, Erfolg und Anerkennung, dem Erreichen des lange Ersehnten, einem Elternteil, der zu einem ziehen muss, einem kranken Familienmitglied, einer Selbsterkenntnis, nachdem man etwas jahrelang überspielt hat, bei Misserfolgen, Versagen und Fehlern, wenn man etwas tut, von dem man im Nachhinein feststellt, dass es nicht der beste Moment war, bei unvorstellbarer Freude, wenn man Beziehungen hinter sich lässt, der Körper sich verändert, bei Umzügen, *Leben*.

Manchmal bekommen Sie das, was Sie zu wollen glaubten, und stellen fest, dass es nicht das Richtige für Sie ist. Dann müssen Sie sich mit dieser Erkenntnis versöhnen und Maßnahmen ergreifen. Und ein anderes Mal werden Sie etwas, das Sie unbedingt haben wollen, nicht in der erwarteten Form bekommen oder überhaupt nicht, und das wird schmerzhaft sein.

Durch diese Ereignisse werden Sie sich besser kennenlernen. Sie könnten unbewusste Vorurteile aufdecken, was Ihnen unangenehm sein, Sie aber auch aufwecken wird. Sie werden sich an Ihren Vorlieben orientieren anstelle an alten und überholten Programmen.

Menschen und Situationen, die Sie an Ihre Vergangenheit erinnern, werden Ihnen zeigen, was Sie vorher nicht sehen konnten, obwohl Sie dachten, Sie hätten alles gesehen und wüssten alles. Das Leben wird Sie mit alten Ja- und Nein-Entscheidungen konfrontieren, obwohl Sie dachten, Sie seien fertig und eine bestimmte Person oder Sache würde Sie nicht mehr stören. Und das liegt nicht daran, dass Sie alles nicht verarbeitet hätten, sondern daran, dass diese Ereignisse Gelegenheiten sind, tiefer und aus neuen Blickwinkeln zu trauern, Freude zu empfinden. Sie sind noch nicht mit allen möglichen Situationen konfrontiert worden, wie könnten Sie also »fertig« sein?

Wenn Sie sagen, dass Sie etwas nicht mögen oder dass etwas eine Priorität ist, *wird* Professor Leben Sie mit Situationen konfrontieren, die Sie auf die Probe stellen.

Professor Leben versucht nicht, Sie zu überrumpeln und Sie

dumm dastehen zu lassen; er will Ihnen helfen. Wenn Sie sagen, dass Sie eine bestimmte Art von Mensch sind oder dass Sie etwas brauchen oder wollen, müssen Sie herausfinden, was Sie ablehnen müssen, um das zu erreichen. Sonst bedeutet das, was Sie sagen, nichts. Ihr Handeln wird nicht mit Ihren Worten, Absichten und Ihren wahren Gefühlen übereinstimmen. Leute sagen zu mir, dass sie für eine ernsthafte Beziehung bereit sind, aber dann lassen sie sich auf oberflächliche Affären ein und wissen nicht, wer sie sind und was sie brauchen und wollen. Sie betreiben People Pleasing und hoffen, dass ihre Partnerin oder ihr Partner denkt: »Wow, XY hat sich auf den Kopf gestellt und mich machen lassen, wie ich wollte. Ganz bestimmt ist XY die Liebe meines Lebens, und ich muss mit diesem Menschen eine Beziehung eingehen.« Das ist doch Quatsch.

Wir Menschen trauern immer, weil wir ständig etwas loslassen, auch wenn wir es nicht merken. Um uns weiterzuentwickeln und zu wachsen, müssen wir manches loslassen, um etwas zu gewinnen. Die Trauer wächst mit.

Durch unser People Pleasing konnten wir nicht auf gesunde Weise trauern, weil wir nicht fühlen und deshalb nichts verarbeiten konnten. Weil wir relativ reinen Schmerz vermieden und uns dadurch selbst Schaden zugefügt hatten, wurde er diffus und quälend.

Wenn wir uns für den Notfall aufsparen, unsere Gefühle, uns selbst, auszudrücken, um bei anderen die Belohnung für unser People Pleasing einzufordern, werden diese Gefühle uns und andere unvorbereitet treffen, und sie werden in diesen Fällen immer ohne Grenzen sein, selbst wenn unser Nein oder unsere Bedenken berechtigt sind.

Wenn wir aufhören, unsere Gefühle und Gedanken gegenüber geliebten Menschen und uns selbst auszudrücken, werden wir einsam. Wir fühlen uns emotional allein gelassen und abgeschnitten, auch wenn wir von Menschen umgeben sind. Wenn wir uns selbst ausdrücken, finden wir wieder Anschluss, und so können wir unser Nein zurückgewinnen und Ja zum Leben sagen.

Wenn wir uns erlauben, unsere Gefühle konsequent zu spüren, und sie durch Ja, Nein und Vielleicht anzuerkennen und auszudrücken, werden wir nicht nur besser kommunizieren und uns mit einem Nein sicherer fühlen, sondern werden auch nicht von unseren Gefühlen überrumpelt oder als Geisel genommen. Wir werden uns nicht abgeschnitten und allein fühlen. Wir werden in der Lage sein, unserem Ja zu vertrauen und aus den Momenten zu lernen, in denen uns im Nachhinein klar wird, dass wir hätten Nein sagen müssen.

Indem wir authentischer mit unserem Ja sind, wird das Trauern und Verarbeiten unseres emotionalen Ballasts Teil unseres Alltags. Wir müssen nicht mehr denken, dass wir uns erst verbessern oder beweisen müssen, bevor wir Nein sagen können, oder Angst davor haben, was die Herausforderungen des Lebens über uns enthüllen könnten. Wir fühlen uns widerstandsfähiger, weil wir nicht darauf warten, dass die Kacke am Dampfen ist, um endlich auf uns achten zu können.

Professor Leben wird Ihnen unangekündigte Aufgaben stellen. Gelegentlich werden Sie es Leuten recht machen wollen und es erst im Nachhinein erkennen. Das ist in Ordnung. Sie werden daraus lernen. Nehmen Sie zur Kenntnis, was Sie zu dem Zeitpunkt geängstigt hat, damit Sie daraus lernen und bessere Entscheidungen treffen können. Glauben Sie mir, Sie werden die Gelegenheit haben, noch einmal Nein zu sagen. Sie müssen sich nicht über das Nein ärgern, von dem Sie glauben, dass es Ihnen entwischt ist! Gehen Sie noch einmal alles durch. Entscheiden Sie sich für einen Schritt als Standard, und die anderen werden Sie nach und nach als natürliche Erweiterung ausführen.

People Pleasing ist eine Angewohnheit, die Sie die meiste Zeit oder sogar Ihr ganzes Leben lang begleitet hat und daher mit Ihrem jüngeren Selbst und Ihrer alten Identität verknüpft ist. Wenn

Sie sich Ihrem Nein und Ihren Grenzen mit Mitgefühl nähern, werden Sie sich selbst nicht ablehnen, auch nicht Ihr jüngeres Selbst, und Sie werden erkennen, dass Sie bis zu diesem Punkt einen langen Weg zurückgelegt haben. Die Ausbrüche werden immer seltener werden. Herausforderungen werden zu Signalen, zu Gelegenheiten für Sie, Ihre Grenzen zu erweitern. Hürden werden Sie verärgern. Manchmal werden Sie sich fragen: »Was zum Teufel will das Leben jetzt von mir? Habe ich das nicht schon gelernt?« Und dann werden Sie es allmählich herausfinden.

Das Leben bietet Ihnen Menschen und Situationen, die Ihnen helfen, Nein zu sagen, damit Sie zu einem friedlicheren, angenehmeren, authentischeren und freudvolleren Leben Ja sagen können.

Menschen werden fühlen, was sie fühlen werden, denken, was sie denken werden, und tun, was sie tun werden, ganz gleich, wie »gut« Sie sind oder wie sehr Sie versuchen, ihnen Unbehagen zu ersparen. Also können Sie genauso gut damit weitermachen, Sie selbst zu sein, voller Liebe, Fürsorge, Vertrauen und Respekt für sich selbst *und* für andere.

Ich bin Natalie Lue. Ich bin eine trockene People Pleaserin, und ich bin auch glücklicher und mehr ich selbst als je zuvor.

»Sie selbst zu sein« bedeutet, all das zu sein, was Sie wären und tun würden, wenn Sie nicht so sehr damit beschäftigt wären, es allen anderen recht zu machen und sich unter Druck zu setzen. Wenn Sie sich selbst die Erlaubnis geben, sich authentischer zu zeigen, werden Sie dies auch anderen gestatten, und helfen, den Kreislauf von Scham und Anpassung zu durchbrechen. Seien Sie mehr Sie selbst. Finden Sie die Freude am Neinsagen, damit Sie viel mehr werden, als Sie sich jemals haben vorstellen können.

DANKSAGUNG

Himmel, ich dachte, dieses Kapitel würde das leichteste werden! Stattdessen meldet sich die trockene People Pleaserin in mir zu Wort: *Vergiss bloß niemanden!* Aber natürlich schreibe ich es, weil ich mich ehrlich bei allen bedanken will und mich nicht dazu verpflichtet fühle.

In den letzten gut achtzehn Jahren hatte ich das große Glück, meine Geschichten und Ideen im Internet mit einem liebevollen und großzügigen Publikum auf der ganzen Welt teilen zu dürfen. Danke, ihr »Reclaimers«, dass ich durch euch einen Beruf habe, ihr meine Karriere als selbstverlegende Autorin unterstützt und meine Bücher kauft, und dass ihr mir eure Geschichten anvertraut und ich euch helfen darf, euch selbst zu heilen, zu wachsen und zu lernen.

Die Verlagswelt ist hart. Schon vor langer Zeit hatte ich die Entscheidung getroffen, *mich selbst* zu wählen und nicht darauf zu warten, dass mir irgendwer erlaubt, meine Arbeit mit der Welt zu teilen oder einfach nur ich selbst zu sein. Und zum Glück habe ich das auch getan, denn ich hatte schon siebzehn Jahre geschrieben und Bücher veröffentlicht, als ich im März 2021 den Vertrag für dieses Buch bekommen habe! Natürlich, alles zu seiner Zeit.

Ich hatte einige schmerzhafte Rückschläge, und ich weiß noch, dass ich im Herbst 2018 den eindeutigen Beschluss fasste: Es ist okay. Wenn der traditionelle Weg zur Buchveröffentlichung für mich bestimmt war, würde er mich finden. Mir war auch bewusst, was ich brauchte, wenn es zu einem Buchvertrag kommen sollte. Und im Juli 2020 bekam ich es.

Ich danke meinen großartigen Agenten Jan Baumer und Steve Troha von FolioLiterary Management. Ihr seid genau das, was ich gebraucht und mir gewünscht habe, und es ist eine Freude, mit Menschen zu arbeiten, die mich nicht nur »verstehen«, sondern die eindeutig auf meiner Seite sind und mich immer zum Lachen bringen.

Dank geht an Melissa und das restliche Foreign-Rights-Team sowie an Anna Goldfarb, deren Interview mit mir für die *New York Times* Folios Aufmerksamkeit erregt hat.

Ich danke den Leuten bei Harper Horizon and HarperCollins. Andrea Fleck-Nisbet und Amanda Bauch, ich habe so gern mit euch gearbeitet, und euer Engagement für mich bedeutet mir so viel. Mein Buch lag euch so am Herzen, und euer Feedback hat mir als Autorin sehr geholfen. Danke, Matt Baugher, Meaghan Porter, Kara Brammer, Kevin Smith, John Andrade und Jeff Farr für eure Marketing- und PR-Arbeit und dass ihr dieses Buch möglich gemacht habt. Belinda Bass und Grace Cavalier, ich danke euch, dass ihr euch so sehr um das richtige Cover bemüht habt. Es ist großartig! Themi Kartapanis in Großbritannien, du bist ein Schatz. Danke für dein ganzes Wissen und dass du so gut Kontakte knüpfen kannst.

In dieser Phase meines kreativen Lebens lerne ich, um mehr Hilfe zu bitten. Danke, Josephine Brooks, für dein Online-Business-Management und alles, was du zur Vorbereitung für die Veröffentlichung des Buches getan hast. Ich weiß, dass dafür manchmal eine Engelsgeduld nötig war, haha! Joanna Gorry, danke, dass du so eine fantastische virtuelle Assistentin bist.

Rachel Coffey und Nikki Mellors, ihr wart die Ersten, die meinen Blog gelesen haben, und ihr habt keine Sekunde gezögert, mich zu bestärken. Rachel (und Sarah Grennan und Siobhan Cowler), ich danke dir für die regelmäßigen Nachfragen während des Schreibprozesses. Danke, Nikki, dass du meine Bücher immer als Erste liest und für dein ehrliches Feedback.

Cate Sevilla, meine Freundin mit dem tollen Lachen (manchmal lachen wir so sehr miteinander, dass wir uns fast übergeben müssen), danke, dass du mich während des ganzen Schreibprozesses an der Hand gehalten hast. Dein Rat und deine Unterstützung waren unschätzbar wertvoll.

Karen Arthur, meine Tanzpartnerin und beste Freundin mit dem dreckigen Lachen, danke für die ganzen Gespräche und dass du so großartig bist.

Susanna Reid, du bist ein Schatz. Ich danke dir für deinen unerschütterlichen Support im Lauf der Jahre, dass du mich dazu bewogen hast, den traditionellen Veröffentlichungsweg zu versuchen, und für unsere tiefgründigen Gespräche.

Claire Archbold, ich freue mich so über alles, was wir im Lauf der Jahre zusammen auf die Beine gestellt haben, und dass du kein Blatt vor den Mund nimmst. Gangster!

Kat Molesworth, du Orakel, Weise und Mit-Liebhaberin von NeNe-Leakes-GIFs, ich danke dir. Du bekommst nicht genügend Anerkennung dafür, wie brillant und genuin inklusiv du bist. Bleib fantastisch und »sorg weiter für Ärger«.

Emma Gannon, danke für die Gespräche und das Lachen bei unseren gemeinsamen Abendessen und dass du für meine Arbeit eingetreten bist. Es ist so toll, mit jemandem zusammen ein Geek sein zu können.

Ich danke der London-Writers'-Salon-Community für ihre Unterstützung. Was für eine großartige Gruppe! Matt und Parul, ich danke euch für die viele Anerkennung und eure Hilfe, dass ich stolz auf meine kreative Leistung sein kann.

Ein großer Dank geht an Caitlin Schiller, Sally Page und den

Rest der Blinkist-Mannschaft. Eure Leidenschaft für *The Baggage Reclaim Sessions* ist eine großartige Motivation.

Ich danke auch Natalie Gumede, Tabara N'Diaye, Jessica Huie, Ciara Shah, Luisa Omielan, Laura Hansen, Jessica Lauren, Rachael Lucas, Karen Cowell, Mima Lombardi, Tiffany Han, Nova Reid, Jenny Kakoudakis, Imriel Morgan, Salma Shah, Janet Murray, Helen Perry, Jolene Park, Tamu Thomas, Harriet Minter, Jenni Johnson, Jacqueline Colley, Sareta Fontaine und Uju Asika.

Sonia Desiderio, ich bin so dankbar, dass ich mich entschieden habe, Kinesiologie zu »machen«. Du hast den Ball ins Rollen gebracht. Danke, dass du immer Klartext mit mir redest und meinem Körper hilfst, von dem ganzen angesammelten Stress und Trauma zu heilen.

Ich danke meinem Mentor und Akupunkteur, Silvio Andrade. Ich hätte nie gedacht, dass ich das schreibe, und du bist nicht mehr da, um mit mir das Buch zu feiern. Mann, ich vermisse dich. Danke, dass ich bei dir so oft weinen durfte, es war zum Totlachen, und für deine vielen weisen Ratschläge und trockenen Kommentare, die ich im Herzen behalte und bestmöglich jeden Tag umsetzen will.

Jassmine James, Fiona Dilston und Mun Mah-Wing, vielen Dank, dass ihr mir geholfen habt, auf mich zu hören und die Macht des Aufgebens zu lernen.

Beata Kallai-Kelbert, danke für die wöchentliche Tiefengewebsmassage während des Schreibprozesses und die wunderbaren Gespräche.

Ich danke dir, meiner großen, verrückten Familie. Ohne die Lues, Cohens, Lauders, McCleans und alle meine Vorfahren wäre ich nicht hier, und ich wäre nicht ich.

Ich danke Mom »Mama« Pam und meinem verstorbenen Vater Rupert. Danke für alles. Unsere Beziehung war komplex und holprig, aber nicht ohne Liebe. Ich sehe und höre euch beide. Mom, mir ist jedes Opfer bewusst, das du gebracht hast, damit wir ein besseres Leben haben als du. Danke. Und auch wenn es dir so wichtig war, dass ich studiere und Leistung bringe, hast du mir auch die Liebe zu kreativen Dingen mitgegeben. Du bist wirklich knallhart. Dad, wo auch immer du bist, ich weiß, dass du stolz auf mich bist … und dass dein innerer People Pleaser wahrscheinlich gerade eine Panikattacke bekäme, ob dieses Buch den Ruf der Familie gefährdet. Alles wird gut! Ruhe in Frieden!

Wie mein Mann betrunken in seiner Hochzeitsrede so schön böse anmerkte: »Ich danke Natalies Eltern – allen!«, worauf unsere Gäste in schallendes Gelächter ausbrachen. Ich habe nämlich mehr als zwei Elternteile. Mike, mein Stiefvater, ich danke dir, dass du immer für mich da bist und so ziemlich alles unterstützt, was mich interessiert, und dass du mir die berufliche Selbstständigkeit als eine Gelegenheit aufgezeigt hast und nicht als etwas, vor dem man Angst haben muss. Jen, meine Stiefmutter, ich danke dir für die Liebe und dass du mir meine unglaublichen Schwestern geschenkt hast. Und danke, Sylvia (die jetzige Frau meines Stiefvaters), dass du so reizend bist.

Ich danke auch meinen Schwiegereltern Emma und John sowie dem verstorbenen Mann meiner Schwiegermutter, »Uncle«. Auch wenn euch nicht ganz klar ist, was ich eigentlich arbeite, weiß ich, dass ihr mich unterstützt.

Irland, ich liebe dich, und ich danke dir. Auch wenn es nicht einfach war, dort als eines der wirklich wenigen Schwarzen Kinder in den Achtzigern und Neunzigern aufzuwachsen, hast du mich auch geliebt und hattest maßgeblichen Einfluss auf mich. Ein herzlicher Gruß geht an das Corbawn-Shankill-Viertel in Dublin, an die Cowlers, die Shankill-O'Briens, die Ballsbridge-O'Briens, die Coffeys, Gilsenans, Bonasses, Carvossos, Normans, Cussens, Bradys, Levins, Crowells, Jacksons und Carrolls. Dank geht an meine Lieblingsdirektorin Mrs. Carroll von der Schule Our Lady of Good Counsel, an die Leute bei Loreto Dalkey und Tiggy von Tiggy's Art School.

Weitere Grüße gehen an: Cathy, Tara, Ciara »Beaver«, Fiona, Grace, Irene, Pamela, Michelle, Nac und die anderen Mellors, Brenda und die Cuby-Gang, Gigi, Kim, Carys und der Clan, Claire, Sadie und Bella, Beth und Co., Bianca, Matt und die Gang, Marilyn, Anne-Marie, Dina, Victoria, Amanda, Maryam, Kalisa und Patricia, Kareem und Maheni, Venessa und Ollie, Jules und Hannah, David, Lorna, Becks, Eddie, Luciana »Lulu«, Dino, Becky, Natasha, Anthony, Denis und Philip. Ich liebe euch alle.

Ich grüße auch den Lue Girls' Book Club – Tante Sandra, Holly und Sam.

Richard »Richie Rich«, mein Verbündeter seit 1979, ich danke dir. Wir haben viel durchgemacht, und ich bin so froh, dass wir einander hatten. Tut mir leid, dass ich hier jetzt dein wahres Alter verraten habe, haha. Sean, Martin, Sam und Marie, ich liebe euch. Was für ein Segen, dass wir einander haben.

Ein großer Dank geht an meine großartigen Schwager John und Elliott und meine ebenso großartige Schwägerin Ashley.

Meine Nichten und Neffen Kiah, Roman, Ace, Alex, Rishon, Lauryn, Ruibi, Lloyd, Keiko, Florence und Albie, ich danke euch, dass ihr so aufgeweckt und lustig seid.

Ich danke meinem Hund Chester Alvin King Jaffe Joffer. Ich musste dich hier nennen, weil mein Baby zu mir gehört. Ich liebe dich über alles, mein kleiner Stalker.

Saria und Nia, meine Töchter, ich bewundere euch, und es ist mir eine Ehre, eure Mutter zu sein. Danke, dass ihr mich während des Schreibprozesses ausgehalten habt. Ich liebe euch.

Emmon, mein Ehemann und bester Freund, vom Beginn unserer Beziehung an hast du mich unerschütterlich unterstützt und meine Vision und mein Ziel nie angezweifelt. Weil du du selbst bist, durfte ich aufblühen. Du bist eine Freude, und ich liebe dich.

ANMERKUNGEN

1 Etymologeek, Eintrag »good«, https://etymologeek.com/eng/good/40896046; Online Etymology Dictionary, Eintrag »good (adj.)«, https://www.etymonline.com/word/good.

2 Mayo Clinic, Redaktion: *Chronic Stress Puts Your Health at Risk,* Mayo Clinic, 8. Juli 2021, https://www.mayoclinic.org/healthy-lifestyle/stress-management/in-depth/stress/art-20046037.

3 Richter, Felix: The Great Resignation Record: *How Many Americans Left Their Jobs in November 2021?,* in: World Economic Forum, 18. Januar 2022, https://www.weforum.org/agenda/2022/01/the-great-resignation-in-numbers-record/; Kamal, Rashida: Quitting Is Just Half the Story: The Truth Behind the »Great Resignation«, in: *The Guardian,* 4. Januar 2022, https://www.theguardian.com/business/2022/jan/04/great-resignation-quitting-us-unemployment-economy.

4 Burke Harris, Nadine, MD: Th*e Deepest Well: Healing the Long-Term Effects of Childhood Trauma and Adversity,* London, 2018, Bluebird.

5 *Take the ACE Quiz – And Learn What It Does and Doesn't Mean,* Center on the Developing Child, Harvard University, 2. März 2015, https://developingchild.harvard.edu/media-coverage/take-the-ace-quiz-and-learn-what-it-does-and-doesnt-mean/.

6 Patel, Jainish und Patel, Prittesh: Consequences of Repression of

Emotion: Physical Health, Mental Health and General Well Being, in: *International Journal of Psychotherapy Practice and Research* 1, Nr. 3 (2019), S. 16–21, https://doi.org/10.14302/issn.2574-612X.ijpr-18-2564; Cullen, Margaret: How to Regulate Your Emotions Without Suppressing Them, *Greater Good Magazine,* 30. Januar 2020, https://greatergood.berkeley.edu/article/item/how_to_regulate_your_emotions_without_suppressing_them.

7 Harris: The Deepest Well; Filetti, Vincent J. et al.: Relationship of Childhood Abuse and Household Dysfunction to Many of the Leading Causes of Death in Adults: The Adverse Childhood Experiences (ACE) Study, in: *American Journal of Preventative Medicine* 14, Nr. 4 (1. Mai 1998), https://doi.org/10.1016/S0749-3797(98)00017-8.

8 Godin, Mélissa: Voluntourism: New Book Explores How Volunteer Trips Harm Rather Than Help, in: *The Guardian,* 10. Juni 2021, https://www.theguardian.com/global-development/2021/jun/10/voluntourism-new-book-explores-how-volunteer-trips-harm-rather-than-help; Hartman, Eric: Why UNICEF and Save the Children Are Against Your Short-Term Service in Orphanages, in: *Global SL Blog,* Campus Compact, 5. September 2014, https://compact.org/why-unicef-and-save-the-children-are-against-you-caring-for-orphans/; Bandyopadhyay, Ranjan: Volunteer Tourism and ›The White Man's Burden‹: Globalization of Suffering, White Savior Complex, Religion and Modernity, in: *Journal of Sustainable Tourism* 27, Nr. 3 (2019), S. 327–43, https://doi.org/10.1080/09669582.2019.1578361.

9 Orvell, Ariana et al.: Does Distanced Self-Talk Facilitate Emotion Regulation Across a Range of Emotionally Intense Experiences?, in: *Clinical Psychological Science* 9, Nr. 1 (Januar 2021), S. 68–78, https://doi.org/10.1177/2167702620951539.

10 Bernstein, Gabby: *How to Use the Abraham-Hicks Emotional Guidance Scale,* GabbyBernstein.com, 2. Februar 2020, https://gabbybernstein.com/emotional-guidance-scale-abraham-hicks/.

Franca Cerutti
In Zusammenarbeit mit Christian Weiss

Psychologie to go!
Wie verrückt sind wir eigentlich?

Ehrliches und Überraschendes über unsere Psyche

Psychologie leicht gemacht –
die charismatische Podcasterin klärt auf

Ob vor dem Mikrofon oder zwischen zwei Buchdeckeln – auf ihre unverkennbar charismatische Art bringt die Psychotherapeutin und Podcasterin Franca Cerutti die Psychologie in den Alltag: Was hilft dir, wenn dich plötzlich eine Panikattacke überkommt? Was ist zu tun, wenn sich eine Depression bemerkbar macht, und wie kannst du anderen bei ihren Problemen beistehen? In Zusammenarbeit mit ihrem Mann und Psychiater Christian Weiss gibt Franca Cerutti wertvolle Impulse und einfühlsame Ratschläge.

In diesem Buch findest du Erklärungen, Checklisten und FAQs zu psychischen Erkrankungen, spannende Fallgeschichten aus Francas Praxis, Tipps, Tools und Therapiehinweise.

»Wie keiner Zweiten gelingt es Franca, die Psychologie greifbar zu machen. Man spürt beim Lesen ihre jahrelange Erfahrung als Therapeutin, ihre Begeisterung und vor allem diese einzigartige Fähigkeit, ihr Wissen so zu teilen, dass es einen selbst vorwärtsbringt. Toll!« – *Dr. Leon Windscheid*

KNAUR
BALANCE

Susan Cain

Bittersüß

Wie Sehnsucht und Melancholie uns Halt und Kraft geben

Die Autorin des Weltbestsellers *Still* enthüllt die lebensverändernde Kraft der Melancholie

Wenn Sie sich jemals gefragt haben, weshalb Sie melancholische Musik mögen, wieso Sie in einem regnerischen Tag Trost und Inspiration finden, wieso Sie stark auf Kunst, Natur und Schönheit reagieren, dann ist dieses Buch für Sie.

Die unermüdliche Suche nach Glück macht uns nicht glücklich. Nur indem wir auch leidvolle Emotionen wie Melancholie, Sehnsucht oder Schmerz zulassen und sie annehmen, entdecken wir wahre Sinnhaftigkeit. Denn in den bittersüßen Zuständen steckt ein enormes transformierendes Potenzial. In ihnen liegt eine stille Kraft, die uns hilft, unseren Schmerz in Kreativität, Mitgefühl und Verbundenheit zu verwandeln.

Berührend und sehr persönlich geschrieben, verbindet uns *Bittersüß* auf tiefgreifende Weise.

»Susan Cain rehabilitiert ›bittersüße‹ Gefühle und zeigt, welches Potenzial in Melancholie, Trauer und Schmerz liegt.«
– *Psychologie heute*

KNAUR
BALANCE

Peter Malinowski

Charakterstärke

Mit Achtsamkeit deine positiven Eigenschaften erkennen und entwickeln

Wie Positive Psychologie und Achtsamkeit das Beste in uns zum Vorschein bringen

Jede Person ist einzigartig in ihren persönlichen Eigenschaften, doch was macht einen guten Charakter aus? Können wir ihn beeinflussen und entwickeln? Die Positive Psychologie richtet den Blick auf die guten und förderlichen Aspekte des Menschen. Der Psychologe und Achtsamkeitsexperte Dr. Peter Malinowski zeigt, wie wir uns mithilfe der Achtsamkeitspraxis besser auf unsere Charakterstärken fokussieren und sie gezielt fördern können.

Mit Online-Selbsttest für die eigenen Charakterstärken und Tipps für einen bewussten Umgang mit unseren wichtigsten Eigenschaften.

O.W. BARTH

Megan Logan

Selbstliebe Workbook für Frauen

Befreie dich von Selbstzweifeln. Entwickle Selbstmitgefühl. Sei du selbst.

So einfach und wunderschön kann Selbstliebe sein!

Sich selbst zu akzeptieren, fällt vielen Frauen schwer. Der gesellschaftliche Druck, der ihnen vorschreibt, wie sie zu sein oder auszusehen haben, sorgt für Selbstzweifel und Verunsicherung. Mithilfe von bewährten Übungen aus der Achtsamkeitspraxis und der Positiven Psychologie zeigt die erfahrene Therapeutin Megan Logan, wie sie der Selbstakzeptanz Schritt für Schritt näherkommen und sich auf die eigene emotionale Gesundheit fokussieren. Die kreativen und vielfältigen Reflexionsfragen, Affirmationen und Journaling-Übungen ermöglichen es Frauen aller Altersstufen, Selbstmitgefühl und Selbstwert zu entwickeln und eine positivere Beziehung zu sich selbst aufzubauen.

»Entdecke, was für ein Geschenk du für diese Welt bist!«
– *Megan Logan*

KNAUR BALANCE